大日本神皇記

木村錦洲

木村錦洲著

大日本神皇記

大阪市北區曾根崎上三丁目二十七番地
發行所　皇國日報社
電話北二四六七番
振替大阪七六〇六二番

大日本神皇記目次

附録

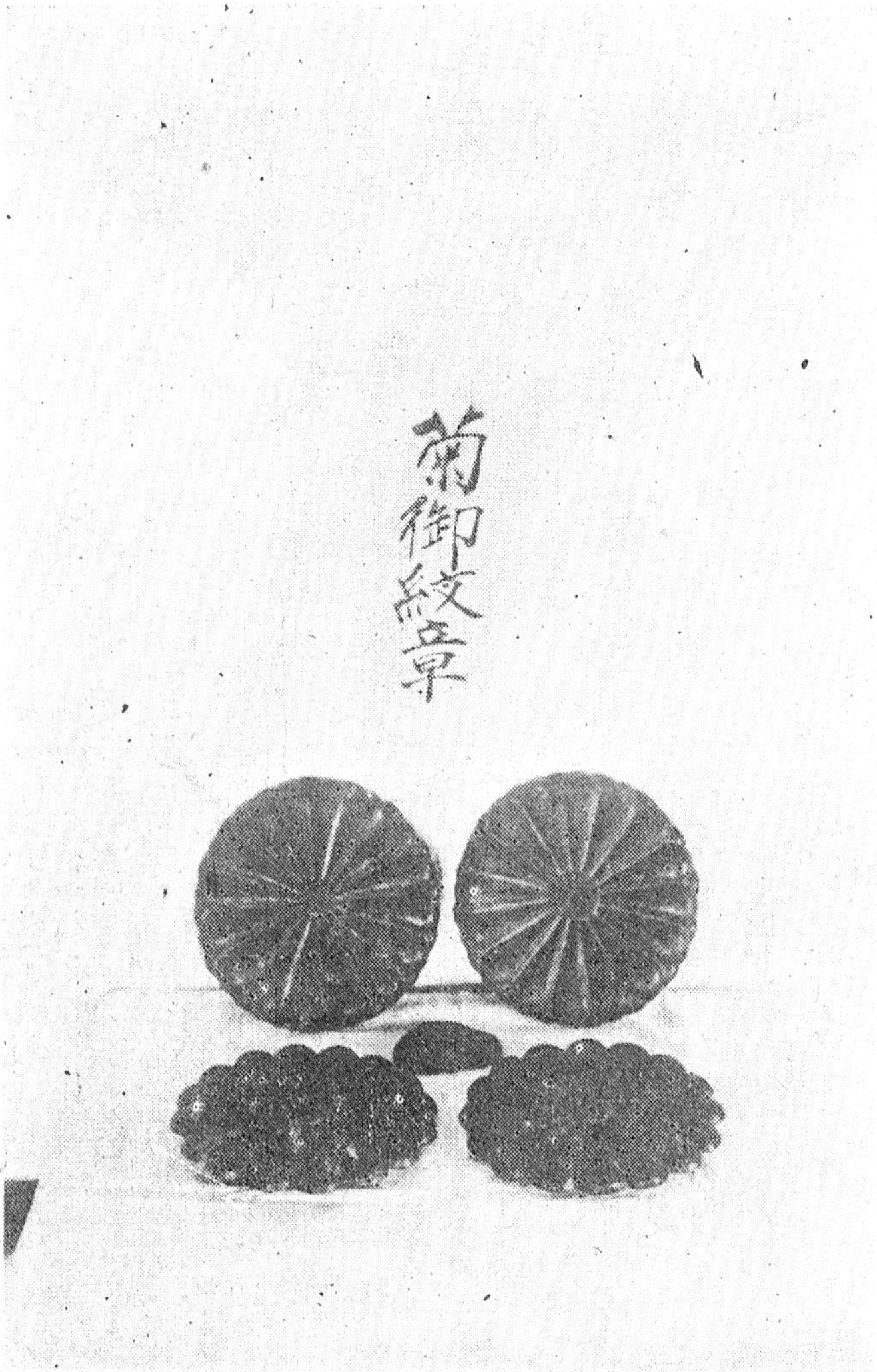

竹内家寶物のヒヽロ金の菊の御紋章

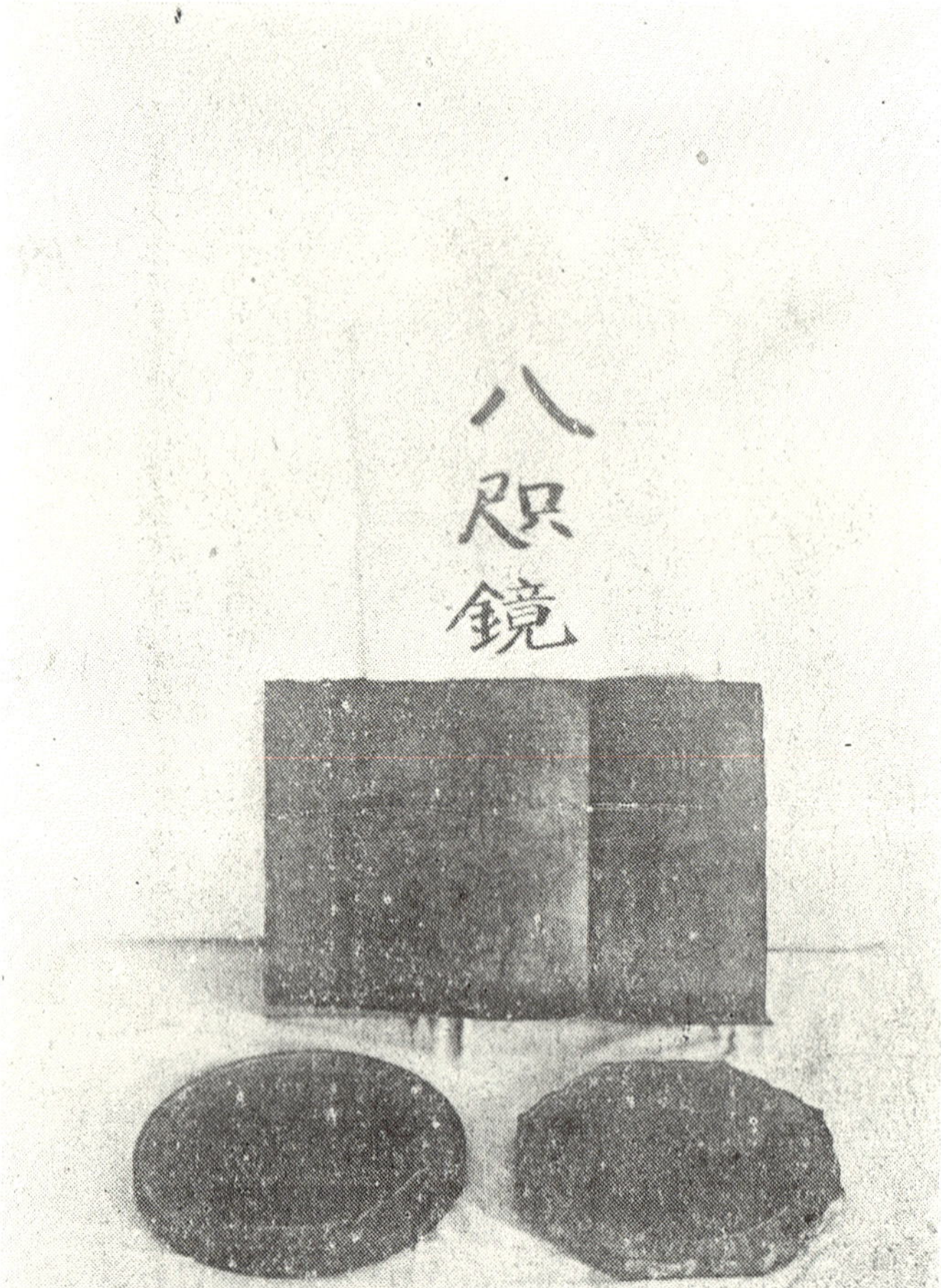

竹內家寶物の八咫鏡

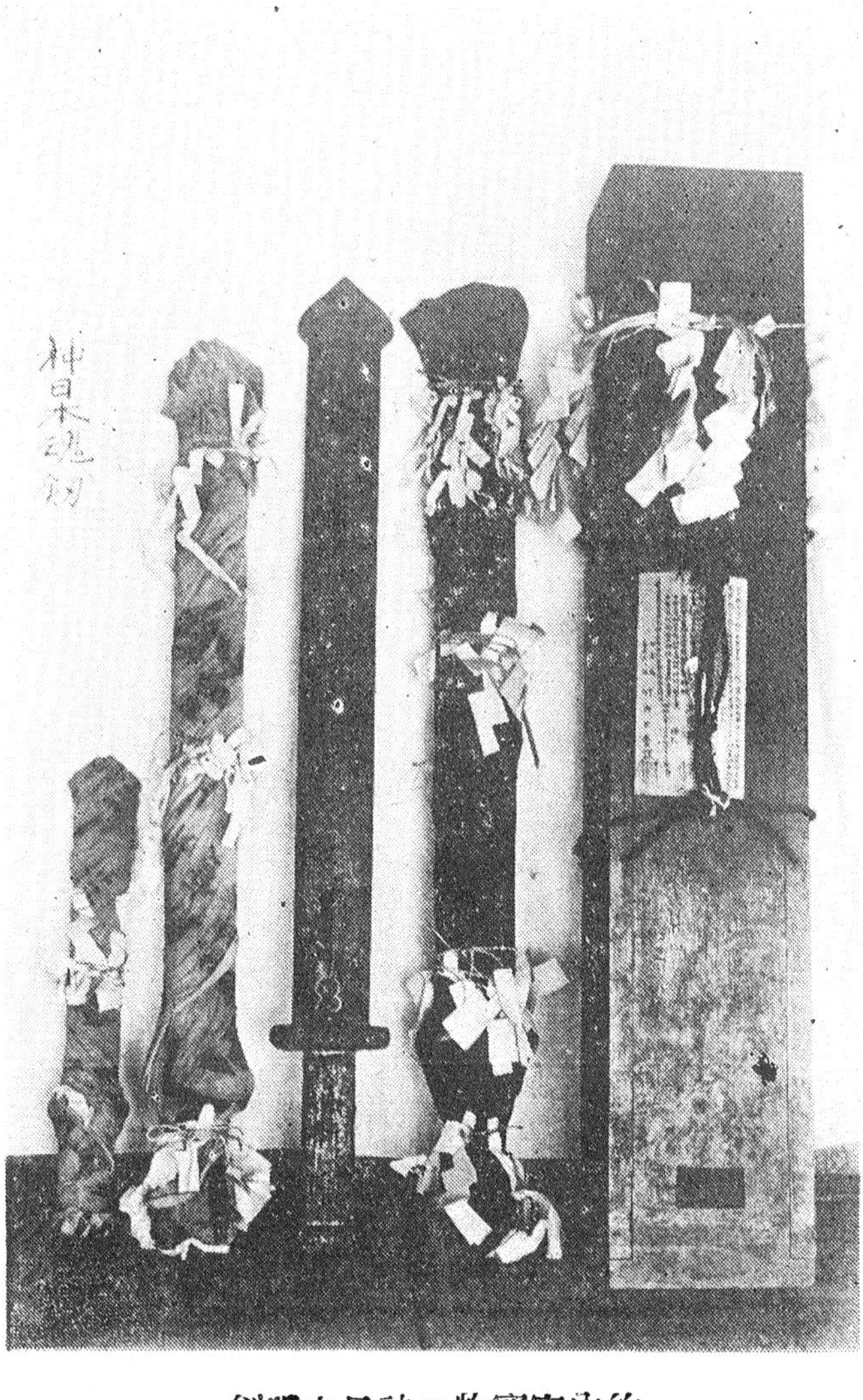

竹内家寶物の神日本魂剣

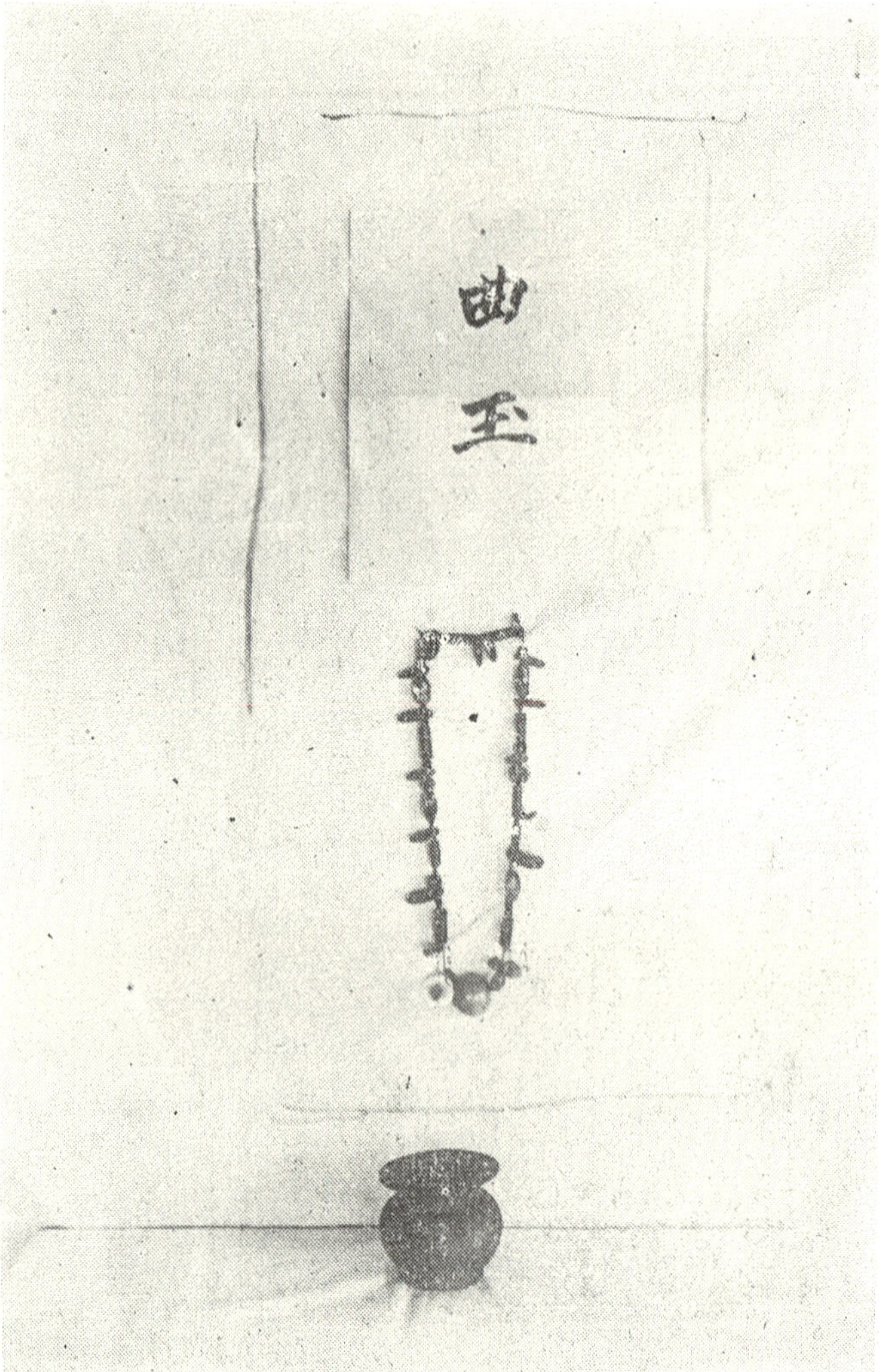

竹内家寶物の曲玉

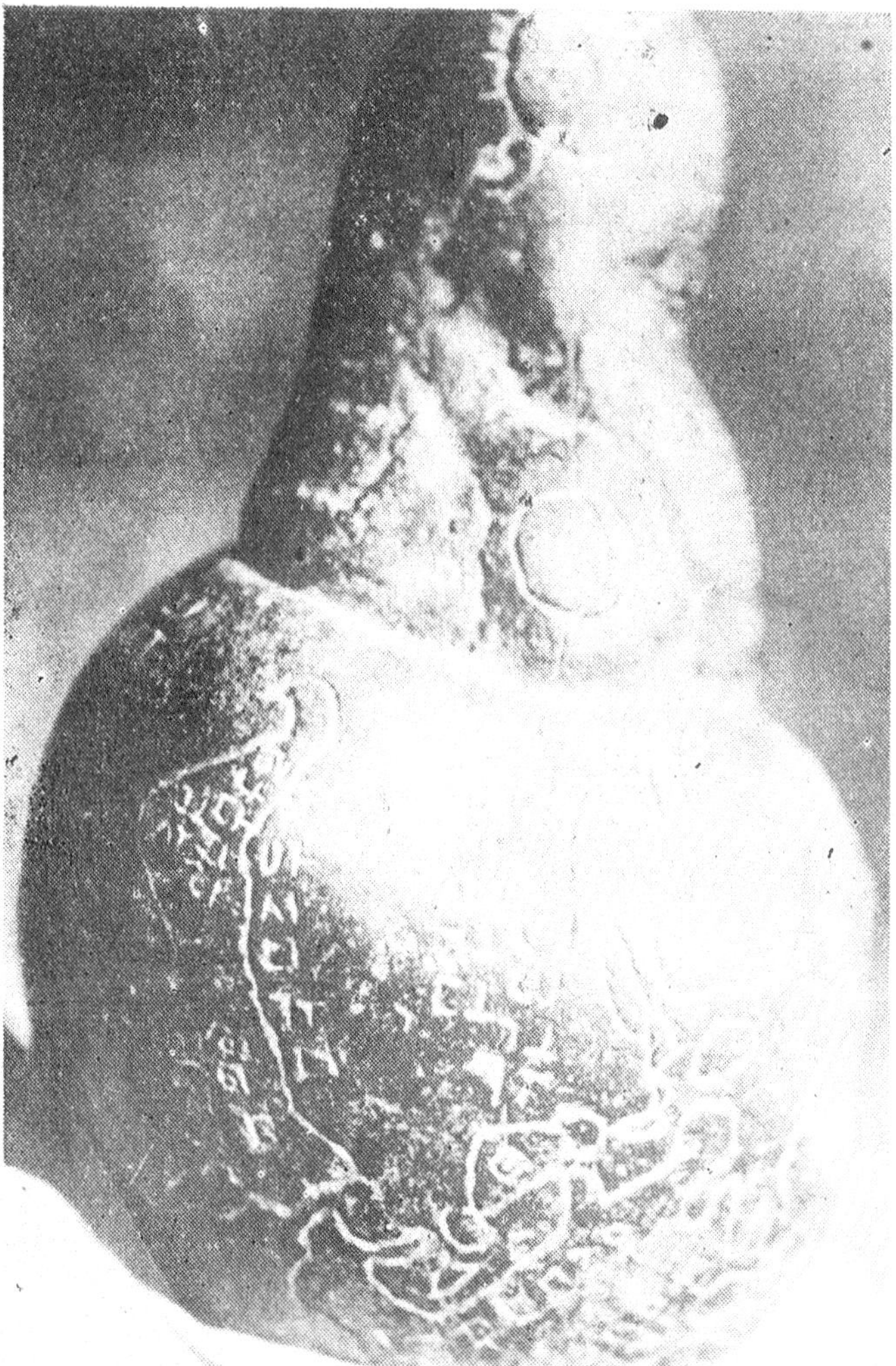

竹内家寶物の天御中主天皇御神骨
（表より拜觀したる所）

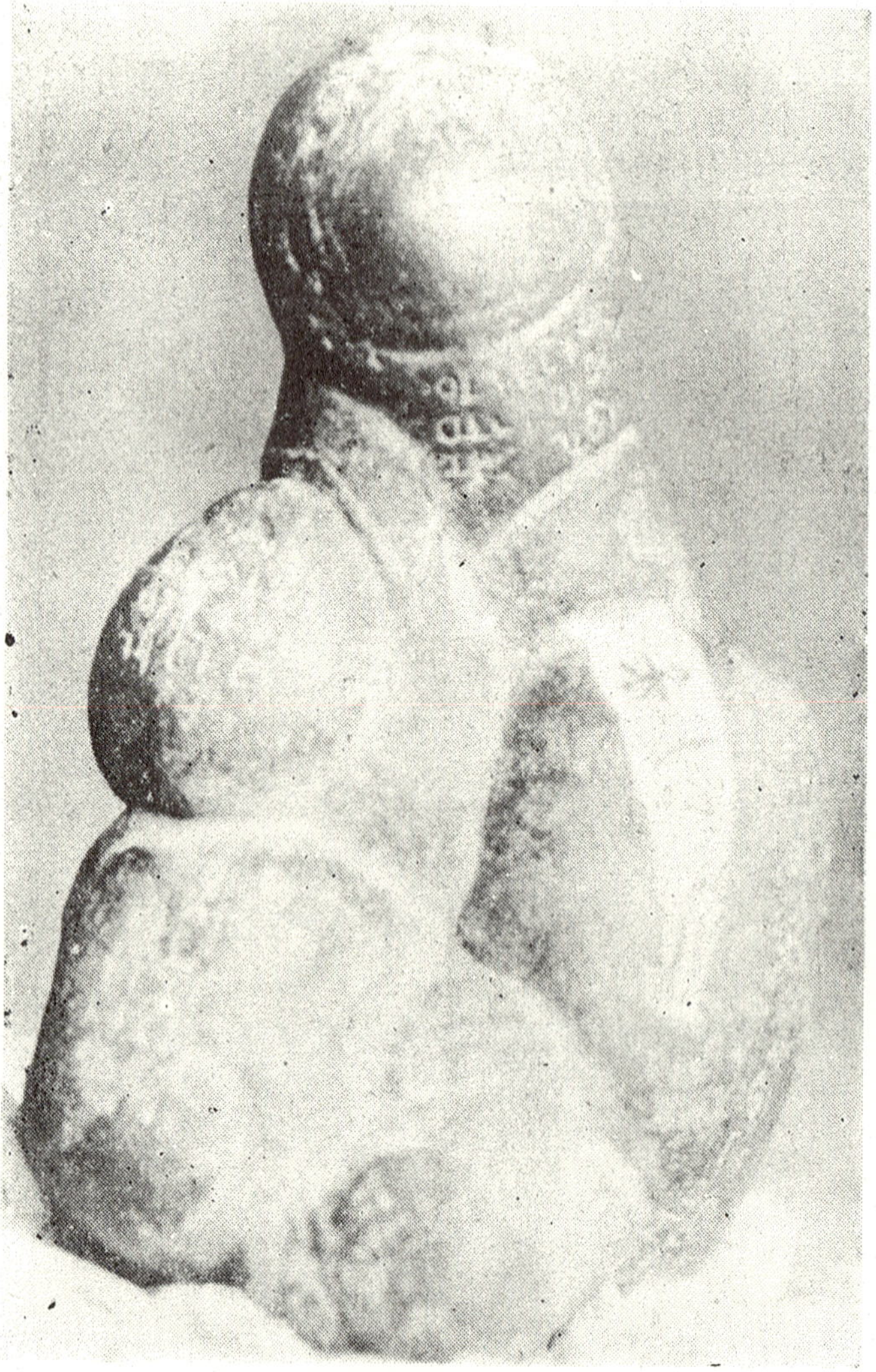

同裏より拝観したる所

立ギロモヒるせ作謹てりよに骨神御の物寶家內竹

竹內家寶物の天仁々杵尊天皇御謹作のヒモロギ立

葺不合六十九代天皇の勅命により皇祖皇太神宮の神主一「竹内眞戸利王命」が白玉を以て越中國赤池白龍の身形大小二箇を造り「赤池明神」の神體として奉納せるもの（竹内家寶物）

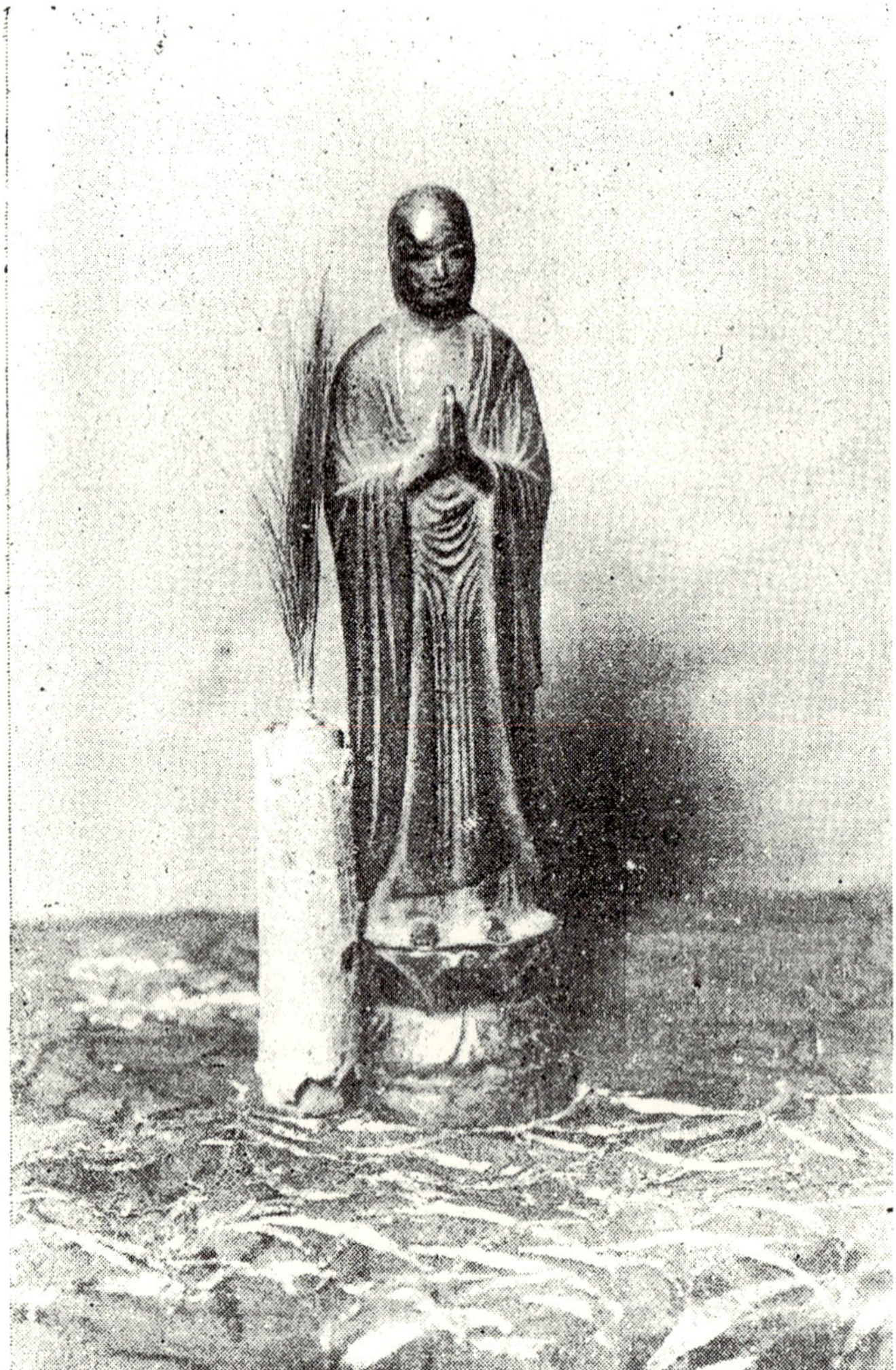

畏くも信行上人（竹内族）が後醍醐天皇及長慶天皇の隱れたる御事績を封じ込みし阿彌陀如來（竹内家寶物）

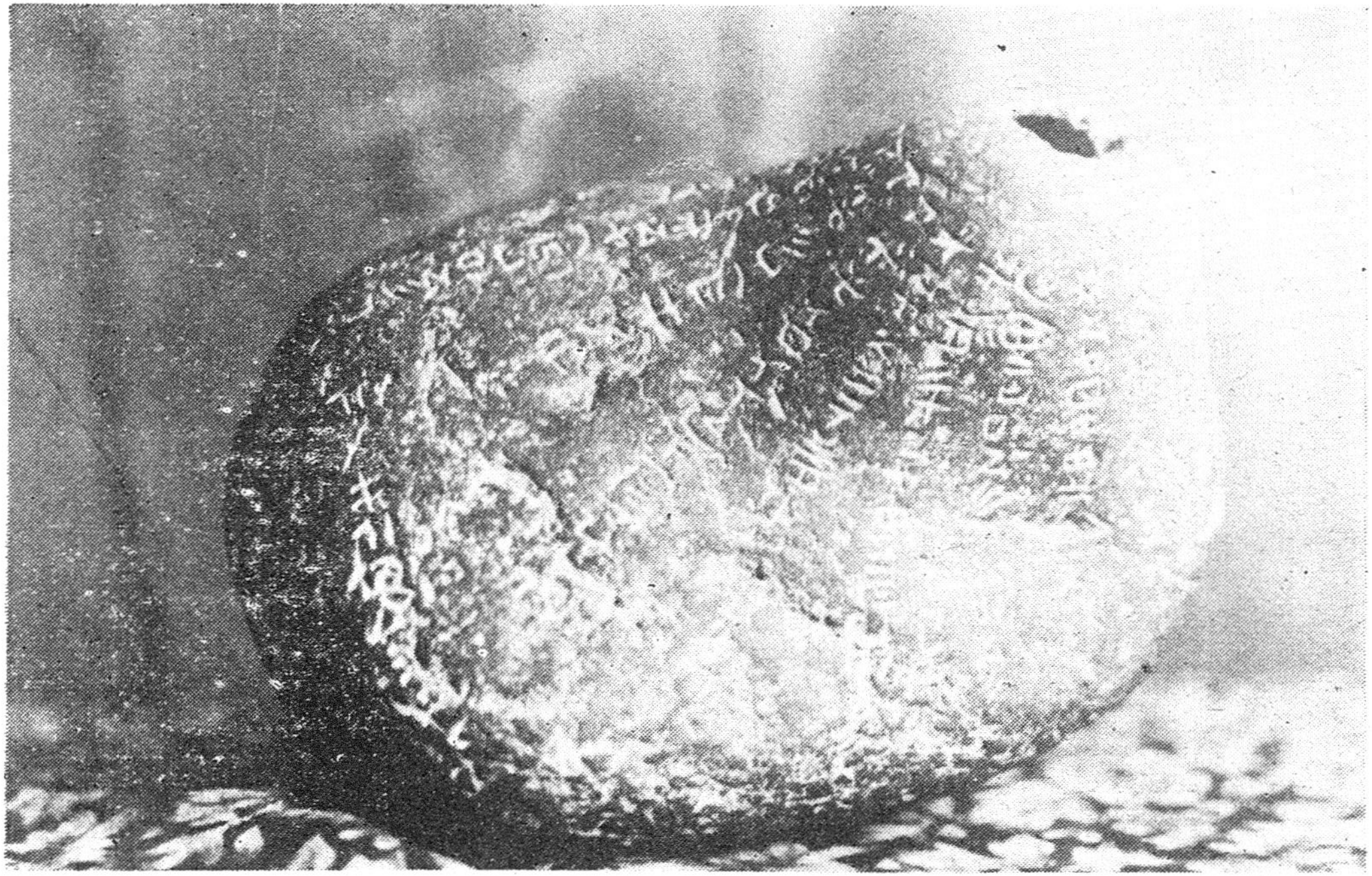

竹内家寶物のモーゼ十誡石

同モーゼ裏十誠石

皇祖皇大神宮が古代に於いて盛大に
奉祀されたる棟木(竹内家寶藏)

舊敎の開祖　モーゼが皇祖皇太神宮に奉納せる
形見石及貝化石二箇（何れも神代文字記入あり）
（別祖大神の寶物）

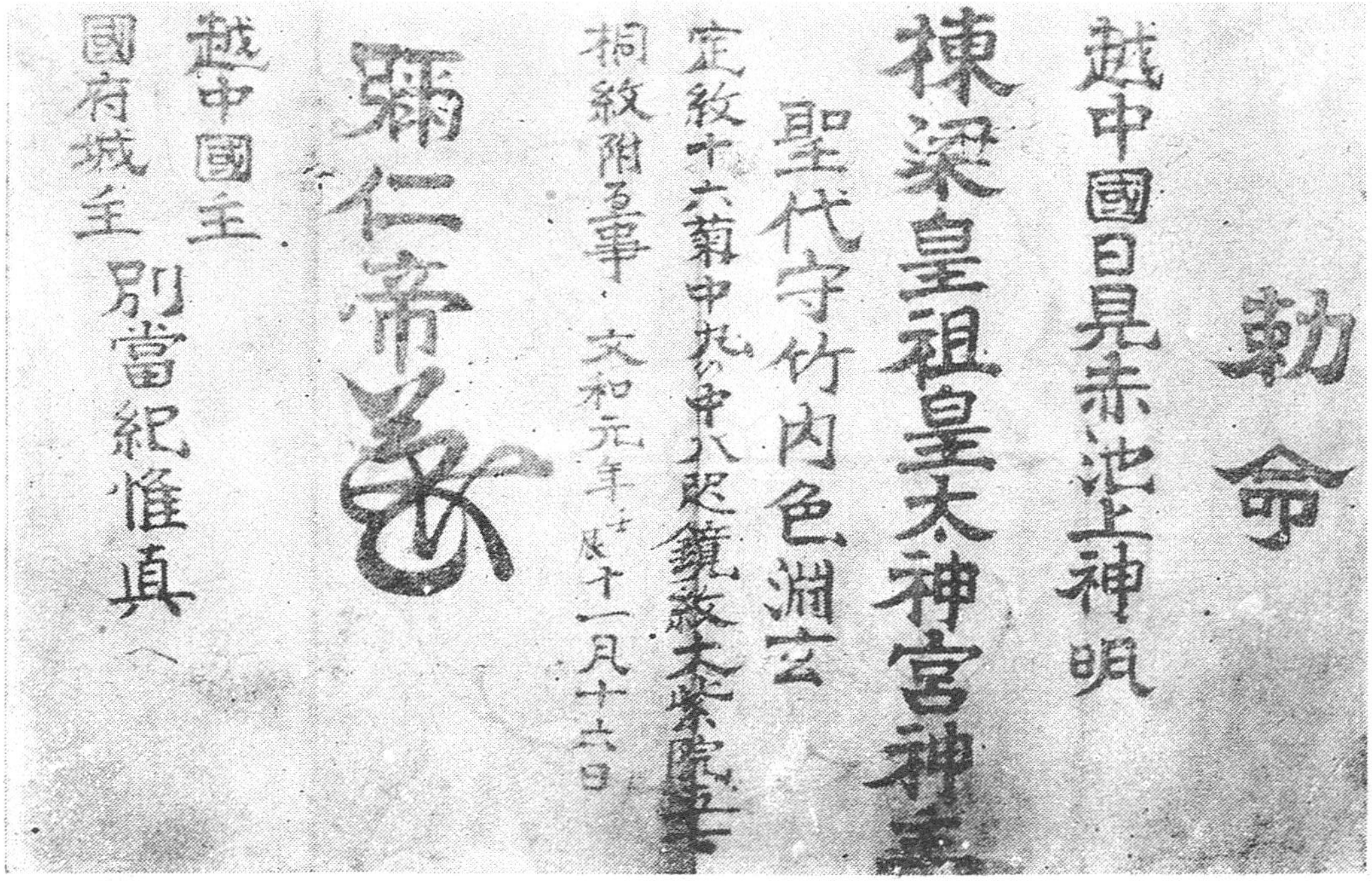

勅命

越中國日見日赤池上神明

棟梁皇祖皇太神宮神主

聖代守竹内色淵玄

定紋十六菊中九ツ中八起鏡紋大紫院

桐紋附る事　文和元年壬辰十一月十六日

彌仁帝

越中國主

國府城主　別當紀惟真

紋章を裏菊として勅許されたる竹内家が神主として皇室より御下賜ありたる勅命書

（竹内家秘蔵）

「皇祖神宮」と明治十二年三月地券面に公然記載されたる石川縣の尊き官文書　（竹内家蔵）

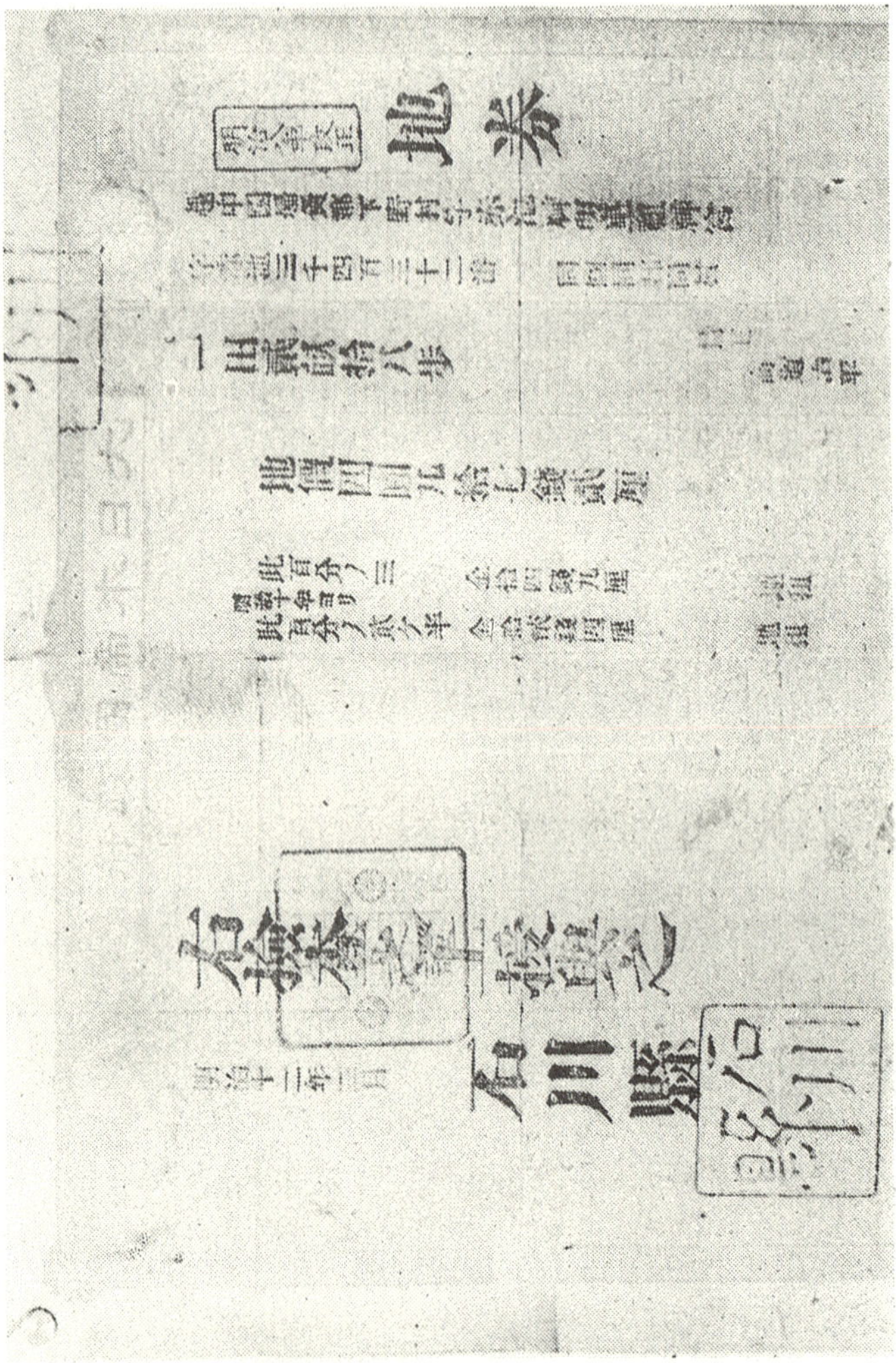

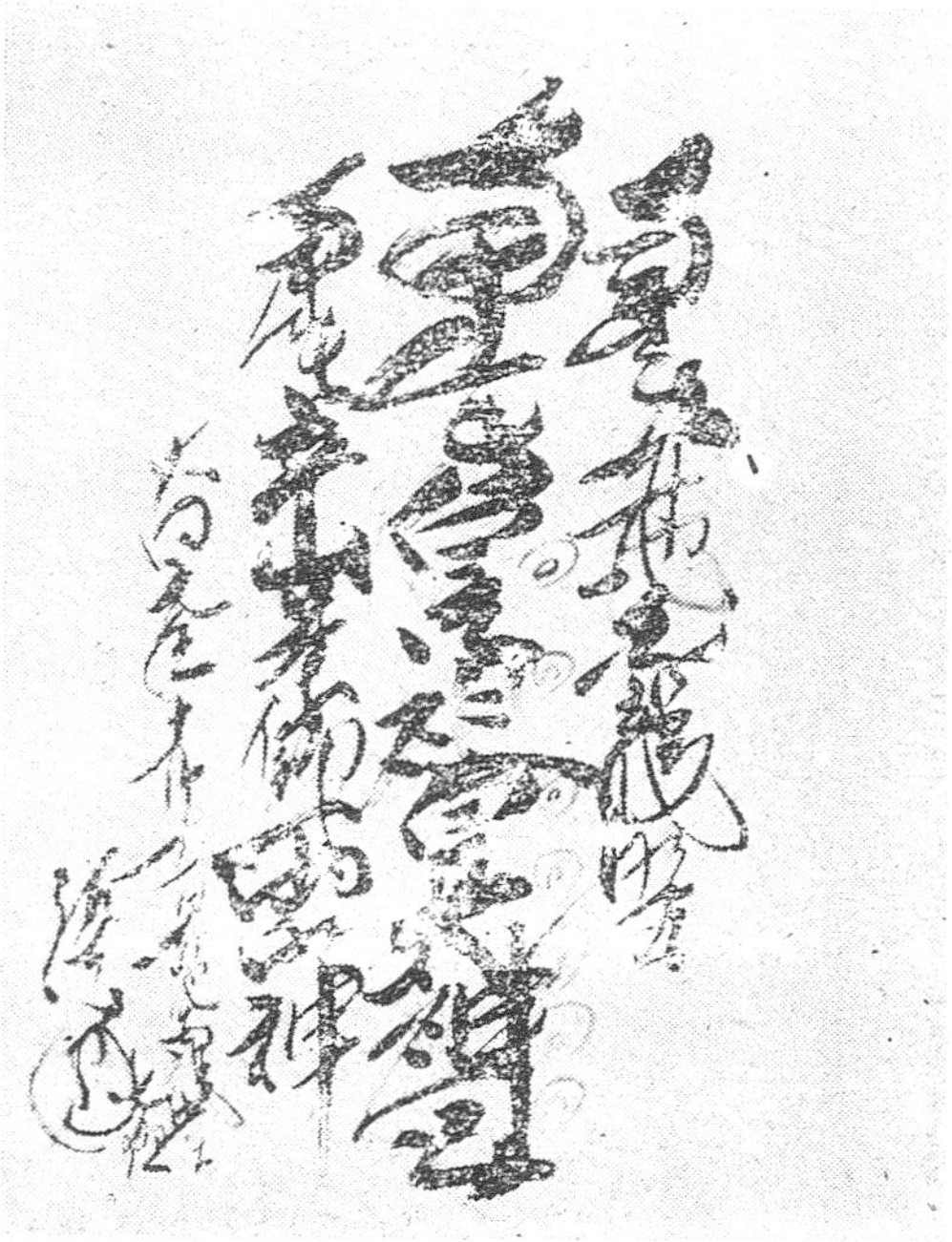

弘法大師の皇祖皇太神宮に奉納せる曼陀羅
著者寫す（竹内家藏）

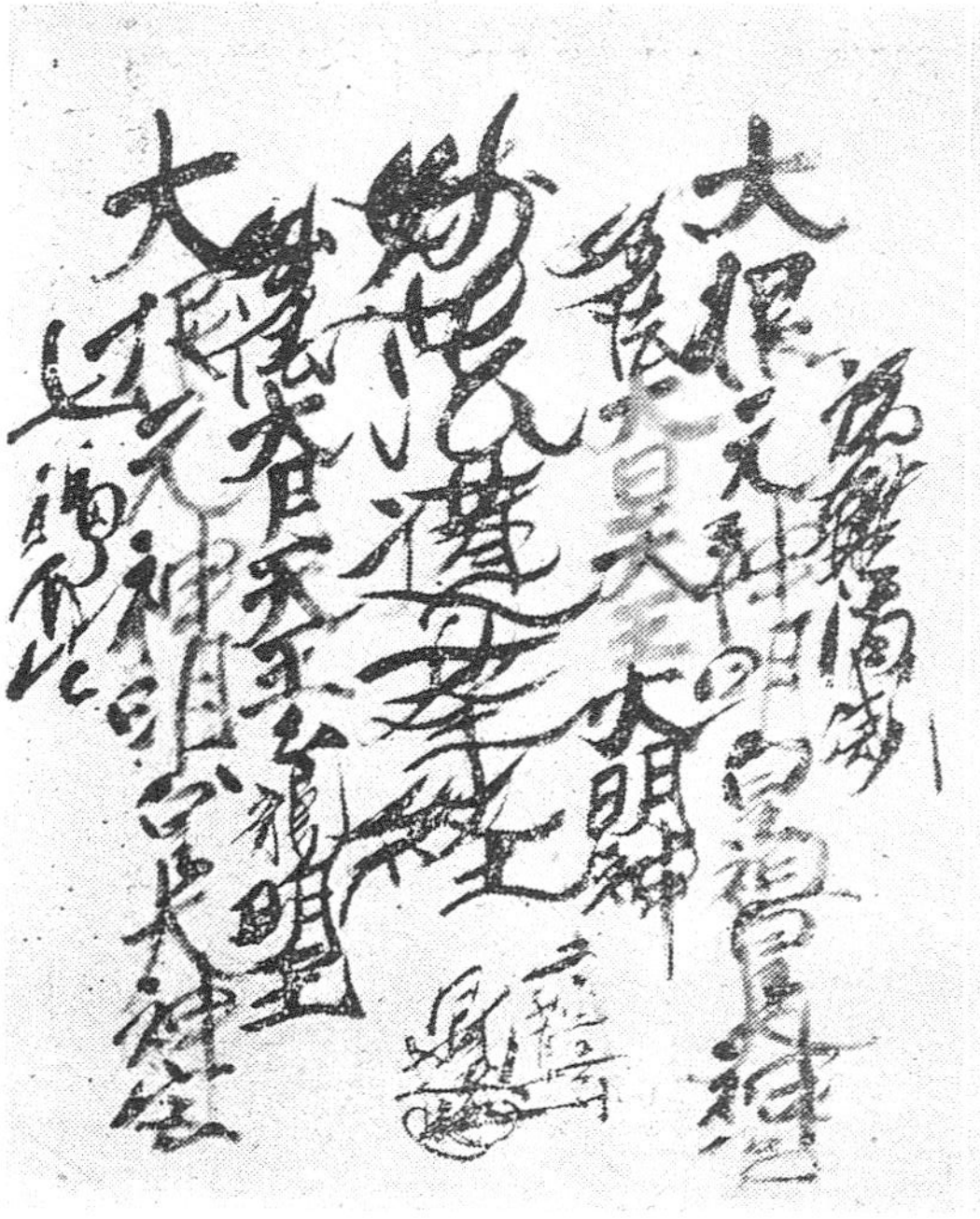

日蓮上人參拝入籠最初の御題目……著者寫す
（竹内家藏）

神代文字研究の大家故前田惇先生が御大禮及明治節奉祝歌として神代文字にて宮内省に奉納せる御嘉納書　（竹内家蔵）

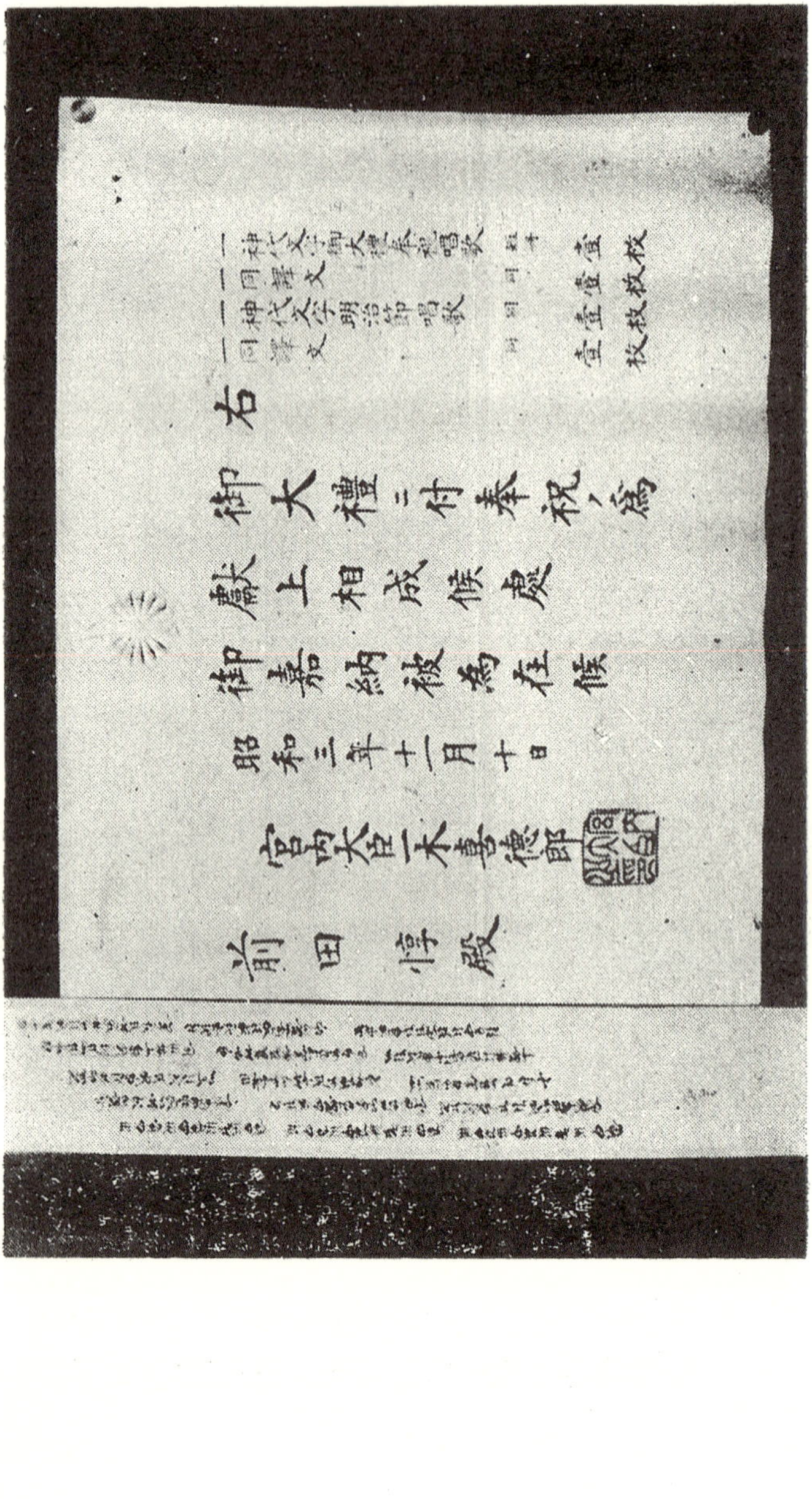

伯爵　東郷元帥閣下揮毫

故　乃木將軍揮毫

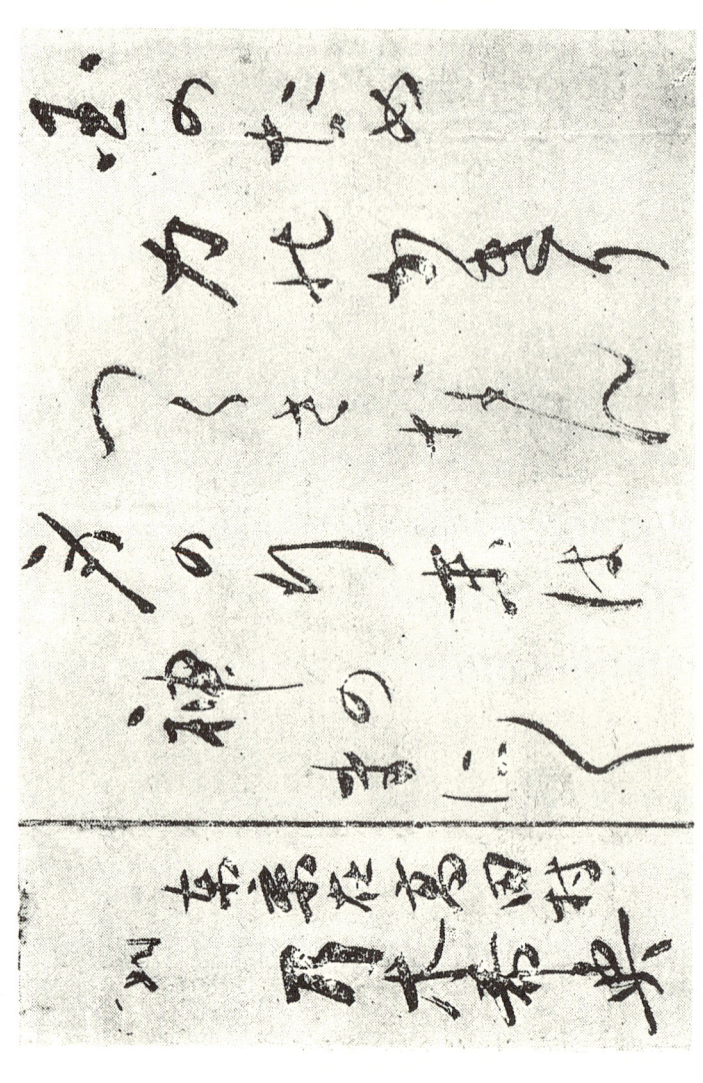

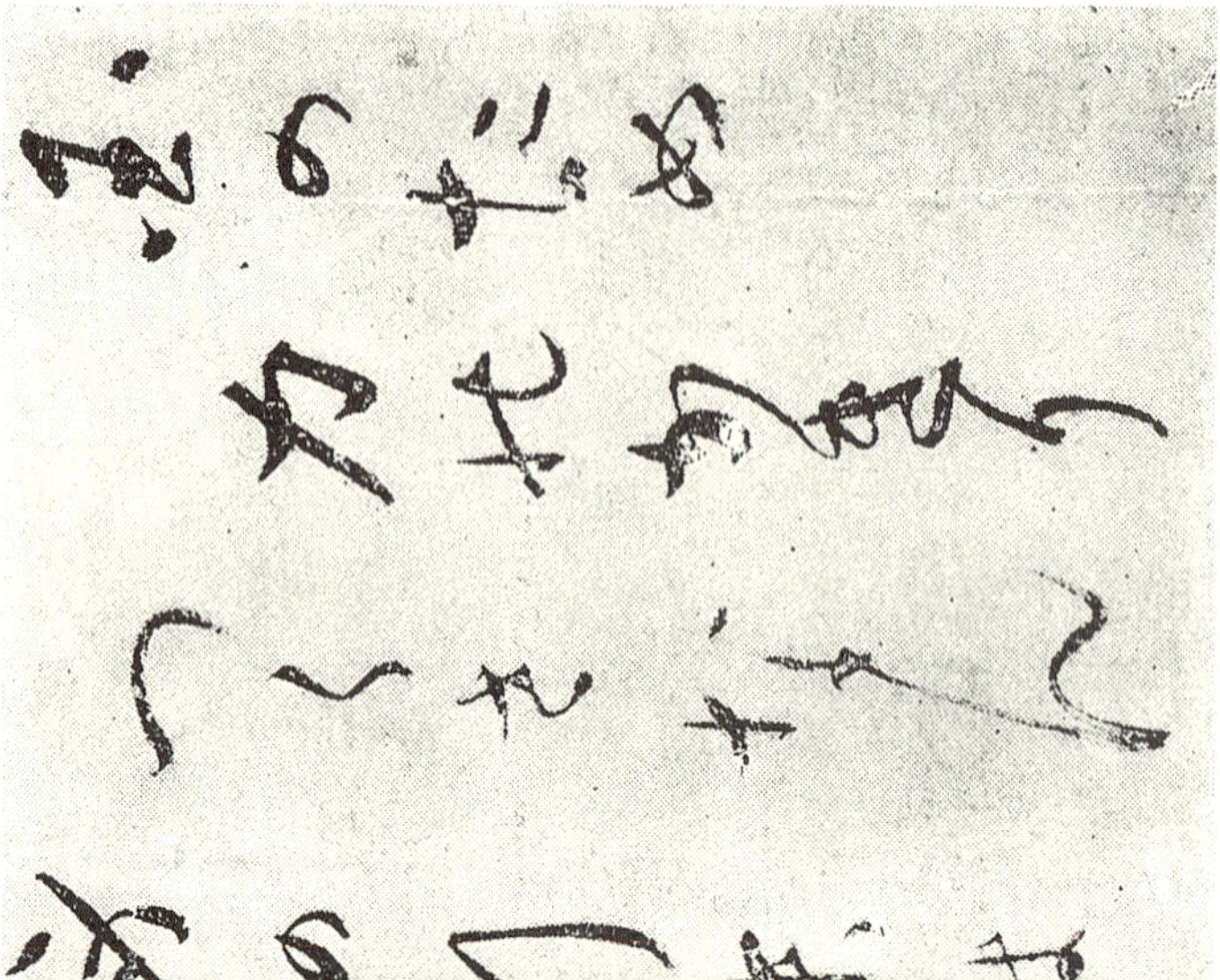

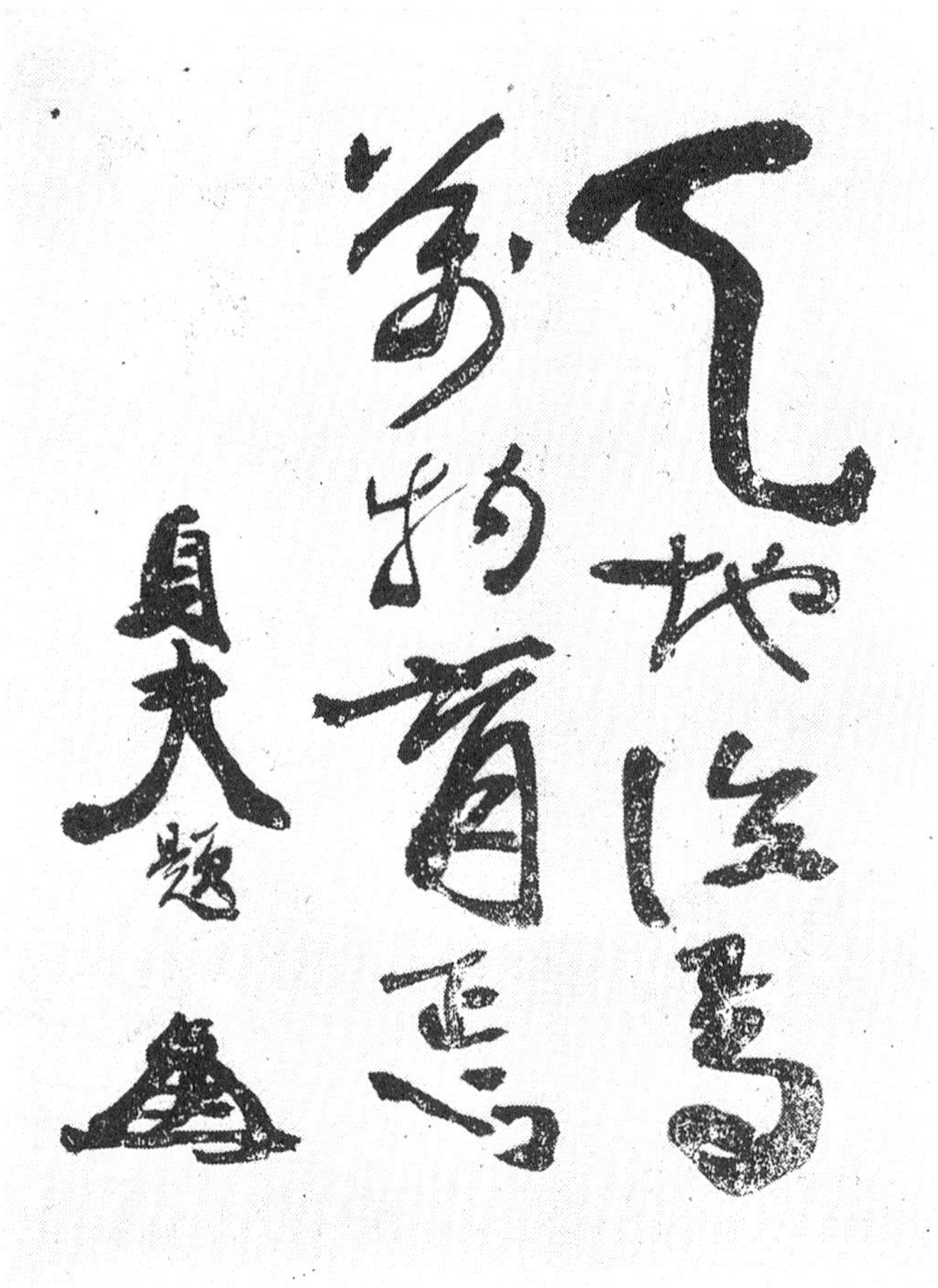

陸軍大將　荒木貞夫閣下揮毫

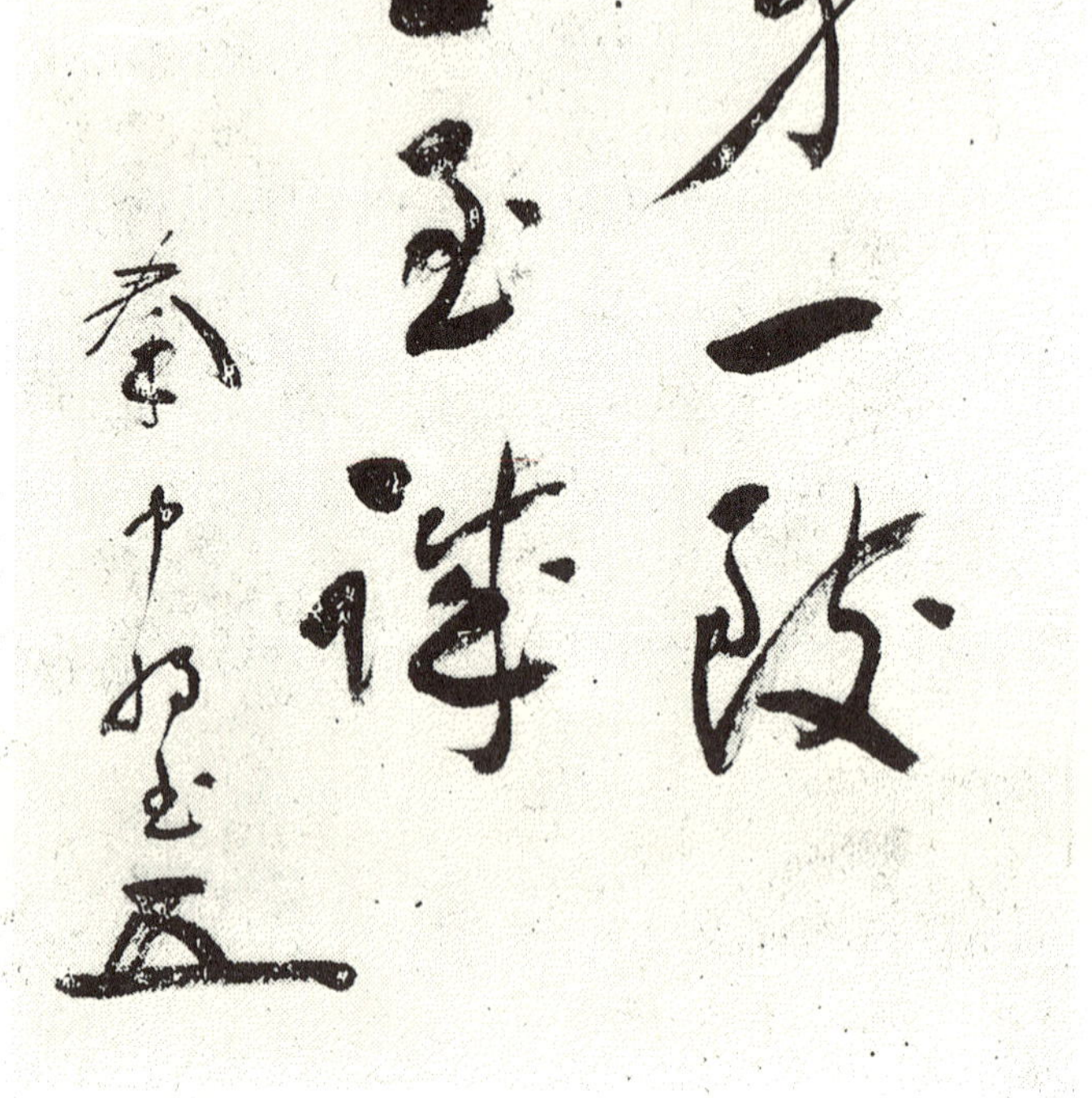

秦陸軍中将揮毫

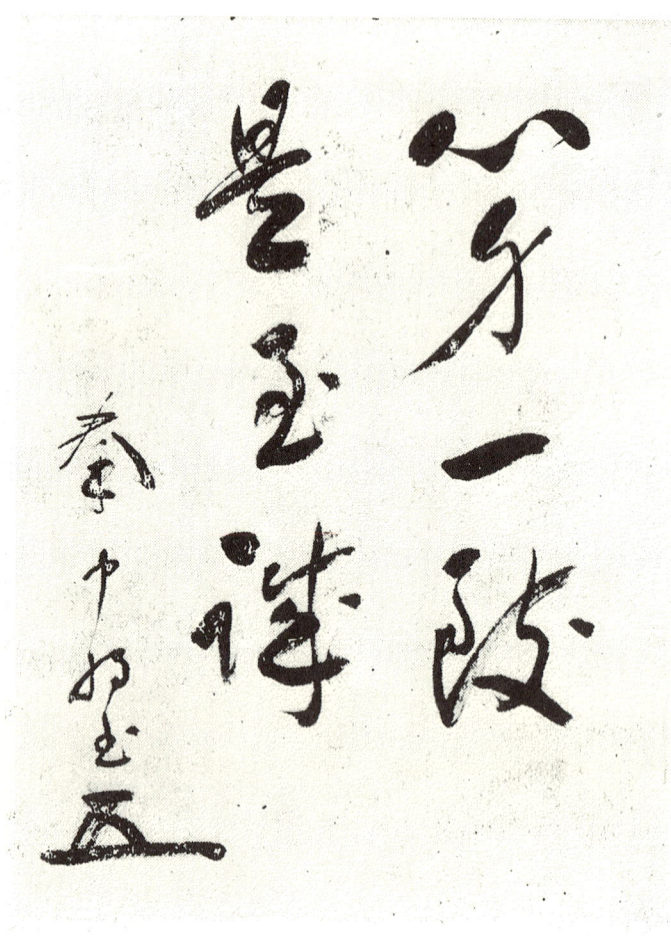

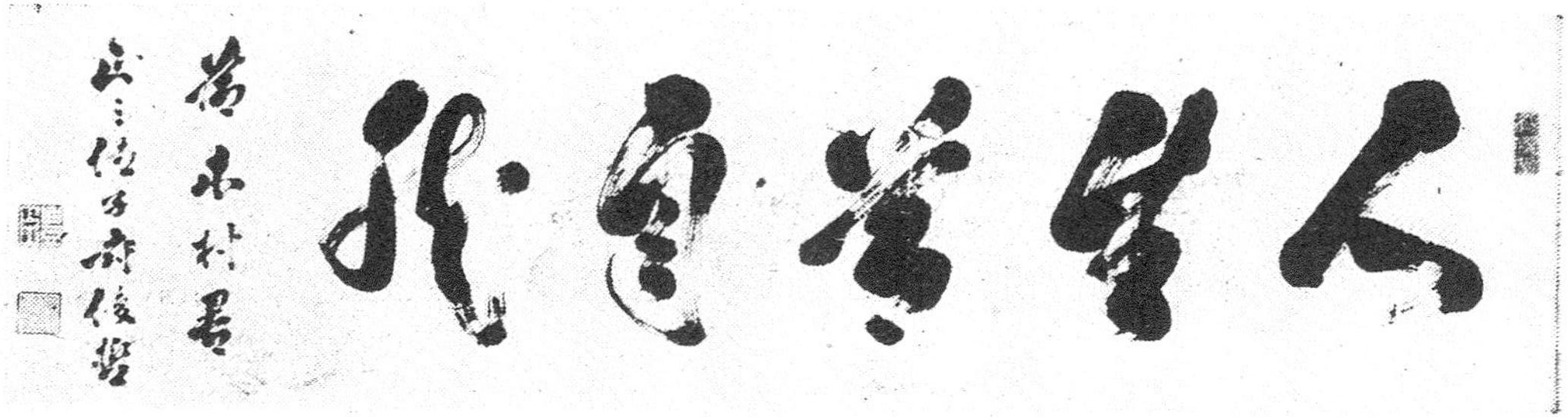

木下子爵揮毫

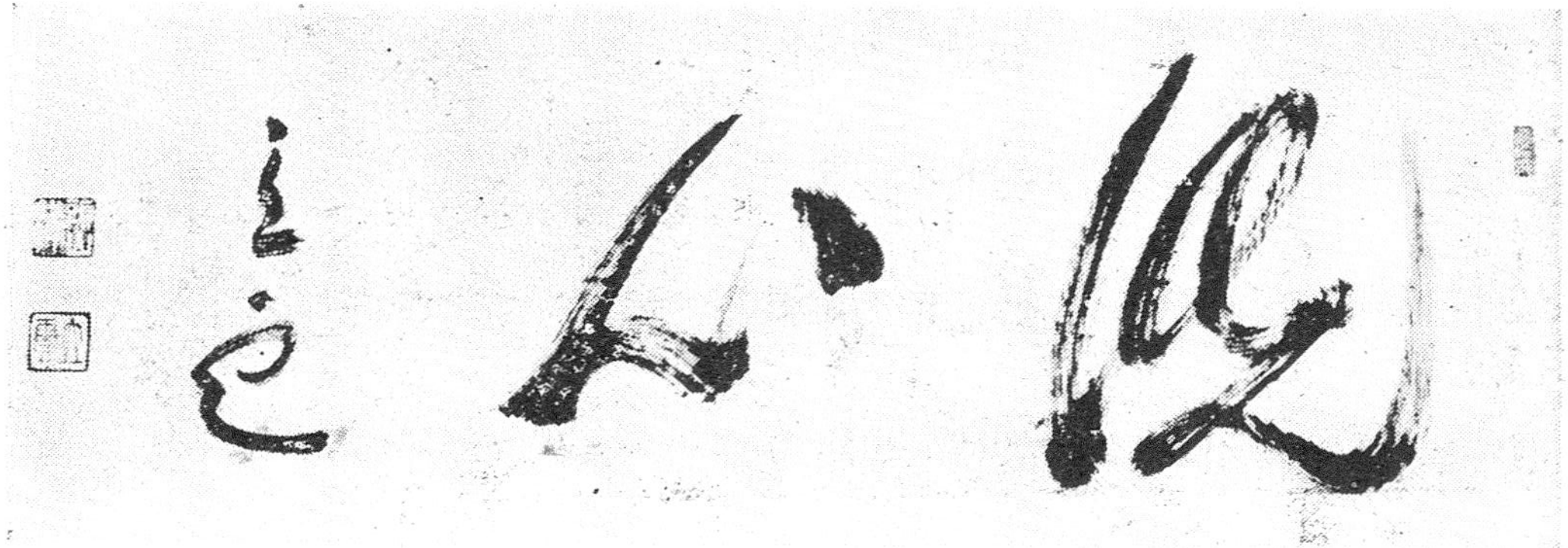

頭山滿先生揮毫

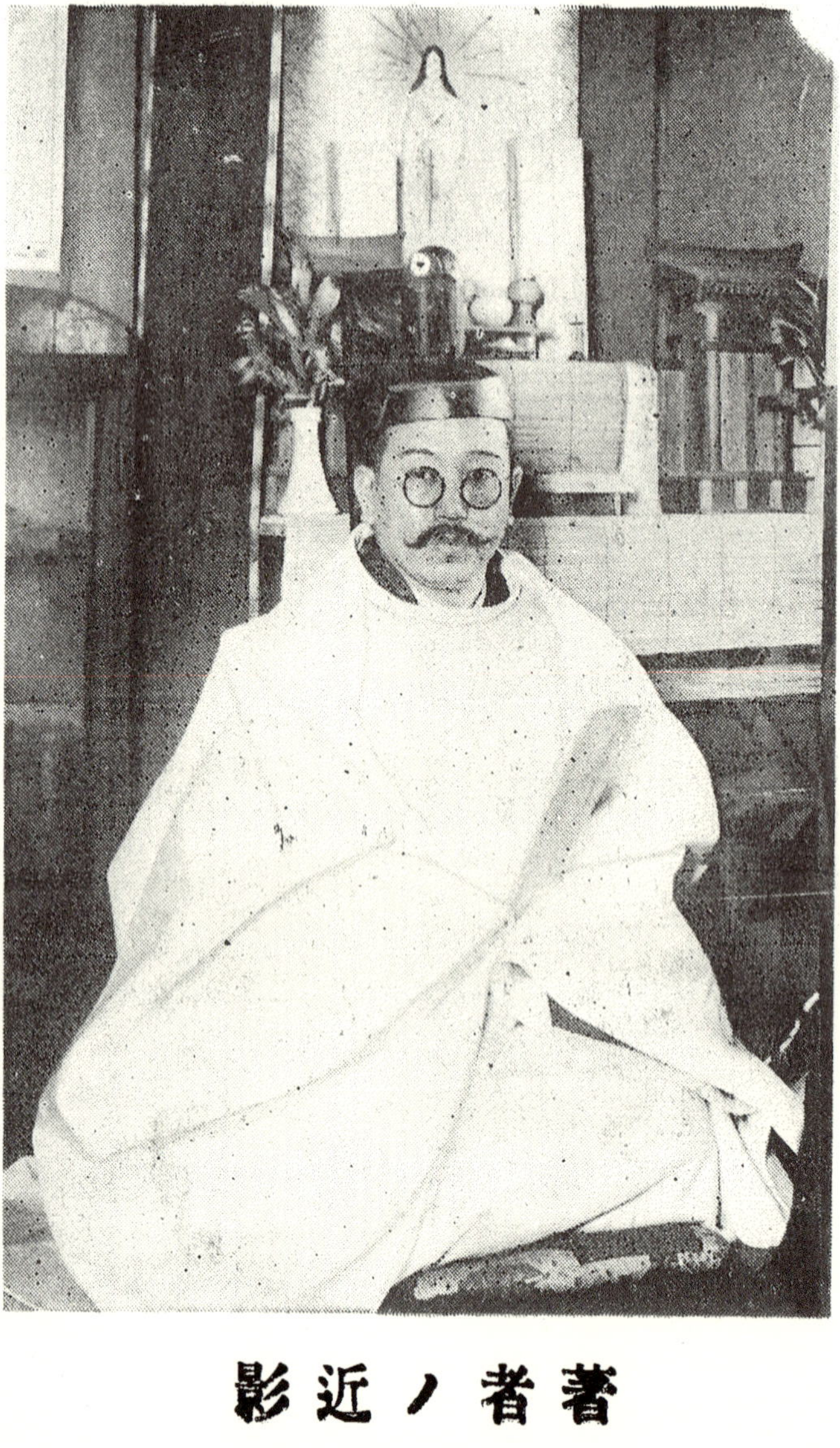

影近ノ者著

昭和九年三月三十日大阪神代秘史研究會員參拜記念（天津山にて）

兵庫縣神明寶塚
皇神教壇建設豫定地

大日本神皇記　自序

本記《ほんき》は畏《かしこ》くも我大日《に》本皇國《こう》の神代《かみよ》より萬世《せい》一系《けい》の天津日嗣の皇統《こうとう》を繼承《けいせう》まし〱ける神皇九十七代及《およ》び其《その》他の史上《し》に洩《も》れさせ給《たま》ひて傳《つた》はらざりしものありしことを發見《けん》し謹《つゝし》んで其《その》御事績《せき》を世《よ》に公表するものなり。

抑々《そも》神《しん》皇九十七代は天ッ神《かみ》の位《くらゐ》を承けて人祖《そ》神始祖《しんしそ》二十五代《だい》鵜草葺不合朝七十二代《だい》を經《へ》て人皇《こう》の世《よ》になれり、而《しか》して各神皇《しんこう》は天神《てんしん》の謨《も》訓《くん》を畏《かしこ》みて神《かみ》ながらの大道《とう》を相繼《つ》ぎて自然法爾《ほうに》として天照《てら》す御代は無爲にして治まれり、鵜草葺不合朝の如きは皇祖《こうそ》日子火火出見尊《のみこと》の謨《も》訓《くん》を畏《かしこ》みて即位《そくい》毎に御諱を襲承《しうせう》まし〱たり。又《また》鵜草葺不合朝に於ける各神后《こう》も亦《また》謨《も》訓《くん》に則《のつと》り立后《こう》毎に御諱を襲承《しうせう》して孰《いづ》れも多摩《ま》依里《より》毘女尊《のみこと》と賜はりしものなりと云ふ

竊《ひそか》に惟みるに人皇第《こうだい》一代神武天皇《てんのう》は即ち神皇《しんくわう》七十二代鵜葺葺不合尊《のみこと》の御子にまし〱けるに、史上《し》神皇第《こうだい》一代《だい》鵜葺葺不合尊《のみこと》の御子《こ》の如く傳《つた》はれるにより畏《おそ》れ多くも全然《ぜん》七十餘《よ》代の神皇《こう》の洩れさせ給《たま》ひて世《よ》に傳《つた》はらざりしものならん

惟《おも》ふに我が大日《に》本皇《こう》國の國體が萬邦《ほう》無比《ぴ》にして優越《えつ》せること多々有りと雖も其《その》最なるもの之《これ》なり。即《すなほ》ち明治《ぢ》天皇《てんのう》の明治《めいぢ》三年正《せう》月三日に下し賜《たま》へる詔勅《せうちよく》によれば

朕恭シク惟ンミルニ天神天祖極ヲ立テ統ヲ垂レ列皇相承ケ之ヲ繼キ之ヲ述フ、祭政一致億兆同心治教上ニ明ラカニ風俗下ニ美シ。而シテ中世以降時ニ汚隆アリ道ニ顯晦アリ治教ノ洽ネカラサルヤ久シ矣、今ヤ天運循環シ百度維レ新タナリ、宜シク治教ヲ明ラカニシ以テ神ナカラノ大道ヲ宣揚ス可キナリ。因テ新タニ宣教使ヲ命シ以テ教ヲ天下ニ命ス、汝群臣、衆庶斯ノ旨ヲ其レ體セヨ。

朕恭シク惟ンミルニ大祖創業、神明ヲ崇敬シ蒼生ヲ愛撫シ、祭政一致由來スル所遠シ矣、朕寡弱ヲ以テ夙ニ聖緒ヲ承ケ、日夜怵惕天職ノ或ハ虧クルヲ懼ル。乃チ天神地祇八神ヲ鎭祭シ列皇ノ神靈ヲ神祇官ニ甕ラシメ以テ孝敬ス庶幾クハ億兆ヲシテ矜式スル所アラシメヨ

明治三年正月三日

御名　御璽

とあり。御神勅《ちよく》の尊《たふと》き所以《ゆゑん》は今《いま》更ながら

(一)大日《に》本皇國《こうこく》は宇《う》宙《ちう》創成《そうせい》より天壤無《てんじやうむ》窮《きう》に萬世《せい》一系《けい》の天皇《のう》を奉戴《ほうたい》すること之太古《これたいこ》に於て

創造主《さうぞうしゅ》國萬造主《つくりぬし》大神《かみ》が天津《つ》日嗣天職《てんしょく》天皇《のう》として全世《せ》界に於ける絶對《ぜつ》の主宰者《さいしゃ》として我

天皇《のう》御一人と天定されし次第《しだい》なり。

(一)大日本《にほん》皇國《こう》は言靈《ことだま》の幸はふ國神ながら言擧げせぬ國《くに》として而かも清《きよ》き爽《すが》々しき心を

以て宇宙《うちゅう》の眞理天地《てん》の公道《こうどう》を行ひ來《きた》れるものなり。

(二)大日《に》本皇國《こうこく》に於て起《おこ》りたる言語《げんご》文字《じ》は世《せ》界言語《げんご》文字《じ》の起源《げん》として大日《に》本はあらゆる

文化《くゎ》の發祥《はっしょう》地なり。

而《しか》して皇祖《こうそ》皇《こう》大神宮神主家《こうかんぬしけ》竹《たけ》內古《こ》文書を拜觀《はいくゎん》するに其最《そのもっと》も主《しゅ》要の點《てん》を列記《れっき》すれば

(一)我《わ》が大日《に》本の皇室《しつ》が世界《せかい》人類《るい》の元祖《ぐゎんそ》にましますこと。

(二)我が大日《に》本が世《せ》界を統理しありしこと。

(三)我が　天皇陛下《のうへいか》が萬國棟梁《れう》天職《しょく》天津《つ》日嗣天皇《てんのう》として世界《せかい》を完全《くゎんぜん》に統治《ち》し居《を》られ、

代々の天皇《のう》は大抵《てい》萬國御巡幸ありしこと

(四)大忠臣《ちうしん》武內宿禰の如きは二十八年間もかゝりて世《せ》界漫遊《まんゆう》をなし六十六代子《し》々孫《そん》々當

代竹《たけ》內巨麿氏に到《いた》る迄《まで》身《しん》命を賭《と》して神寶《しんぽう》及《およ》び古文書《こもんじょ》の保管《くゎん》及奉齋《ほうさい》をなし來《きた》れり。

(五)天浮船は今《いま》の飛行機《ひこうき》飛行船《せん》の如《ごと》きものならん、日に千里を行くと云《い》ふ斯くの如く文《ぶん》華燦《くわさん》然たるものありしならん。

(六)皇室《こうしつ》及竹《たけ》内家《け》にては石楠花《しやなげ》を常《じやう》用とせしため百歳《さいい》以上三百歳《さい》、六百歳以《さいい》上等大抵《てい》長命《めい》なりしこと。

(七)天皇陛《てんのうへい》下御自ら作成のヒモロギ立てや御神骨《こつ》四十體等ありて之《これ》を拜觀《はいくわん》して如何《いか》に日《に》本精《せい》神の眞實そのものにして大和《と》民族《ぞく》が純《じゆん》眞そのものなりしことを知《し》り得。

(八)ヒ、ロ金と稱《せう》する現代科學《がく》にて分析證《ぶんせきせう》明不可能《ふかのう》なる天來《らい》の貴金屬《ききんぞく》にて神《かみ》大和《と》魂《たましひ》の劍《つるぎ》を始めとして三種の神器《じんき》を御謹作《きんさく》の天眞浦《うら》の尊と御同作のもの及び菊花《きくくわ》御紋章等《もんせうとう》を拜觀《はいくわん》するに至りて天孫降臨《そんこうりん》の眞實《しんじつ》なるを確《かく》認し萬代不易《えき》の國礎《そ》を確《たし》むるを得。

(九)大日本皇《こう》國は神《かみ》の造《つく》り給《たま》へる祕《ひ》藏第《そうだい》一の模範《もはん》たる靈《れい》地なり、所謂神《いはゆるしん》國なり、神政復《しんせいふく》興《こう》して滿洲國《まんしうこく》の創業《そうげふ》を第《だい》一歩として着々世界統理《せかいとうり》の本源《ほんげん》に還元《くわんげん》することを暗示《あんじ》せらる

然《しか》るに今日の現《げん》狀を見るに學問風習《もんふうしう》等凡て海《かい》外諸《しよ》國を模倣《もはう》し、資《し》力も海《かい》外に及ばざるものありて深憂《ゆう》に堪《た》へざるものあり、殊《こと》に中古以來《こいらい》の狀態は實に混沌《こんとん》たるものありて皇位《こうゐ》の尊《そん》

嚴《げん》も佛威《ぶつい》によりて傷《きずつ》けられ、時に權臣《けんしん》の制肘《せいちう》を受けたることあり、且《か》つ政權《せいけん》武門《ぶもん》に歸《き》しては皇威《こうい》の振はざること云《い》ふに忍《しの》びざるものあり、殊《こと》に明治《めいぢ》維《い》新以《い》來外國文物《ぶくぶつ》の渡《と》來《らい》滔《とう》々として停止《ていし》するところを知らず、舶來《はくらい》と云《い》はゞ鵜《う》呑《の》み丸呑《まるの》みにして大和《やまと》魂《たましい》迄《まで》外《ぐわい》國魂《たましひ》となる。甚《はなは》だしきに到《いた》りては我が皇《こう》國の臣民《しんみん》の一人にして社會主義《しゆぎ》共産《さん》主《しゆ》義等の天魔《ま》に見《み》入られたるものさへあるに到《いた》れり。眞に憤慨《ふんがい》に堪《た》へざるなり。

此《この》時此《この》際斯《か》かる尊き古文書《こぶんしよ》の概《がい》要を公表して我が大日本皇《こう》國の尊嚴《そんげん》と神皇《しんこう》の眞に現《あら》つ神《かみ》に在しまして世界《せかい》に君臨《りん》され居りしことを萬國人《じん》に知《し》らしむることは最も大切なることと感得《かんとく》し、玆《こゝ》に公表する次《し》第なり。

夫れ神皇《こう》九十七代の御事績《じせき》は誠《まこと》に畏《おそ》れ多きことなれども、一昨《さく》年一月十五日靈《れい》感に打《う》たれしこと適々動《どう》機となりて發見《はつけん》したり。不《ふ》肖錦洲《せうきんしう》は越後蒲原《かばはら》の一郷《がう》に生《うま》れ、幼《よう》より敬神崇《けいしんすう》祖《そ》の家《いへ》に育《そだ》ち、朝《あさ》な夕《ゆう》な神前《しんぜん》に燈《とう》明を備《そな》ふるを役目《め》づけられたり。

其《その》後東都《とうと》に或《あるい》は山陽《さんよう》に螢雪《せつ》の苦酸《くさん》を嘗《な》むること二十有餘年、修《しう》學後操《そう》觚界に入り或は實業界に入り幾多《いくた》の苦酸《さん》を嘗め、始めて最近に到《いた》り漸《やうや》く思想統《とう》一し信念《しんねん》の確《かく》立を得《え》たれば爰《こゝ》に上梓するものなり、齋戒《さいかい》沐浴《もくよく》、沈思《ちんし》黙考《もくこう》約《やく》半歳《さい》の後に始めて淨筆《じようひつ》を揮《ふる》はんとする所以《ゆゑん》なり。

伏《ふ》して惟みるに天神の後九十七代《だい》の神皇《こう》在しますありて天下を知食《しろしめ》さしめ給《たま》ひしに、其《その》御事績《じ》の史《し》上に洩《も》れさせ給《たま》ひて世《よ》に傳《つた》はらざりしものありしことを發見して恐懼《けいく》なす所《ところ》を知《し》らず。即《すなは》ち是《こ》れ

畏《おそ》れ多くも事皇室《こうしつ》に關し責《せめ》、重、且《か》つ大なればなり。即《すなは》ち其《その》賤《せん》を顧みて濫《みだ》りに其知《し》りしことを等閑《とうかん》に附せば却《かへつ》て敬《けい》ならず其の心を盡《つく》さずして漫りに其《その》洩《も》れし所《ところ》を發表《へう》せば却《かへつ》て忠《ちう》ならず。乃ち惟神《いしん》大道《どう》の研鑚を以《もつ》て生命《めい》となし、一片《ぺん》耿々白首迄《まで》矻々《こう》として四十有餘年一日の如し。竟《つひ》に其《その》眞相《そう》と信《しん》ずる所を確《たしか》め、今や漸《やうや》く世に公にすることを得るに至《いた》れり。蓋《けだ》し皇祖《こうそ》皇宗《こうそう》の至聖《しせい》至高は我皇國《こう》の金甌無缺《けつ》をして益光輝《こう》あらしめ、我皇統《わがこうとう》の萬世《せい》一系《けい》を仰げば益崇仰にして以て其《その》際涯を知《し》らざらしむ。

抑々《そもそも》大日本神皇記《こうき》は以《い》上の如く神武天皇《てんのう》以前《ぜん》の列聖《れつせい》、即《すなは》ち神皇《こう》九十七代の御事績《じ》を詳記《せうき》したるものにして、今迄《まで》之《これ》に關する文書《ぶん》未《いま》だ嘗《かつ》て發刊《はつかん》されざるものにして、前人未發《はつ》世界《かい》

無比の寶典《ほうてん》なり。無上《むじやう》の聖典《せいてん》絶對《ぜつたい》の敎書《しよ》なり。之《こ》れ出《い》づるに到《いた》つて佛《ぶつ》敎、基督敎《キリストけう》、儒道《じゆどう》其《その》他《た》萬敎に眼目を入る丶ものなり。我《わ》が敎祖《そ》神道《しんどう》に對しても始《はじ》めて生氣《き》を與ふるものなり。あらゆる宗敎《しうけう》、文藝《げい》、哲《てつ》學、科學等《とう》に礎《そ》石を與ふるものと謂《い》はざる可《べ》からず。恰《あたか》も出版《はん》界に於ける太陽《たいやう》の如きものならん。

之を拜讀《はいどく》し實行するに於いて始《はじ》めて人《じん》間の尊きことを知《し》り得《う》るものにして、之《これ》を知《し》らずんば恰《あたか》も人間にして開盲目《あきめくら》、恰《あたか》も動物《ぶつ》の如《ごと》きものに等《ひと》しかる可《べ》し。又此《またこの》尊き書籍《せき》は神政復《せいふく》興の羅《ら》針盤《しんばん》たり。現代人類《だいじんるい》社會の安寧幸福《あんねいこうふく》を増進す可《べ》き燈《とう》明臺《たい》たり。

而して本記《き》は新に發見《はつけん》せられたる茨城縣磯原町《いそはらまち》に於ける皇祖《こうそ》皇《こう》大神宮神主家《じんぐうかんぬしけ》竹《たけ》内古《こ》文書《しよ》に毫《がう》も私《し》意《い》卑見《ひけん》を交《まじ》へず、神《かみ》ながら其儘《そのまゝ》を世《よ》に發《はつ》表したる我國唯《くにゆい》一の神代實錄《ろく》にして、又《また》世《せ》界無比《ひ》の最古《こ》記錄《ろく》なり。所謂《いはゆる》富《ふ》士古《しこ》文書《しよ》などあるも之《これ》より古《ふる》きは當《とう》然のことなり、之《これ》によりて

古事記、日本書紀、古語拾遺、神皇正統記、大日本史、日本外史

等《とう》の正史の足らざるを補《おぎな》ひ、千古《こ》不磨《ふま》の神典《しんてん》なりと確信《かくしん》し、約《やく》數年《ねん》間の研鑽《けんさん》により其の正《せい》

確《かく》なるものを蒐集《しうしう》し、竹《たけ》内家の檢閲《けんえつ》と許可《か》を得て茲《こゝ》に公表《こう》する所以《ゆゑん》なり。

當初皇祖《こうそ》皇《こう》大神宮《しんぐう》は越中《ちう》立《たて》山山麓《さんろく》地券面《けんめん》記載《さい》の皇祖《そ》皇《こう》大神宮《ぐう》に奉齋《ほうさい》しありき。而して高天原《はら》は日《ひ》球《たま》ノ國《くに》（今の飛騨《だ》國）にありて、皇居《こうきよ》は日《ひ》根《ね》越《こし》ノ國《くに》（今の越《ゑち》前越《ゑち》後越中國）の中心、立山《たてやま》にありしを以《もつ》て太陽《たいよう》が直《なほ》ちに日つ越《こ》し來れる朝《あさ》日の直射《たゞさ》す國夕《ゆう》日の直射《たゞさ》す國との信念《しん》を持《も》ちたるものなり。而して不《ふ》背錦洲《せうきんしう》は前陳《ちん》の如く越後《ゑちご》五泉《せん》と云《い》ふ山紫《さんし》水《すい》明の仙境《せんけう》に生《うま》れ信濃《しなの》川《かは》、早出川《かは》の中間水清《みづきよ》き所に衣《い》食《しよく》し、天性《てんせい》敬《けい》神崇祖《そ》の觀念《くわんねん》に培養《ばいよう》せられ、一生《せう》を通じて宇宙《うちう》の眞理《しんり》、天地の公道《どう》を求《もと》めて、人《ひと》知れぬ難行《なんげう》苦行《ぎやう》を重ね、惟《い》神の大道《どう》が佛教《けう》、キリスト教《きやう》、儒道《じゆどう》等の萬教の上に超然として輝き、昭々乎《こ》として宇《う》内を照《てら》すことを知り、必ずしも之を證明《せうめい》する最古《さいこ》の尊き寶典《ほうてん》のあることを靈《れい》感し、朝な夕《ゆう》な夢現に見つゝありし所、計《はか》らずも皇祖《こうそ》皇大神宮《しんぐう》に於て竹《たけ》内家《け》古《こ》文書《しよ》を發《はつ》見し、神《しん》武天皇《てんのう》以《い》前《ぜん》に神皇《こう》九十七代幾《いく》億《おく》兆《てう》年間《けん》皇統《とう》連綿《めん》たりし列聖《れつせい》の在しますありて、其《その》御事績の世《よ》に洩《も》れさせ給《たま》へるに驚《おどろ》き覺へず竹《たけ》内傳により其《その》神皇九十七代の御事《じ》績を世《よ》に紹介《せうかい》し、又《また》竹内家《たけうちけ》の奉齋《ほうさい》する皇祖《そ》皇太《た》神宮《ぐう》及別祖《そ》神宮《ぐう》の沿革《えんかく》を詳細《せうさい》に紹介《せうかい》し、一日も早く神政《せい》復興の實現《げん》を期せんとするものなり。

夫れ皇祖《き》皇大神宮《ぐう》に寶藏《ほうぞう》する神寶《ぽう》及古《こ》文書《しよ》は棟梁《とうれう》の臣武《しんたけ》内宿禰を始めとして代《だい》々の竹內《たけうち》家六十六代に亘《わた》りて勅《ちよく》命によりて之《これ》を保管《くわん》し、幾多《いくた》の災厄《さいやく》に遭遇《そうぐう》し辛《から》ふじて保存せしを以て又《また》其《その》災厄《さいやく》に遭《あ》はんかを恐《おそ》れ、他《た》に成る可《べ》く祕《ひ》密《みつ》に保《ほ》管《くわん》し來れるものなり、素《もと》より猥《みだ》りに他に閱《えつ》せしめしこと鮮く、當初《しよ》公爵《しやく》一條《ぜう》實孝《たか》氏を始めとして海軍《かいぐん》大將《せう》有馬《ま》良橘氏、陸軍《りくぐん》中將《せう》秦《はた》眞次氏《し》、故《こ》本鄕《がう》大將《せう》、粟紫《ちくし》陸軍《りくぐん》中將《せう》、堀《ほり》內海軍《かいぐん》中將《せう》、橫《よこ》山海軍《かいぐん》少將《せう》等の手によりて封切りをせられ、之を拜觀《はいくわん》せるものも數百を以て數ふる位《くらゐ》ならん、先覺本居宣長、平《ひら》田篤胤《あつたね》兩大人にして之《これ》を閱《えつ》すること能《あた》はず。我國《くに》最《さい》近の聖者《せいしや》と謂《い》はるゝ弘法《こうほう》、日蓮《れん》にしても二十一日の斷食をして僅《わづ》かに竹《たけ》內家の系圖《けいづ》を拜觀《はいくわん》したるに止《とゞ》まると云ふ。

不肖《せう》淺《せん》學菲才《さい》、文辭《じや》野俗《ぞく》にして體裁《さい》蕪雜《ざつ》未だ推移《い》をなさゞるものゝ如し、江湖《こ》諸賢辭《しよけんじ》を咎《とが》めず赤誠《せきせい》を佑はれんことを切《せつ》に希ふ。

いざ章を分けて神祕《ひ》の扉を開《ひら》かん

神武復興紀元二千五百九十四年五月吉日

兵庫縣神明山寶塚

皇神教壇　木村錦洲識

天照らす神の道こそ誠なれ
天地あらばいや榮えなん

序

私も昨年十月頃靈示を受け、竹内家にて保管奉齋せる古文書をありのまゝに綴りて「大日本神皇記」として廣く頒布せんと思ひ居りしところ、今回皇祖皇教に對する信仰厚き木村錦洲先生が妻絹子、息女悦子孃迄一家を擧げて神に奉仕し、皇祖皇太神に再三再四參拝せられ眞實の信心を起され再興につき努力され、今回大日本神皇記を發刊したき旨申出でられ、內容を見るに一般の稗益するところ多大なりと信じ快く之を許可し、爰に敢て江湖に推薦する所以なり。

昭和九年四月廿九日

皇太子殿下御降誕第一の天長佳節

茨城縣多賀郡磯原町天津山

竹內巨麿

大日本神皇記

神皇道《ジンノウドウ》《スメロギー》　主元　木村錦洲著

緒言

我《わが》大日本皇國《こう》の宇宙《うちう》に冠《くわん》たることを知《し》るもの多しと雖《いへど》も、事實を示して之《これ》を證《せう》明するものなし。予《よ》茨城《きけ》縣磯原《いそはら》に於ける竹《たけ》内家

祕藏の神寶　を拜觀《はいくわん》するに到《いた》り、惟神大道《どう》、即《すなは》ち神《しん》皇道《どう》が宇宙《うちう》の神憲《けん》、天地《ち》の公道《どう》にして世界史《せかいし》上に燦然《さんぜん》たる光《こう》輝を放《はな》ち、莊嚴《さうごん》なるに打《う》たれ、神寶と古文書《ぶんしよ》を託《たく》して暫《しばら》く讚歎拍《さんたんはく》手して曰《いは》く

「宇《う》宙創《ちうそう》成以來《らい》何億兆《おくてう》年を閲すと雖《いへど》も斯ゝる尊き文獻《ぶんけん》と神器《き》は他《ほか》にあるべきにあらず。有難《かた》き神の國に生れてその尊さを知《し》らず。又《また》神寶と古記錄《こきろく》のあるを知《し》らず。又之《またこ》れを拜《はい》觀

すると雖《いへど》も心《こゝろ》濁《にご》り氣《き》汚《けが》れ居るため、神《しん》皇の後昆に殘されし貴《たつと》き教を咀《そ》嚼する能《あた》はず。兎《と》や角と言擧げず。噫《あゝ》！慨はしき哉。予《よ》先づ禁《きん》酒禁《きん》煙玄《げん》米《まい》菜《さい》食を斷《だん》行し毎朝《あさ》水垢《みづごも》離《り》をして勇《ゆう》猛《まう》精《せい》進《しん》、修《しう》道《どう》に修《しう》道《どう》を重《かさ》ね、竹《たけ》内《うち》家《け》の祕《ひ》藏《ざう》せらるゝ寶簽神寶、古《こ》記錄《ろく》等を拜《はい》觀《くわん》し、更に不明の點は博《ひろ》く古《こ》家の祕《ひ》記《き》を索りその奥《おく》義《ぎ》に至《いた》りては心耳《じ》を澄《す》まして聽《き》き、心眼を徹して視《み》、宇《う》宙《ちう》神《しん》祕《ぴ》の扉を開《ひら》く。爰《こゝ》に年あり、而《しか》して大神《しん》の靈《れい》示《じ》に導《みちび》かれ誤《あやま》れる古《こ》史《し》を改め眞に神《しん》皇《のう》相承《せう》幾《いく》億《おく》兆《てう》年の有《あり》難《がた》き事實《じ》に則《そく》せる大日本神皇《のう》記を編《へん》述《じゆつ》し、天壤と共に無《む》窮《きう》なる我が

大皇國の國體を闡明し内は敬《けい》神崇祖《そ》の觀《くわん》念を發《はつ》揚《よう》し、外は廿四億《おく》の人類《るい》に對し我《わ》が神《かみ》ながらの神皇《のう》道《どう》こそ遵守《しゆ》すべき道《みち》にして我《わが》　天皇《てんのう》陛下《へいか》を現津神、救《きう》世主として崇拜《はい》すべき事《こと》を高唱《せう》せんとするものなり。謹《つゝし》んで案《あん》ずるに我國《くに》は神國なりと云ふ。然れども眞に其《その》由《ゆ》來《らい》を確《かく》認《にん》するもの少なし。我《わ》が祖父《ふ》は一萬遍《へん》、父《ちゝ》は一千遍《へん》の念《ねん》佛行《ぎやう》者《しや》にして予《よ》は神佛《ぶつ》の眞の姿《すがた》、信《しん》仰《かう》の眞の目的を名僧智《そうち》識、神官《くわん》、牧師《ぼくし》などに聞《き》けども敎へるものなし。止《や》むなく數千卷の書を讀《よ》破《は》し終りて昭《せう》和六年十一月より約《やく》一年間肉《にく》の汚《けが》れを避《さ》け勇《ゆう》猛《まう》精進

して天地《てんち》根本《こんぽん》の大靈《れい》、宇宙《うちう》の大神に

大本願をかけ　親《おや》より受けたる此《この》身命《めい》を神《かみ》に捧《さゝ》ぐる代《かは》り

「何卒宇宙《うちう》の眞理《り》、天地の公道《こうだう》を知《し》らしめ給《たま》へ！……何卒世界《せかい》第《だい》一の智者《ちしや》たらしめ給《たま》へ！……而して神佛《しんぶつ》の本態を明らしめ給《たま》へ！　我身《わがみ》に宇宙《うちう》の神憲《けん》を行はしめ給《たま》へ！……仍つて迷《まよ》へる萬衆《ばんしう》の歸《き》向《こう》を知《し》らしめ人類《るい》の安寧《あんねい》幸福《こうふく》を得《え》さしめ給《たま》へ！」等《とう》の大本願《ぐわん》を建《た》て、然るに神《かみ》は哀《あは》れと思召《おぼしめし》て昭《せう》和七年一月十五日の拂曉《げうとう》突如として

尊き靈示　あり。

「爾《なんぢ》ノ求《もと》ムル眞理《しんり》ハ天地根《こん》本ノ大神ト天照皇大御神ト　天皇陛下《てんのうへいか》ハ三位《み》一體ナリ。釋《しや》迦《か》、基督《キリスト》、孔子《こう》ナドハ之《これ》ヲ説明《めい》スル左右ノ導《みちび》キトナルノミ假《か》リノ教裏《おしへうら》ノ戒《いまし》メナリ。更《さら》ニ勇《ゆう》猛精進《もうせいしん》セヨ！　身命《めい》ヲ捧《さゝ》ゲテ奉仕《ほうし》セヨ！　神《かみ》ヲ第《だい》一トセヨ　天皇陛下《のうへいか》ヲ第《だい》一トセヨ、靈《れい》ヲ第《だい》一トセヨ」云々。斯くて神道《しんだう》、キリスト教《けう》、佛教《けう》を始《はじ》めとしてあらゆる宗教《しうけう》、科學《くわがく》、哲學《こつりく》、生理《り》、解剖《かいぼう》、天文《てんもん》、地文《ちもん》、易學《えきがく》等の研究《きう》にも沒頭《ぼつとう》し、夜《よ》は大抵《てい》三、四時間位《くらゐ》しか寢《ね》ずして研《けん》讃せし結果我國の尊き所以《ゆゑん》　天皇陛下《のうへいか》が我國《くに》を知ろし食し給《たま》ふ外に世界《せかい》に君臨《くんりん》

し、更に宇宙《うちう》の大憲《けん》を實行せさせ給《たま》ふことを確認《かくにん》し、斯かる尊き國にして斯くも崇む可き大君《きみ》に在しませば、從來表はれ居る外に何《なに》か尊き寶卷《はうくわん》の他《ほか》に埋《うも》れ居ることを時々靈《れい》夢によりて知《し》らしめ給《たま》ふ。又《また》明治《ぢ》神宮《ぐう》に參拜《はい》せし所、社務所に白無垢《むく》を着《つ》けたる五十五、六才《さい》の人《ひと》が我國《くに》に

「神武天皇《のう》以《い》前に九十何代の神皇あることを知《し》らざるか、尊きことに非《あら》ずや」

など云ふたることを聞《き》きたり。又《また》酒井《ゐ》勝軍《ぐん》、前《まへ》田淳、高畑《たかはた》康明《やすあき》、岩田《いは》大中氏等《ら》の書籍《せき》をも讀《よ》みしが餘《あま》り其眞相分明せざりき。仍つて更《さら》に奮勵努《ふんれいど》力《りよく》、神に祈願《ぐわん》して其の眞相を知《し》らしめられんことを求《もと》めたり。然るに一日酒井《さかゐ》勝軍《せうぐん》に引見して茨城《き》縣多賀《が》郡《ぐん》磯原《いそはら》町《てう》にある竹內《たけうち》家《け》の神寶が尊き古《こ》文書なることを知り、更《さら》に拜觀《はいくわん》を願《ねが》ひしも其《そ》の機會なく困うじ果て居りし所、代議《だいぎ》士《し》中村嘉《よし》壽氏が世《せ》界《かい》議《ぎ》員《いん》大會に臨《のぞ》むに際し世《せ》界に對する土產《みやげ》として酒井《さかゐ》先生の話付《はなしつけ》、聞《き》いて居る方、よろしからんとのことにて訪問《はうもん》され、共に數時《じ》間話《かんはな》し、予《よ》より實地拜觀《はいくわん》を勸《すゝ》め、共に打《う》ち連《つ》れて拜觀《はいくわん》せるが始《はじ》めにして、予《よ》は更に昭《せう》和《わ》八年十一月廿六日、昭《せう》和《わ》九年三月卅日と四月廿九日の三日間《かん》に亘《わた》り詳細《せうさい》に拜觀《はいくわん》せる結果、竹《たけ》內家《け》にある神寶こそ

宇宙の謎を解く尊き鍵

たるのならず、世界《せかい》人類《るい》の凡てが崇拜《はい》す可き至上《し》無《む》比《ひ》の靈寶《れいほう》たることを發《はつ》見せり、赤子《せき》の如き心《こゝろ》を以《もつ》て聽《き》き、大海原《うなはら》の如き心を以て素直《すなほ》に見《み》れば直ぐ樣眞相《しん》が判《はん》明し、拜觀《はいくわん》して行《ゆ》く中に自然《し》と頭《かしら》が下がり、神寶《ほう》を拜觀《はいくわん》する毎に誰れ云《い》ふとなく拍手を打《う》つに到《いた》る。之こそ神國の尊嚴《そん》さを物語る。

活ける聖書　無《む》比の寶典《ほうてん》にして大自然《しぜん》、神《かみ》ながらなる神寶《しんぽう》なり、猥りに言擧げしあげつらう可きに非《あら》ざるも

（第一）神國《こく》に生れてその尊きことを知らざる人《ひと》のために、又舊教《またきうけう》、キリスト教《けう》、マホメット教《けう》、佛教儒教徒《ぶつけうじゆけうと》等が他に教を求《もと》むる前先づ以て同所《しよ》にある**舊教の開祖たるモーゼ**　の十誡、裏《うら》十誡形見石オニックス（縞瑪瑙《しまなう》）及び之《これ》に關する古記錄《こきろく》を拜觀《はいくわん》する必要あること。

（第二）釋種《しやくしゆ》は勿論《もち》、印度《いんど》、支那《しな》、歐洲《おうしう》、米國等《べいこくとう》は凡て日本《にほん》の統治下《とうちか》にありて我國《わが》の皇子《おう》が派遣《はけん》され統治《ち》され教を宣布《せんぷ》されしことを明らむ可きこと。進《すゝ》んでは世《せ》界の人類《るい》が一度は我國《くに》に來《きた》り此靈《このれい》地に參拜《はい》し

眞に我皇國人は直ちに宇宙根本の大神、日の大神より直ちに天降りたる天孫民族にして　天皇陛下は宇宙の神憲を行はせ給ふ眞の現つ神に居はしますこと又我國を宗家と崇む可きこと等

を知《し》るべきなり、要するに各《かく》國に分布《ぷ》せし民族《ぞく》は凡て我《わが》天孫《そん》民族《ぞく》の分家《け》にして、此《こ》の頃成金となり、本家《け》を無《な》いがしろにして無禮《れい》を働《はたら》き居る如き狀勢《せい》を示《しめ》せること、之《こ》れ即《すなは》ち非常時とも云《い》ふ可きなり。

絶《ぜつ》對無《む》限にして何事もなし得べき

尊き大神の稜威

を知れば人《ひと》の造《つく》れる軍《ぐん》備の如き國防《こくぼう》の如き何等の力《ちから》なきを知らずや。宇宙《うちう》の眞理、天地《てんち》の公道《どう》を守《まも》らせ給《たま》ふ　天皇陛下《へいか》は天《てん》地根本の大靈《れい》なる天照皇大御神の顯《けん》現たるや明《あきら》かなり。神《かみ》ながらの大道《どう》と云《い》へ、古《こ》代行はれたる皇道《どう》と云《い》へ名は異にして實は一なり、畢竟《ひつけう》ずるに大自然の大法《ほう》なり、即《すなは》ち大神の造《つく》り給《たま》へる神憲《しんけん》なり、皇教《けう》なり、絶體《ぜつたい》一にして二ある可《べ》からず、釋迦《か》、孔子《こう》、キリスト、世《せ》界の三聖《せい》と雖《いへど》も凡て人た

り。人なれば難行《ぎやう》苦《く》行《ぎやう》して悟《さと》れる覺者《かくしや》なり、此《こ》の理《り》を知りて説きたれば人意《い》が多分《ぶん》に含《ふく》まれ居れり。

神意尊く　人意《い》の劣《おと》れるは論なき所《ところ》なり。大自然の大理《り》に對して人爲《ゐ》の及《は》ざるは今更《さら》云ふを俟《ま》たざるなり。其の他之を祖述《そじゆつ》する僧侶《そうりよ》、牧師《ぼくし》、學者等《ら》あれど寧《むし》ろ甲論乙駁《こうろんおつばくます》益く々眞理《り》に遠《とほ》ざかる。予愚鈍《よぐどん》なりと雖《いへど》も何物《もの》の幸福か、何物をも打《う》ち捨てゝ白紙《し》となり、大空《そら》の如き心《こゝろ》を以て狹《せま》き門《もん》より入《い》りしを以て、神寶《ぽう》を拝觀《はいくわん》してそれにも捕《とら》はれず、その奧底《おくそこ》に祕《ひそ》む宇宙《うちう》の神祕《ぴ》を探《さぐ》り得《え》たれば、誠《まこと》に嬉《うれ》しく樂《たの》しく、チットして居る譯《わけ》に行《ゆ》かず、左の歌《うた》を皇祖《そ》皇大神宮《ぐう》に奉納《ほうのう》し、皇祖《そ》皇大神の眞理《しんり》を世《せ》界の民衆《しう》に紹介《せうかい》せんとするものなり。

神寶《かんだから》二度拝みて有《あ》り難《がた》や皇神《すめがみ》の憲《のり》今ぞしらるゝ。

而して之を紹介《せうかい》するの目的は他《た》になし。

世界《せかい》の人類即《すなは》ち人間《にんげん》の根本《こん》は神《かみ》にして猿《さる》の進化《くわ》したるものに非ず。生物《ぶつ》の大根《こん》元はアミーバに非《あら》ず。大靈《れい》の分靈《ぶんれい》たる靈《れい》子によりて肉《にく》の發《はつ》動起《おこ》ること、太陽《たいよう》は中心《ちうしん》となりて吾等《われら》に光熱《かうねつ》を與ふる外《ほか》に人間《けん》の造《つく》り得《え》ぬ太陽《たいよう》……

而かも一日もなくして存在し得《え》ぬ太陽《たいやう》を造《つく》り給《たま》へる大神を思ひ、太陽《たいやう》と共に起《お》き太陽神《たいやうかみ》を崇め宇宙《うちう》の神憲《けん》を行はせ給《たま》ふ　天皇《のう》陛下《へいか》を現人神として拜《はい》し、宇宙《うちう》の大法《ほう》天《てん》地の公道《どう》を守《まも》りて正しく動《はたら》き正しく受《う》け、弱《よわ》きを助《たす》け貧《ひん》を哀《あは》れみ老を尊《たつと》み、病《や》めるを慰《なぐさ》め**死も亦神の攝理**として神靈《れい》の懷中に歸《かへ》りて休《やす》むとして喜《よろこ》び、夜《よ》は感謝《しや》の祈りを捧《きさ》げて心は明《あか》るく清《きよ》く爽《すが》々しく、君臣《くんしん》一體、夫婦《ふうふ》一體、一家《か》一國は勿論《もち》世界《せ》全般は素《もと》より神《かみ》より出《い》でたる同胞《はう》なれば、互《たがひ》に卑《いや》しむことなく睦び合ひ大和一體の本義《ぎ》に立《た》ち歸《かへ》り、夜《よ》は成《な》る可《べ》く早く休《やす》みて英氣《えいき》を養《やしな》ひ、向上《こう》發展《はつてん》増大生々育《いく》々として無限《げん》の歡樂湧《わ》く境涯《けうがい》に入り、我《わ》が大日本人は日の本の元津國《くに》、浦安の國《くに》なれば神《かみ》ながらの大法《ほう》を身《み》を以《もつ》て行《おこな》ひ眞に

神國たる名に恥ぢざるやう實行し身《み》を以て世界《せかい》に示《しめ》すことなり。之《これ》こそ太陽《たいやう》國民の大使命《し》たり。テオクラシーの行はるゝ大日本皇國民《みん》の職命《しよくめい》なり。天命《めい》なり、世界人《せかいじん》も名利色《りしよく》等の欲を離《はな》れ天爵《しやく》の尊きを悟《さと》り、凡ての慾望《よくばう》が死《し》の前《まへ》には何等の權威《けんい》なく、其の他肉《たく》に關する慾望《よくばう》の何れも賤《いや》しく亡《ほろ》ぶ可《べ》き相對的《てき》なることを明《あき》かに知りて、絕對《ぜつ》的なる太《たい》

陽《よう》と神とを崇め太陽《たいよう》の揚《あ》がると共に日の神を崇め、共に働《はたら》き

明るき生活と政治

をなし、夜は早く感謝《しや》しつゝ休《やす》み、餘《あま》れるものを以《もつ》て弱《よわ》きもの、貧しきもの、病《や》める者《もの》に與へて之を慰《なぐさ》む可《べ》きなり。斯く神寶《しんぽう》を拝み神の道《みち》を行はゞ之《これ》ぞ

神の國の出現

にして、メシヤは他に非《あら》ず、我《わ》が日嗣の御子こそ救世主《きうせいしゆ》にましま す。キリストは再臨《さいりん》するに非《あら》ず。磯原《いそはら》にある十字《じ》を架《か》せる

モーゼノ表・裏《うら》十誡

形見石、二ッ共凡て

✡字《じ》を負ふてあり。星月は十なり、十は十字架《じか》なり、キリストを眞に茲《ここ》に求《もと》むる人は幸《さいは》ひなり。卍は萬壽《じゆ》にして宇宙《うちう》の裏姿《うらすがた》なり、日は表《おもて》にして星月は裏《うら》なり、キリストの再臨を求《もと》むる耶蘇《やそ》教《けう》に力なし、我《わ》が　天皇陛下《てんのうへいか》を神御一人として崇めて神《かみ》の道《みち》に復《ふく》するなり。之即ち神《かみ》の國の出現なり、即ち日の神は太陽《たいよう》を通じて見る可く、キリスト、佛教、回々教《けう》等《とう》は星月を通《つう》じて拝《はい》す可《べ》きなり。日月、清《せい》明にして神皇照徹し茲《ここ》に天地位《くらゐ》し萬物育《いく》する所《ゆ》

以《ゑん》なり、豈《あに》尊きことに非《あら》ずや。

祕藏されし由來

(一)神倭朝八代……神皇百〇五代孝《こう》元天皇《のう》の御時

他國人及び萬國人に大祕《ぴ》密《みつ》に祕《ぴ》藏《ぞう》せよとの勅《ちよく》命《めい》あり。即ち大足氷德別尊に命ぜらる。

(二)神倭朝十代……神皇百十代崇神天皇《のう》の御時

宮《みや》中と丹波《たんは》の本《もと》伊勢に御神器《き》外一體宛《ずつ》御祭《まつ》りありて竹内《たけうち》屋主忍雄親王《しんのう》に命ぜらる。武雄心尊奉請《ほうせい》す此尊武内宿禰《ね》の祖父君《をおきみ》に當《あた》らせらる。

(三)神倭朝十一代……神皇百十一代仲哀《ちうあい》天皇《のう》の御時

佛魔《ま》を調伏《てうふく》せんと丹波《たんは》本《もと》伊勢より御神器《き》を申し受《う》けて伊《い》勢大神として奉《ほう》祀す。

(四)神倭朝十六代……神皇百十三代應《おう》神天皇《のう》の御時

御神勅《ちよく》によて地中に祕《ぴ》藏《ぞう》さる。佛魔の暴《ぼう》擧を免《まぬか》れんための神意《い》なり。

(五)神倭朝十九代……神皇百十六代反《はん》正天皇の御時

(七)御神勅《ちよく》により萬國統、の世《よ》迄《まで》秘藏《のぞう》せよとの御勅命《ごちよくめい》あり。

(六)神倭朝二十一代……神皇百十八代雄略《だいゆうりやく》天皇の御時

皇后陛下《とうへいか》韓姫《からひめ》に神かゞりて「此《この》三種《しゆ》の神器《き》を捧《ほう》持せらるゝ方こそ、世《せ》界天皇《のう》ぞ、又《また》高御座に祭《まつ》る寶ぞ、天皇《てんのう》自身《しん》の守《まも》り神寶ぞ」云《うん》々とありたり。

(七)竹《たけ》内神主となる。

雄略天皇《ゆうりやくてんのう》より竹《たけ》内眞鳥《とり》(武内宿禰《ね》三代《だい》目)が皇祖《そ》皇太《たい》神宮《ぐう》の神主《うんぬし》仰せつけらる。その時の名《な》は大申政《おほまを》、大統領《れう》と勅命《ちよくめい》により命名せらる。

(八)神倭朝二十四代《だい》……神皇百二十二代顯《けん》宗天皇の御時

アヂチ文字《じ》、神代文字《じ》、形《かた》カナ文字《もじ》を唐文字《かうもじ》に直《なほ》し皇祖《そ》皇太神宮《ぐう》に納《をさ》めらる。

(九)神倭朝廿五代……神皇百二十五代億《だいお》計《け》天皇《のう》の御時

竹《たけ》内家《け》の子《し》孫《そん》を以《もつ》て神主《うんぬし》たる事《こと》を勅《ちよ》命あり、佛教《ぶつきやう》唐樣に書《か》きて追《おひ》々隆《りう》盛となる、外人に大奥秘《おくひ》密《みつ》と勅《ちよく》命さる。即位《そくゐ》五年二月十日、古《こ》文書唐字《しよかうじ》に寫《うつ》して造《つく》らしむ、同《どう》六月五、六、七日天皇自ら祭王《さいしゆ》となり、皇祖《た》皇太神宮《ぐう》大祭禮《さいれい》をなさる、其《そ》の後は年々祭禮《さいれい》すれば外人《ゑい》に神寶《ほう》ある事《こと》を知らるゝによつて勅命《ちよくめい》により天皇陛《のうへい》下の御親祭《しんさい》を停止《ていし》する。

其《その》後政《せい》權《けん》武《ぶ》門《もん》に歸《き》して幕府《ばくふ》の時《じ》代には深く祕《ひ》して出さず、然し代々神靈《れい》は祕かに祭《まつ》りて之《これ》を他人に見せず、竹内家《たけうちけ》の先代は前《まへ》田公より呼《よ》び出されて「神寶《ほう》あらば出せよ！　出さねば殺《ころ》すぞ、殺《ころ》しても無《な》いか？」と責《せ》め苦《く》に遭《あ》ひ、遂《つひ》に切腹《ぷく》を仰《あふ》せつかる。明治《めいぢ》御一新となりてより神社法《ほう》制定せられ、之《これ》によりて祭《まつ》らんとすれども氏子となるものなく、今《こん》日迄《まで》幾《いく》多の苦《く》辛《しん》を重《かさ》ね、六十六代千二百餘年間身《しん》命を捧げて守《しゆ》護《ご》し來りし竹《たけ》内家《け》累《るい》代は實に大忠臣《ちうしん》なるかな。

大楠公父《ぷ》子一族《ぞく》が一門《もん》を擧げて君《くん》國につくせし誠忠《せいちう》もさる事ながら、生きて恥を忍《しの》び、陰《かげ》の舞《まひ》として敷石《しきいし》として長期間《かん》に亘《わた》りて守《まも》り來れる竹《たけ》内家《け》累《るい》代、殊に後《ご》醍醐《だいに》天皇に對しては一族郎黨《ぞくろうとう》身命《しんめい》を捧げてつくし、更に慰靈《いれい》のために一門《もん》宗族《しうぞく》をして出家《しゆつけ》せしめて遺骨《いこつ》を守《まも》りしが如きは、日本人としては涙《なみだ》無くしては讀《よ》み得ざる事績《せき》なり。

予《よ》は愚鈍《ぐどん》にして、山陽《さんよう》の靈筆《れいひつ》なく、貧弱《ひんじやく》にして水戸義公の富《とみ》に及ばざるも、皇國を思ふの一念に於いては人《ひと》後に落《おち》つるものに非《あら》ず。大日本皇國の再《さい》興皇祖《そ》皇大神《しん》の復《ふく》興、扨《さ》ては天皇《のう》の萬國棟梁《とうれう》たられん事《こと》、竹《たけ》内家祖神《そしん》を神《かみ》として祭《まつ》り、現《げん》代神寶《ほう》を把《は》持しつゝある竹《たけ》内家を尊むべき事《こと》、進《すゝ》んでは此の神寶こそ世《よ》の人の朝《あさ》な夕《ゆう》なに求《もと》むる尊きものなれば、筆舌《ひつぜつ》の續《つゞ》く限《かぎ》り身心《しん》を神《かみ》に捧げて、世《せ》界の表《おもて》にのべ傳《つた》へよう。大《おほ》方の諸賢《しよけん》！　一日も早く目覺めて我《わが》國の世《せ》界に冠《くわん》たる事を知りて、神《かみ》ながら皇神の道《みち》に精《せい》進せられ、進《すゝ》んでは世《ぜ》界人を敎化《けうくわ》せられん事《こと》を。

最《さい》後に天地《ち》根《こん》本の大神に祈《いの》り奉《たてまつ》る。何卒一日も早く此《この》神寶《ほう》の世《よ》に出るやう御《お》願《ねが》ひする次第《したい》なり。

大神笑《ゑ》み給め神人一體　　ノンノウノンノ

大日本神皇記

第一章　宇宙根本大神

宇《う》宙《ちう》は唯《たゞ》一にして絕《ぜつ》對《たい》無《む》限《げん》なり。神《かみ》と人《ひと》と萬有と及び之《これ》等を律するあらゆる天憲《けん》を包《ほう》括するもの之宇《つ》宙《ちう》の大元靈《れい》自體なり。未《いま》だ發せざる大御心それ自《じ》體なり。即《すなは》ち之《これ》を宇《う》宙《ちう》根《こん》本《ぽん》大神にして此《こ》の神の御名《な》を

「」より起《おこ》りて無《む》の自然《ぜん》の活役《はたらき》より有が生る。は無の天《てん》の字《じ》なり。

(一)元《む》無《と》極體主王《ふみのらいのし》大神(元無極)カンナガラ、ナアモ、アムモオホカミ、ノンノ、アメシヤヲ、アメン

と稱《とな》へ奉《たてまつ》る。

而《しか》して此神の體《たい》なる宇《つ》宙《ちう》の森《しん》羅《ら》萬象《せう》と、あらゆる法《ほう》則《そく》とを緣《えん》として其《そ》根《こん》源《げん》に遡《さかのぼ》りて考察《さつ》する時、そこに創造、統一、自由、限定なる四箇《こ》の事《じ》實が恰《あたか》も循環《くわん》せる一聯《れん》の環《わ》の如く

永遠《えいえん》無窮《きう》に行はれつゝありと云ふ眞理を認識し得るものなり、即《すなは》ち先《ま》づ最初に認識せらるゝは此宇宙《うちう》が瞬時も休止《きうし》する所なく、無始無《む》終に亘《わた》り永遠《えいえん》より無窮《きう》に生《せい》々育《いく》々として活動《くわつどう》しつゝある事實にして、向上《こうじやう》、發《はつ》展、增《ぞう》大、創造《そうぞう》、進化《くわ》、宇宙《うちう》の眞の姿《すがた》にして之を稱して靈《れい》界の高天原《はら》、天國、極樂と云ふなり。

創造《ぞう》は宇宙剖判《うちうはうはん》を以て其の第一楷梯《てい》とし、古代《こだい》「宇宙《うちう》根本太神」の大御心發顯《けん》して宇宙《うちう》夫《そ》れ自《じ》體の剖判《ほうはん》を開《かい》始せり。

而して創造《ぞう》を其《その》本源《げん》に遡《さかのぼ》りて考ふるに、悉《ことご》く唯《ゆい》一絕《ぜつ》對者《しや》たる「元無極體主王大神」より發現せるものなりしが故に、宇宙《うちう》萬有の時間《かん》的空《くう》間的總量《れう》は恒久《きう》に全一不滅《めつ》ならざる可からず、創造《ざう》ある統《とう》一に入り此《この》間に於いて我が地球《きつ》は幾回《いくくわい》かその酷熱《ねつ》期と氷河《か》期とを經過《くわ》し、氣《き》溫漸《おんやうや》く定まりて巨草巨木《きよそうきよ》は絕滅《ぜつめつ》し巨獸巨蟲《きよじうきよちう》は影《かげ》を潜《ひそ》め、爰《こゝ》に始めて人類の創造《ぞう》を見るに到《いた》れり。

而して人類界《るいかい》の統治《とうち》者は「萬國棟梁天職天津日嗣天皇《とこよくにおやあまつくあまつひつぎすめらみこと》」にして大日本《にほん》皇室《しつ》の皇祖《そ》に在しまして、又人類《またじんるい》の元祖《そ》たるなり。斯《か》くの如く太古《たいこ》神界に於いては天にありては大神、神靈《れい》界《かい》を統治《とうち》し、地《ち》にありては大日本天《てん》皇の絶《ぜつ》對の王座《おうざ》に在しまして、世《せ》界萬國《こく》を知食《ち》し給《たま》へり。之《これ》を稱して神政政治の時代と云ふ。而《しか》して自在《ざい》の時代に入り今《いま》や限定の時代《だい》に入りつゝあるなり。之《これ》即《すなは》ち神政《せい》復興《こう》の機運勃《うんぼつ》然と起《おこ》りつゝある所以《ゆゑん》なり。

而《しか》して此四箇《こ》の事實の圓滿《まん》なる調和とは即《すなは》ち太《たい》神の「絶《ぜつ》對」そのものに外ならず。即《すなは》ち近き將來《せうらい》に於いて宇《う》宙《ちう》は太《たい》神の「神政政治」に還《くわん》元するものにして、形式《しき》内容《よう》共に整備して而《しか》も向上《こうぜう》と進步《は》とを無限《げん》に續《つゞ》け玲《れい》瓏《ろう》玉《たま》の如き時代に到達《とうたつ》す。此《こ》の完《くわん》全無《む》缺《けつ》の社會到來《とうらい》の曉《あかつき》を天の岩戸《いはと》開け、又《また》は神政《せい》成就《しう》の時と云ひ、其時に於る人類《るい》の絶《ぜつ》對統卒《とうそつ》者《しや》は勿《もち》論我が
大日本　天皇陛《のうへい》下
に坐します。而して其《そ》の推移《い》は一に宇《う》宙根《ちうこん》本大神の大御心の發顯《はつけん》によるものなり。

第二章　宇宙剖判

宇《う》宙根《ちうこん》本大神の在します世《せ》界を隱身《かくりみ》界と云《い》ふ、而《しか》してこの活現《くわつげん》の相は大別して「神の世《せ》界」（天）と「物質《ぶつしつ》の世界《せかい》」（地）となり、神の世《せ》界は更《さら》に神界《しんかい》と神靈《れい》界とに分れたり。宇宙《うちう》

根《こん》本大神の活《くわつ》現によりて生れ給《たま》ひたるは假凝身《かごりみ》界の神なり。元より體なく形なし。左の諸《しよ》神在します。即《すなは》ち

(一)是《これ》は一を地として一切萬物生る、起源《げん》は其氣《き》合し動ずるものをいふ。神は即《すなは》ち

(二)中末分主《なかなしわかれぬし》大神

「ヽ」土《つち》の海《かい》水が凝りて岩《がん》石となり、凝土《こりつち》水分れ末《すゑ》に天地分れ玉《たま》の如くにある事、一は地體の字《じ》なり「ノヽ」是《これ》は陰《いん》と陽《やう》との活役する事の其氣《き》合――之《こ》れがためには上下に分別するものをいふ。神《かみ》は即《すなは》ち

(三)天地分主《あめつちわかれぬし》大神

天地と始《はじ》めて分體《ぶんたい》の主の尊《みこと》の活役によりて顯はれ、天地間に生る陰陽男《いんようだん》女をいふ。

「一」是《こ》れは眞柱として最も權威《けんい》を生ずる起源《げん》と成る。是即《これすなは》ち神《かみ》、陰《いん》陽「ノヽ」活役の字《じ》なり。

(四)(五)天地分《あつつちわかれ》大眞《おゝま》底《そこ》男女《はゝめど》二神《ふたかみ》

地球《きう》大空の中より直靈《なほひ》は彼の生煙之中より天に男神《おとかみ》生《うま》る。地球《きう》の底煙の中より美神《めとかみ》成りて

男女之媾《まぐ》合し、始めて天に日神生《うま》れ、男神なり、重ねて地に月神生る。此《この》二神を始《はじ》めとして風吹、長壽《じゆ》等の諸《しよ》神生る。

「乙」是《これ》は運行《こう》の活役《はたらき》なり。一切のものは神の主宰《しゆさい》活現《げん》によりて一切事が行はる。

此天地根本大神は空間を創造《ざう》し之を司り給《たま》ひ、中末分主大神は時間を創造《さうざう》して之を司り給《なま》ふ。天地分大底大神は靈質を創造《ざう》して之を司り給《たま》ひ、天地分大底大神は現象界《げんせうかい》の物質を創造《ざう》して之を司り給《たま》ふ。而《しか》して此《こ》の四大神の各《かく》御力《ちから》を全部具備し、假凝身創造神の代表神として現はれ給《たま》ひし大神を

(六)天一天柱主《あめのはじめあめのしらぬし》大神

と稱《せう》し奉《たてまつ》る。斯くて天《てん》地萬象《せう》の要素整ひ後次に燿身《かゞりみ》界の神生じ給《たま》へり。稜威《い》六合《ごう》に照《て》り徹り宇《う》宙《ちう》統治《とうち》の位《くらゐ》に在します諸《しよ》大御神なり。即ち

(七)天照《あまてるの》日大神

は此《この》統《とう》治《ち》の代表神にして、更《さら》に

(七)日の大神……靈《ひ》の大神

（八）月の大神……撞《つき》の大神

の二神在しまし給《たま》ひ、以上《ぜう》三神を又《また》「天之御三體の大神」と稱し奉《たてまつ》る。此階位《かいい》にましま
す神は宇《う》宙《ちう》統治を司り給《たま》ふ神にして前御身魂は隱身神の御意志《いし》の一部にて體なく又《また》形あり
給《たま》はず。

斯くて假凝身《かこり》、顯身《かやりみ》兩《れう》界の神、其位《くらゐ》に即き給《たま》ふ時に當り、駛身界《かい》の神々生じ給《たま》へり。一
種異れる靈質を以《もつ》て其身を構成《こう》し、其《その》物質《しつ》構成の威《い》力弱《よわ》きも其靈力《そのれいりき》威大《だい》なるを以《もつ》て忽《たちま》ち巨《きよ》
大となり、又《また》微《び》少《せう》に化《くわ》し雲散霧消《うんさんむせう》、所謂《いはゆる》天駛り國駛りて神通《つうじ》自在《ざい》なるものにして顯身神の
統治《とうち》の下に假凝身創造神の神業《げう》たる限身界の生《せい》成化育《くわいく》の各《かく》部分《ぶん》を分擔《たん》し給《たま》ふ自《じ》在《さい》神なり。
此《こ》の神の御魂は假凝神或は顯身神の御身魂の分派《ぱ》にして體は常《ぜう》態に於ては駛身界の靈質《れいしつ》を
以て構成せられたる一種特《とく》別の靈《れい》體なり。形は意志《し》のまゝに千變《へん》萬化《くわ》し、又《また》其魂をも體を
も意志《いし》に從って幾箇《いくこ》にも分離《り》する事《こと》を得るものにて、其壽は永世《えいせい》不滅《めつ》を原則《そく》とすれども「
宇《う》宙《ちう》根《こん》本大神」の御意志《し》のまゝに身魂の本源神たる假凝身神或は顯身神に還《くわん》元する事あり
此《こ》の神の在しますところを神靈《れい》界と稱《せう》し

（九）此世界《このせ》の主宰《さい》神を

國萬造主大神《くによろづつくりぬし》（又の名國常立大神《くにとこたち》）

と稱《せう》し奉《たてまつ》り、其陰《いん》神

（十）國萬浩美大神

次《つぎ》に生ぜしは思凝神（狐狸等の靈《れい》）出現《しゆつげん》し、人類《るい》發生後には「人靈神」出現せり。次《つぎ》に生ぜしは限身《かぎりみ》界の神にして各個《こ》體の構成或《あ》る一定《てい》の制限《せいげん》を受《う》け居るものにして忽《たちま》ち巨《きよ》大に變《へん》し、忽《たちま》ち微《び》少に化すが如き事少く、物質《ぶつしつ》的構成の威力《いりよく》大なるため靈《れい》的自《じ》在《ざい》の範圍《はんい》狹小《せう》なる宇《う》宙《ちう》の萬生、萬有、森羅《しんら》萬象《せう》、即《すなは》ち是《こ》れなり。此《この》限身界の出《しゆつ》現を天地剖判《ほうはん》といふ。即《すなは》ち宇《う》宙《ちう》塵を以て充滿《じうまん》せる物質《しつ》界は塵《ちり》の一を核《かく》として他の塵之《ちりこ》れに集《しう》合し旋轉《せんてん》運動を起《おこ》して漸次《ぜんじ》星雲《せいうん》の狀態《せうたい》となり、遂《つひ》にガス體・液《えき》體、固《こ》體となり、日月星震森羅萬象《せいしんしんら》《せう》となる。此固《このこ》形せるものを總稱《そうせう》して地と云《い》ひ、其《その》他の空《くう》間を天といふ。而《しか》して人類《じんるい》は此《こ》の限身界に於ける最も代表的《へうてき》なる存在《たんざい》なり。

（絶　對）隱　身（七次元界）
（創　造）假凝身（六次元界）
（統　一）燿　身（五次元界）
（自　在）駛　身　四次元界
（限　定）限　身　三次元界

神之世界 ─ 神界 ─（六次元界）（五次元界）
　　　　　 ─ 神靈界 ─ 四次元界
物質界 ─ 限界 ─ 三次元界

註　吾れら知らんとせば我が國を知らざる可からず、國を知らんとせば其國の淵源と國祖とを知らざる可からず。國體の淵源と國體とを知らんとせば天地剖判と天祖とを知らざる可からず、元足つて道生ずる所以にしそ温古知新と云ふ肝要事なり。

（一）天靈天祖一……（二）地祇（父日月　母地球）……

（三）天孫（皇祖即ち地上の太陽　即ち日の帝人祖）……（四）彦（天祖直系）─ 日の御子 ─ 日子

（五）玄孫

外國月神
星神

直系
傍系
外國祖

第三章　地球修理固成

天一天柱主大神より國萬造主《さうしゆ》大神《かみ》に御神勅《しんちよく》あり「い」の國たる日本《ほん》、即《すなは》ち天ッ國、天越根《ね》國《くに》「天皇國《すめらみことのくに》」棟梁《おむや》國《くに》の方面に於ける動植物《だうしよくぶつ》の創造《さうざう》及進化《くわ》を計《はか》り給《たま》ひ、次《つぎ》は「ろ」の國《くに》「外國」……萬國《とこたくに》、支國《いだしく》、アヂチクニ（亞細亞《アジア》大陸《たいりく》）方面に於ける動植物の創造《さうざう》及び進化《くわ》を計り給《たま》へり。

第四章　神界の統一

創造《さうざう》終りて統《とう》一起り、統一の政治《せいち》的形式《しき》としては先づ統治《とうち》神としては

天照日大神 又の名
アラマ神、ヒホン神、ヒルノ神、ミヒアリ神、アラマン神、ラアマ神、ヒルア神、サアン神、アモダニ神、タヒニチ神、アチチヒ神、ヒアカリノ神アヒル神、アマテラスヒ神、アサアマン神

天職《しよく》天津《つ》日嗣の御位《くらゐ》に即き給《たま》ふ。駛身《かけりみ》、神靈界《しんれいかい》に於《お》いて國萬造主《くによろづつくりぬし》大神《しん》、國萬造美《ぞうみ》大神その司宰《しさい》神となり給《たま》ひて、其《その》他の諸神靈之《しよしんれいこれ》を補佐《ほさ》して各々其受《そのうけ》持ちの職《しよく》に當り神《しん》政の統《とう》一出現せり。

第五章　人類の創造

地球《きう》は進化《くわ》の過《くわ》程を辿《たど》り、地殼の溫度漸次冷却《ぜんじれいきやく》し、所謂《いはゆる》地質時代に於ける大植物及《しよくぶつおよび》大動物漸《ぜん》次滅亡《めつぼう》して漸《やや》く其《そ》の時期《き》到來《とうらい》したるを以て、爰《ここ》に愈々《いよいよ》人類創造《るいそうぞう》なる神《しん》業開始《かいし》せらるゝ事となれり。元より「天一天柱主大神」の大御心の發露《ろ》にして、先づ「天照日大神」の御神勅《ちよく》、國萬造主大神に御降下《こうか》あり。種々《しゆじゆ》御苦辛《くしん》の上《うへ》駛身界《かい》の靈《れい》質を新たな、三次元界《かい》の物質に變化《へんくわ》する方法《はうはう》を踏襲《とうしう》し給《たま》ひ、御自身《じしん》の靈《れい》質の一刀《とう》を取《と》りて之《これ》を當時進化《くわ》の途《と》上にありし地球《ちきう》に於《おい》て、而かも「い」の國、即ち此《こ》の日の本の土《ど》壤中《ちう》に埋《うづ》め、宇宙《うちう》大天靈自身《れいじしん》の神力の顯《けん》現たる火、水、土の三質《しつ》によりて緼釀《うんぜう》する事多《た》年、やがて其の土《ど》壤中《ちう》に蠢《うごめ》くもの生じ來《きた》れり、之物質化《ぶつしつくわ》されし人間の最初《しよ》の形《けい》態にして、大神は更に此《この》ものを漸次《ぜんじ》はぐゝまれ長き年月を經て初めて人體の男を得《え》給《たま》へり。爰《こゝ》に於いて大神は自らの分靈《れい》神を其の身魂《しんこん》となし生存《せいそん》活動《くわつどう》自在《じざい》にして、意識《いしき》能《のう》力を有《ゆう》し、神に通する便《べん》利なる人體の創造《そうぞう》を完成し給《たま》へり。

而して何故に此《こ》の大日の本が特に選ばれしといふに、大和島根《ね》は地球《きう》の北《きた》半球《きう》中部に位《くらゐ》し四面《めん》環海《かい》にして、西南《なん》より東北《とうほく》に蜒延し、氣《き》候《こう》中和《わ》にして酷熱《ねつ》又《また》冱寒《かん》なく、四季《き》交々到《いた》る所にして而かも生活の資料《れう》は剩らず、又乏《またとぼ》しからず、所謂《いはゆる》「瑞穂《みほ》國」にして播けば食へ播かねば食へぬ所にして、自らが働《はたら》きの神聖《せい》を知り、又猛獸《またもうじう》百獸の襲ふるなし、斯 の如き土地《と》こそ、人類《るい》が自活《じくわつ》し發達する神《かみ》ながら 樂園《ゑん》なるを以て、大神が此《この》地を靈地《れいち》として神の國として選び給《たま》ひしは元より當然の事にして、少《すこ》しく思を巡らせば地球《きう》上人類《るい》發《はつ》生地として適當《とう》なる場所は日本島以外に是《こ》れを求《もと》むる事難きを知る可し。

斯くして天照日大神の御神勅《ちよく》により靈《れい》的自《じ》在の範圍《はんゐ》は狹小なるも、物《ぶつ》質的構《り》の威《い》力大なる肉《にく》體を所有《しよゆう》して能《よ》く靈《れい》神のなし能《あた》はざる所を遂行《すいこう》し得る便利《り》なる人類《じるい》、卽ち限身神爰《こゝ》に完成せるを以て、是《これ》等人類《じんるい》を基礎《そ》として玆《こゝ》に人類界《じんるいかい》の出現《げん》を見《み》ることとなれり。

第六章　日本皇室の發祥

神《かみ》の世《せ》界に於いて「天照日大神」が統治《ち》神としてあらせらるゝ如く、大和島根《ね》に於いて人類《るい》始《はじ》めて出現せる時に於《お》いて大神より「天孫降臨の御神勅」あり、即《すな》ち左の如

男《を》祖《そ》を以て天照日大神の皇太子《こうたいし》と定《さだ》む。女人祖《そ》と夫婦《ふ》たれ、乃ち御二方は日刺す方の天の眞柱行き巡《めぐ》りて御結婚遊《こんあそ》ばされたり。而して天になせる如く。地に於いても永世《えいせい》地上に於いて天津《つ》日嗣天皇《てんのう》を繼承《けいせう》す可《べ》し。

此の御勅命《ちよくめい》により萬國棟梁・天職天津日嗣天皇《あめまつりあまつひつぎすめらみこと》の高御座に即かせ給《たま》へり、之《これ》を皇祖《そ》即《すなは》ち人類界統治《るいかいとうち》の始祖《しそ》とす、而して萬のもの天津《つ》日嗣天皇の臣下《しんか》たれと、事よさし給《たま》へり。

斯くして地球《きう》萬國棟梁天皇《てんのう》、即《すな》ち人類世界《せ》の統治《ち》者及日本天皇《のう》は爰に神勅《ちよく》によりて確定《かく》し給《たま》へり。而して其《その》繼承確認《けいせうかくにん》のために何等《ら》かの具體《ぐ》的なる象徵《でう》を必要《ひつ》とし、天照日大神は「ヒ、ロ金」と稱する金屬《きんぞく》より成《な》れる

玉（註之ニ神代文字に「は」と讀み、を繼承する王之を皇といふ
即ノンノの起りにして天皇ノ濫觴なり）
を天《てん》より降《くだ》し給《たま》ひ、

「將《せう》來皇位繼承《へいけいせう》の天璽《てんじ》象徴《てう》としては此《この》玉《たま》を以《もつ》て製したる物を用ふ」と御神命《ごしんめい》あらせられたり。故に爾《じ》後《ご》皇位繼承《へいけいせう》の天璽《てんじ》象徴及《てうおよ》び、天皇御身寶《しんぽう》たる各種《しゆ》の神寶《しんぽう》神器にして金屬《ぞく》を用ゆるものは必ず此の「ヒ、ロ金」を以て製《せい》せられたり。斯くして日《に》本皇宗《つ》の形態嚴然《たいげんぜん》として組《そ》織せられ・君臣《くんしん》の別《べつ》は確乎《かくこ》として定められたり。

以《い》上《ぜう》が地球《きう》萬國《こく》棟梁の皇室《しつ》の發祥《せう》にして人祖《そ》は即《すなは》ち皇祖《そ》なり、天《てん》皇は即《すなは》ち地《ち》球人類界《きうじんるいかい》の永遠《えいえん》の統治《とうち》者《しや》たる事は此の天孫降臨《てんそんこうりん》の神勅《ちよく》によりて嚴乎《げんこ》として天定《てんてい》せられしものにして、日本天《てん》神萬世一系《けい》の基礎《きそ》は太初時《たいしよすで》に爰に存《そん》し、現時日本人《ほんじん》が稱ふる僅に歷史上《しせう》數千年の歲《さい》月に基《もと》けるに過《す》ぎざる如き淺薄《せんはく》なるものに非《あら》ざるを知《し》るなり。

第七章　神政政治

皇天皇土、天皇のものならざるものなし、日本天皇《てんのう》は斯くして全地球《きう》に君臨《くんりん》し給《たま》ひ、更

に人類《ひとるい》界の發生に伴《ともな》ひて、人間《じん》靈魂《れいこん》の集《あつ》り行く世界《せかい》即《すなは》ち幽《ゆう》界に對《たい》しても又《また》天照日大神より御《に》神勅《ちよく》ありて、幽界《ゆうかい》に於ては幽政《ゆうせい》の組《そ》織定まれり、之《これ》即《すなは》ち神現《げん》幽《ゆう》界の皇政《せい》の狀況《ぜうけう》なり神靈《れい》界《かい》の活動は直《たゞ》ちに人類《るい》界《かい》に反《はん》映する事恰《ことあたか》も磁《じ》石に對する鐵《てつ》粉、如し。之《これ》宇《う》宙《ちう》の眞相なり靈《れい》界に起伏《ふく》する諸《しよ》相又《また》幽界《ゆうかい》に反映《はんえい》す、恰《あたか》も活《くわつ》動寫《しや》眞のフイルムが實寫《しや》せらるゝが如し。

第八章　神ながらの國

太神人祖《そ》が萬國棟梁日の本皇室《しつ》の皇祖《そ》たり、其他《そのた》の人類《じんるい》は悉《ことごと》く神命《めい》により臣僚《しんれう》に列《れつ》せらる。爰に千五百秋の瑞《みづ》穗國の國體天定し、君臣《くんしん》の別嚴《げん》然として定められ、且《か》つ將《しやう》來人類《じんるい》の統率者《しや》は永久《えいきう》に上御一人にあらせらるゝ事に定まりしものなるが、此《この》事實をば日本國《ほんこく》民否《いな》、世界《かい》の人類《じんるい》が深《ふか》く認識《しき》するに到《いた》れば神國日の本、其棟梁たる皇室《しつ》の眞《しん》意義《ぎ》につきて、兎《と》や角《かく》とあげつらう（言擧《ことあげ》）事の寧《むし》ろ畏《おそ》れあるは當《とう》然なり。要するに大日本皇國《こく》の國體《こく》と皇室《しつ》の由《ゆ》來は實《じつ》に凡ての議《ぎ》論說《せつ》を超越《てう》せる嚴《げん》然明瞭《れう》なる神ながらの事實そのものなり。元《もと》來事實《じ》は遙《はる》かにあらゆる論議《ろんぎ》に優りて尊きものなり。默せる事實は默せる太陽の如く權威

あり。故《ゆゑ》に神ながら事實《じじつ》の國、大日本皇國にたいては唯《た》だ此の事實《じじつ》をだに把握《はあく》すれば論議《ろんぎ》は不用《よう》なりとして古來《こらい》日の本を

惟神《かんながら》言擧《ことあげ》せざる國

として尊《ふと》まれたる所以《ゆゑん》なり。不必要《ひつえう》なる言擧《ことあ》げするよりも、大君《きみ》なるが故《ゆゑ》に吾《われ》を忘《わす》れて純忠《じゆんちう》を盡《つく》す可《べ》し。親《おや》なるが故に吾《われ》を後にして至孝《しこう》を盡《つく》す可《べ》きなり。

元來事實たる國體の由《ゆ》來不《ふ》可解《かかい》たるため遂《つひ》に之を信仰てふ心情《しん》に附《ふ》會し、或は至上《し》幽玄《いうげん》なりとして論議《ぎ》を放擲《はうてき》するの止《や》むを得ざるに到《いた》る事《こと》を以て言擧げせざる所以《ゆゑん》となしつゝあれども、要するに只《たゞ》彼等の認識不足を告白するに過《す》ぎずして、之《これ》こそ國《こく》體の尊嚴《そんげん》を冒瀆《ばうとく》するの罪《つみ》を敢《あへ》て犯《をか》すものなるを悟《さと》らざる可《べ》からず。

第九章　天の岩戸閉め

「宇宙《うちう》根本大神」の大御心の發顯として、宇宙自體《うちうじたい》の剖判《ほうはん》より創造《ぞう》の神《かみ》等進《すゝ》みて統一時代を經過《くわ》し、自在《ざい》の時代に入《い》れり神靈《れい》の欲するまゝに行ひ、其間《そのかん》調《てう》和《わ》を得《え》んとする爭鬪《そうとう》葛《かつ》藤

等演出《えんしゅつ》せられ、大混亂《こんらん》時代出現せり。之《これ》を「天の岩戸《いはと》閉め」といふ、之《こ》れ眞の調和《わ》ある時代に進《すゝ》む準備《じゅんび》階梯《かいてい》なり。

抑々《そもそも》萬神萬生の靈《れい》的戀慕《れんぼ》性之を愛。（萬有の之を引力）といふ。愛は萬靈《れい》萬物調《ちょう》和《わ》の原《げん》動力なり。此《この》調《ちょう》和《わ》を政見《せいけん》とするものはその範圍《はんい》を脱《だつ》せる不自然《しぜん》に墮《だ》せる愛《あい》自體《たい》なり。又《また》受《じゅ》欲によりて起る爭鬪《そうとう》を調和せしめんとする壓力《あつりょく》を稱《せう》して「司配權」といふ、調和《わ》を破壞《はくわい》するもの又常規《き》を逸《いつ》したる司配權《しはいけん》、即《すなは》ち欲たり。而して又《また》爭《そう》鬪《とう》の反逆《はんぎゃく》性ありて、己《おの》れに出で、爭鬪《そうとう》は必《かなら》ず己《おのれ》に歸《かへ》る事《じ》實にして、宇宙間《うちゅうかん》に存在《そんざい》する凡ての神靈《れい》及《およ》び人類《るい》は其《その》自ら惹起《じゃくき》せる爭鬪《そうとう》の反逆性《はんぎゃくせい》に眼覺め眞の調和《わ》の域《いき》、即《すなは》ち神政《せい》成就の彼《ひ》岸《がん》に到達《とうたつ》せしめんとする創造《そうぞう》神「天一天柱主大神」の神策《さく》によりて爰に神代の神政《せい》索亂《さくらん》し始《はじ》めたるなり。而して神人交《こう》通は日本《ほん》天皇《てんのう》及特殊《とくしゅ》の人《ひと》の外は杜絶《とぜつ》し、それもやがて終焉《しゅうえん》するに到《いた》れり。此自在《このじざい》時代は爾後《じご》悠《ゆう》久《きう》なる年月に亘《わた》り最近に到《いた》り初《はじ》めて終了《しう》し、人類界《るいかい》に就《つい》ても天運循環《くわん》して「國萬造主大神」の御努力《どりょく》により大神に於《お》ける天の岩戸《いはと》閉《し》め現在《ざい》に於《お》け、天の岩戸《いはと》開き、及び將來《しょうらい》に於ける神政《せい》成就の近《ちか》きを確信《かくしん》す可《べ》きなり。古歌《か》に曰《いは》く

永き代の遠のねむりの皆眼さめ

浪のり船の音のよきかな

（眞理なれば上から讀むも下から讀むも同じ意なり）

之《こ》れ即《すなは》ち上讀《よ》みは神界《かい》、下讀《よ》みは現《げん》界に訓せし神啓《けい》なり。

善き人も悪しきな人も皆さめて

斯かりし事と手をつながなん（錦洲謹作）

第十章　皇統第一代（上代第一代）

天《あめ》日《ひの》豊《とよ》本《もと》葦《あし》牙《かび》氣《き》皇《み》主《ぬし》身《み》光《ひかる》大《おほ》神《かみ》天皇《すめらみこと》

天《あめ》日《ひ》豊《とよ》本《もと》葦《あし》牙《かび》氣《き》皇《み》弟神《かみ》皇后《きさき》宮《のみや》

天照日大神より天孫《そん》降《こう》臨《りん》の御神勅《ちよく》下《くだ》りて日の本の皇室《こうしつ》發祥《はつせう》して天皇皇后《こうとう》兩陛下《へいか》は地《ち》上に於ける天津《つ》日嗣の高御座に昇《のぼ》り天の親神《おやがみ》たる「天照日大神」に天《てん》盃を捧げて皇位に即き給《たま》

へり。而してその昨天より王《おう》の降りし場所は現今に於ける

越中國婦負郡神明村字公卿（久卿）

にして、其《そ》の降りたるを最《さい》初に發見せるは久延昆古（山田曾富騰《そほと》）（山田の案山子）といふものなり。蓋《けだ》し此《この》金屬《ぞく》は隕石の如く光《こう》芒を曳きつゝ落下《らくか》して來れるものにして神明《かみあかり》の名《な》は之に出づ。

天皇《てんのう》は「天照日大神」の諸《しよ》神を地上に勸請《くわん》し奉《たてまつ》りて之《これ》を天神人祖《そ》一神宮《くう》（アマツカミ、クニツカミ、ハジメタマヒシタマヤ）と稱《せう》し給《たま》へり、天皇《てんのう》の御即位《そくい》百六十一年三月二十一日親《した》しく詔《みことのり》して「天照日大神の御神勅《ちよく》により、天照日大神より降し給《たま》はりし寶玉《ほうぎよく》、ヒ、ロ金の玉《たま》を以て作る種々《くさぐさ》の神寶《ほう》こそ、天下一人「天照日大神」の皇子孫々《そんそん》、カンツカサ（神主）ノアメマツリ（天職《しよく》）クニマツリ（國政《せい》）スミラミコト（天皇《のう》）のカンダカラ（神寶）にして此《こ》の神寶を承くる者こそ一人天皇《てんのう》の神皇ぞと定む」

と宣はせられたり、即《すなは》ち「天照日大神」の神勅《ちよく》によりて將來《せう》皇位繼《けい》承の神寶にして、金屬《きんぞく》を以て作らるゝものは必ず此《こ》のヒ、ロ金たる事《こと》に神定され、隨《したが》つて爾後《じご》製作《せいさく》ありし、十種の神寶、三種の神寶《ほう》、菊《きく》の御紋章《もんせう》等のうち、金屬《きんぞく》のものは悉《ことごと》く此金屬《このきんぞく》にて謹《きん》製されたり

天《てん》皇は諸《しよ》皇子に夫々《それぞれ》人類《じんるい》一般の生《せい》活に必要なる衣食住《いしよくじう》の道を研究せしめられ、其の研究《けん》の結果を漸次《ぜんじ》臣卜《しんか》及《およ》び其子孫《そかしそん》等に傳授《じゆ》せしめれたり、又天皇《またてん》は日本島の各《かく》地に之《これ》等の諸《しよ》皇子を派遣《はけん》され、各々其の赴《おも》きたる地に住《とう》居を命じ其處《そこ》に住《す》み給《たま》ふ。皇子の名を以て其《そ》の國《こく》名となし給《たま》へり。之《こ》れ日の本にかける諸《しよ》國名稱《せう》の濫觴《らん》にして即《すなは》ち左の如し。

皇子名	國名	（現在國名）
天越根《あめこしね》宮主尊《みやのぬしのみこと》	越根別	越中《ちう》、越後《ご》、越前《ぜん》、能登《のと》、若狹《わか》、加賀《かが》
天丹波《あめたには》大別主尊《おほことぬしのみこと》	丹波別	但馬《たじま》、丹波《たんは》、丹後《たんご》
空出雲《そらいづも》別彦尊《わけひこのみこと》	出雲別	出雲《いづ》、石見
日吉備津《ひのきびつ》根主尊《ねぬしのみこと》	吉備津根	三備《び》、美作、播磨《はりま》
天狹《あめさ》依信濃《よりしなの》彦尊《ひこのみこと》	狹依信濃彦	信濃《しなの》、飛驒《ひだ》

天《あめの》豐《とよ》吉《よし》道《ぢ》常《とこ》彦《ひこ》尊《のみこと》　吉道路彦　常陸《ひだち》、常盤、上總、下總

天《あめの》日《ひ》武《む》藏《さし》津《つ》海《み》別《わけの》尊《みこと》　武藏津海別　武《む》藏、安房

天《あめの》御《み》遠《とう》津《つ》海《み》別《わけの》尊《みこと》　遠津海別　駿河《するか》、甲斐《かひ》、伊豆《いづ》、遠《とう》江、相模

天《あめの》伊《い》勢《せ》津《つ》摩《ま》媛《ひめ》　伊勢津媛　伊勢《いせ》、志摩《しま》、三河《かは》

天一《あめひとう》淡《あは》海《み》根《ね》別《わけ》彦《ひこ》尊《のみこと》　淡海根別　近江《あふみ》

天日《かめひ》記《き》草《のくさ》木《お》根《ね》別《わけの》尊《みこと》　草木根別　攝津《せつつ》、和泉、紀伊《きい》

豐《とよ》葦《あし》秋《あき》津《つ》根《わ》別《わ》尊《のみこと》　秋津根別　山城《やましろ》、大和《やまと》、河内《かは》

天《あめ》穴《あな》門《と》根《ね》大《おほ》安《やす》尊《のみこと》　穴門根　長門《なと》

天《あめ》奇《くし》日《ひ》根《ね》別《わけ》尊《のみこと》　奇日根別　日向、大隅《おほすみ》

天《あめ》豐《とよ》建《たて》日《ひ》別《わけ》尊《のみこと》　建日別　薩摩《さつま》

天《あめ》日《ひ》速《はや》日《ひ》別《わけ》主《ぬし》尊《のみこと》　速日別　肥《ひ》前、肥《ひ》後

天《あおの》豐《とよ》日《ひ》別《わけ》彦《ひこ》　豊日別　豐《ぶん》前、豐《ぶん》後

竹《た、》豐《とよ》白《しら》日《ひ》別《わけ》尊《のみこと》　白日別　筑前《ちくぜん》、筑後《ちくご》

豊竹依別主尊《とよたけよりわけぬしのみこと》
天豊大食作媛尊《あめとよおほけつひめのみこと》
天地飯依彦尊《あめつちいひよりひこのみこと》
天日向愛媛尊《あめひむかえひめのみこと》
大野手比賣尊《おほのてひめのみこと》
天日道奥國造尊《あめひみちのくにつくりのみこと》
天豊地道毛根尊《あめとよのおけねのみこと》
天日野道足彦尊《あめひのぢたるひこのみこと》
天別蝦夷彦尊《あめことわみひこのみこと》
天別樺太彦尊《あめことかつふひこのみこと》
天豊大神琉球姫尊《あめとよおにわたつみりうきうひめのみこと》
天豊臺和日高主尊《あめとよたいわひたかぬしのみこと》
天日葉和蝦彦尊《あめひはわそひこのみこと》

豊竹依別　土佐《とさ》
大食作媛　阿波《あは》
飯依彦　讃岐《さぬき》
愛媛　伊豫、阿波路、淡路
大野手　小豆島
道路奥別　陸奥、陸中、陸前、羽前、羽後、磐城
野道路彦　上毛
蝦夷　北海道《ほくかいだう》
加具木　樺太《かふと》
琉球媛　琉球《りうきう》
臺和日高　臺灣《たいわん》
葉和蝦十六島　布哇

天日《あめひ》不利《ふり》日《ひ》ンマニラ媛尊《ひめのみこと》　不利日ンマニラ島　フイリッピン島《とう》

扨《さ》て其當時日本島は上述《じゅう》の如く北《きた》は樺太《かはふと》、北海道《ほくかいどう》より、南《みなみ》はフイリッピン群島に及び、此東北《このとうほく》より、西南《なん》にかけて點在《ざい》する長き島嶼が「い」の國、即《すなは》ち大日本皇國《こく》（天國《あめくに》、天《すめら》皇國《みことくに》）にして、此以外の土《と》地を萬國《とこよくに》、即《すなは》ち「ろ」の國《くに》といふ。此《こ》の日本の各地《かくち》に天皇の皇族《ぞく》及《およ》び夫《そ》れより別れたる人々《ひとびと》を派遣《はけん》し、其土《ど》地の支《し》配者として住居《ちゅう》を命じ給《たま》ひたるものなり。

言語文字地圖の發明

斯くて國民《みん》相互《ご》の意志疏通《しそつう》のため、天皇の教へ給《たま》ひし言語は其の當時、神授《じゅ》によりて人類《るい》に傳へられたる五十一音《おん》、七十五聲《せい》にして現今《こん》の日本人が語る所と全《まった》く同一のものたり又《また》天皇は「天日萬言文造主命」に命じ給《たま》ひ萬物に名稱《しょう》を附與《ふよ》し、其の形を基として形假名を作らしめられ、又世《またせ》界萬國《こく》の地圖《ちず》を作成せしめられ、十六方位《い》を定めて先《ま》づ方位《い》の名を各國名となし給《たま》へり。

天皇｜皇子女の中に、日の本の人種とは其の膚《はだ》の色《いろ》を異《こと》にする者《もの》生ぜり。即《すなは》ち黄色《わうしよく》、青色《しよく》、白色《しよく》、黒色《こくしよく》、赤色《せきしよく》の五色人にして、之等の皇子女を世界《せかい》萬國に於ける五色人の鼻祖《そ》（いろびとおや）といふ。天皇は此《この》鼻祖《そ》より生れし子孫《しそん》を漸次《ぜんじ》各外國《かくこく》に派遣《はけん》して定住《ちう》を命じ給《たま》へり。是《こ》れ即《すなは》ち世界《せかい》萬國に於ける各人種の祖《そ》なり。此《こ》の五色人の祖《そ》及び其《その》子孫《そん》の身魂は最初育成《さいしよいく》、化《くわ》成によりて創造《ぞう》されし御魂か燿身界、駛身界の神々の身《み》魂を直接《ちよくせつ》に受《う》け繼《つ》ぎたると異《こと》り、其神々の従臣等《しんら》の身魂の分派《は》を以て身魂とせしめられたり、此《こ》のうち、黄《こう》人種《しゆ》とは支那《しな》及び沿海州《えんかいしう》等に住《どう》居する人種にして、日本人《ひびと》の黄色《しよく》とは其《そ》の意味《み》を異にし、日本人は黄人と書《か》きて之《これ》を「ひゞと」（靈《ひ》人《ひと》、日《ひ》人《ひと》）と讀《よ》み、黄《こう》人種《しゆ》とはその根源《こんげん》を異《こと》にす「ろ」の國、即《すなは》ち萬國《とこよくに》の各地方《かくち》に於ける、五色人種《しゆ》の分布の概要《がいよう》は左の如し。

支　　那	黄人
沿 海 州	黄人
西伯利亞	青人
南 支 那	黄人、白人、青人、黒人
中央亞細亞	黄人、白人

小亞細亞	黄人、赤人、青人、黒人、白人
東南歐羅巴	黄人、赤人、青人、白人
臺灣	黄人
西北歐羅巴	白人
亞弗利加	赤人、青人
フリッピン群島	赤人、黒人
北亞米利加	黄人、赤人、青人、黒人、白人
濠洲諸島	赤人、黒人
南亞米利加	青人、赤人、黄人
印度	黒人

斯《か》くして皇統第一代天皇の御代は萬般の御經《けい》營着々と進捗《しんちよく》しつゝありて、人類《るい》界最初《さいしよ》の御代に於いては萬般《はん》の御《ご》經《けい》營着々として進捗《しんちよく》しつゝありて、人類界《るいかい》最《さい》初の政《せい》治は圓滿完《くゑん》全に行はれ、長く御治世《せ》續《つゞ》きたる後、天皇はフクミミフジ山（富《ふ》士《し》山《さん》）より神幽《ざ》り給《たま》へり。

第十一章　皇統第二代（上代第二代）

造代氣《つくりのしき》萬男《よろづを》身光神《みひかるかみ》天皇《すめらみこと》

天皇諸《しょ》皇子に詔《みことのり》して萬國《とこよくに》の國《こく》主に任《にん》じて、夫々《おのおの》各《かく》國に派遣《はけん》せられ、五色人の統治《ち》の任に當らしめ給《たま》へり。又更《またさら》に之《これ》等諸《しょ》皇子の内その主班《しゅはん》たりし諸皇子の名を取りて世界六大洲の名稱となし給《たま》ひ、又《また》地球《きゅう》上の萬國の地圖《ず》を新たに作らせ給《たま》ふ。

亞細亞　天支五色人阿支胄尊洲《あめのいだいつへとあじつのみことくに》

歐羅巴　天支豫母都尊洲《あめのいだよもつのみこのくに》（葺不合朝第一代天皇の時「ヲイロバ」と改め給ふ）

亞弗利加　天支天夫利降尊洲《あめのいだあふりかのみことのくに》

濠洲　天支黑人尾世阿兒安尊洲

南亞米利加　天支日前天典比須尊洲《あめのいだひなたあめいびるすみことくに》

北亞米利加　天支日後天惠比須尊洲《あめのいだひうらけあめいびるすみことくに》

又《また》天皇は前天皇萬國の人祖《チ》皇祖《そ》「天日豐本葦牙氣皇主天皇」の御頭骨《とうこつ》、御體骨《こう》を以《もっ》て人體の形をなせる石像《せきぞう》、二十四箇《こ》を作《つく》り、之《これ》に神代文字《もじ》を以《もっ》て上代の神々の名を彫刻《ちょうこく》し、之《これ》を「天神人祖一神宮」の御神體と定め、天皇御親ら祭主《さい》となり給《たま》ひて天皇の皇孫億《そんおく》代迄《まで》正棟梁の天津《つ》日嗣の守護《しゆご》を祈願《きがん》し給《たま》へり。此《この》神骨《こつ》像神體が所謂《いはゆる》十種《とくさ》の神寶の第《だい》一なりしものなり。又《また》天皇は初《はじ》めて

日の丸の旗を制定

せられ、天皇御身守《みまもり》とし「天照日大神」の御神籠守《こかごもり》の印《しるし》となし、又《また》「天日萬言文造主尊」に命じて上代萬神を文《ふみ》して「天神人祖一神宮」の靈前《れいぜん》に奉納《ほうのう》し給《たま》へり。皇子「天日豊本黄人皇主尊」御誕生あり、長《なが》き御治世《ちせい》の後越中國立山より神幽り給《たま》へり。

第十二章　皇統三代（上代第三代）

天日豊本黄人身主身光天皇《ちめのひのむとひのみのしみひかるみすみ・みこと》

天日豊本黄人皇美神皇后宮《ちめのひのむとひのひみおかみききさのみや》

天皇の御即位《そくい》六十一年十月五日詔《みことのり》して棟梁國の圖《づ》を作成して之を天皇國《すめらみことくに》と定め、

又《また》分圖《ぶんづ》を作りて、之《これ》を天支國《あめのいたくに》と定め、二十三人《たん》の皇子達を各方面《ほうめん》の國王《おう》と定められ、又《また》その作成《せい》せる圖面《づ》を「天神人祖一神宮」に奉納《ほうのう》し給《たま》へり。更に御即位《そくい》八十六年三月一日には詔《せう》して宣はく

「今《いま》より先々代の世《よ》迄《まで》、必《かなら》ず日の神、月の神、現天皇の記天皇より、上代祖《そ》先天皇、皇后《こう》及び皇子、大臣《じん》、官《くわん》人の功孝《こうこう》者の屍《かばね》、骨《ほね》を以《もつ》て人像形石像《せきぞう》又《また》木像、岩像《がんぞう》、金像《きんぞう》、矛、劍《つるぎ》、鏡《かゞみ》、勾玉《たま》を作り、神名を彫《ほ》り付《つ》けある神體を必《かなら》ず祭《まつ》り、其の前《まへ》に大幣を立《た》てゝ祭《まつ》る事とせよ。斯は日の神の神勅《ちよく》によりて斯く定む」

と岩《いは》さかに神こもゐるといふ謂《い》はれの始《はじ》めなり 日の本祭《さい》祀の法《ほう》、御詔勅《せうちよく》によりて始めて制定《せいてい》せらる。

地球の大變動起る

天皇の御宇《う》、地球《きう》全帶《たい》に亘《わた》りて大變《へん》動起る事數百度、其《そ》のために、人類《るい》の全《ぜん》部は殆んど滅亡《めつぼう》するに到《いた》れり（註《ちう》に曰《いは》く、上代に於《お》いては度々ノアの洪水《こうずい》の如きもの起《おこ》れり）然るに

「天照日大神」は此《こ》の事變《じへん》ある事を豫じめ御神勅《ちよく》を以て御知《し》らせありしため、天皇はその御神勅《ちよく》に従ひて、皇后初《こうはじ》め皇族《ぞく》三百九十名《めい》と共に秋津根《あきつね》（大和）大臺ヶ原峰《はらみね》より飛騨《ひだ》の高峰《こうほう》に避難《ひなん》し給《たま》へり。然れども此變動《このへんどう》による轉變《てんへん》餘りに大なりしを目撃《もくげき》せられて、暫《ざん》時天皇は茫《ぼう》然なすところを知《し》り給《たま》はざる御有様なりしが、此《この》時再《ふた》び「天照日大神」より御神勅《ちよく》あり

天壌無窮の御神勅

「萬國の天津《つ》日嗣は、汝《なんじ》の子々孫迄《そんまで》、天壌と共に窮りなからん、爾《ならび》、天越根中つ國に天降《あまくだ》りて、再《ふた》び地球《きう》萬國を拓《ひら》き治めよ」

と命じ給《たま》へり「天照日大神《るまてるひのおほかみ》」より皇統第三代、天日豊本黄人皇主天皇に下《くだ》し給《たま》へる御神勅《ちよく》が所謂《いはゆる》「天壌無《む》窮《きう》の御神勅《ちよく》」と稱《せう》せらるゝものゝ眞個の起源《きげん》にして、之《こ》れが後代日の本の歴史《れき》編纂《へんさん》者によりて誤《あやま》り記されて「天照日大神」より天孫《そん》「瓊瓊杵《き》尊《みこと》」に下《くだ》し給《たま》へる神勅《ちよく》として傳へらるゝ事となりしものなり。此《こ》の御神勅《ちよく》によりて天皇は詔《みことのり》して飛《ひ》騨國《のくに》より越中ニヰカのトトの（立山《やま》）山に天降り（行幸）給《たま》ひ、皇太子《たい》「天之御中主男尊」を越中鷹《たか》

羽《は》山に其他《そのた》皇子、皇族《ぞく》三百九十名を日の本及び外國各所に天降らしめ、又《また》外國へは新に五色人種祖《そ》二十名を派遣《はけん》し給《たま》へり。日の本其他《そのた》へ天降りし諸《しょ》皇族《ぞく》の重もなるもの左《さ》の如し。

大小草木種蒔主命　（伊勢津の元取山）
天草根種祖比美命　（秋津の大山峰）
萬根本位主命　（越根若狹三國山）
天職知人意主命　（狹依信濃高城山）
天之御中美尊　（遠津海富貴士山）
天豊百六十男女生美命　（道路奥朝日山）
天中焚手油主命　（道路奥ナス岳）
天日嚼醫師彦命　（道路奥湯出山）
日ウチ水主黑人男女二命　（越根ウラ黑姫山）
天豊火蓬不老守命　（越根ウラ御嶽山）
天中土黄人男女二命　（遠道路筑波山）
日入金白人男女命　（越根カガ白山）
萬言形假名文造命　（丹波三界山）
天地コトタリ文造命　（淡海根三の高賀山）

速秋津大水分主命
天日ヵ秋津男女命
山住和田主命
野推大工主命
天豊穀食類姫命
天豊禁獸建彦命
天柱吹風長壽命
天日公運主命
天豊地球活生主命
福來主命
平民八百萬陪彦命
天日神靈幣造知命
天豊船乘知主命
天豊臺和日高主命
天別蝦夷彦命
天別樺太彦命
天豊神人檀木主命

（伊勢津志摩朝熊山）
（大ヌデ姫象頭山）
（阿波路京極山）
（愛媛目黒山）
（穴門根德佐峰）
（出雲別志見雲月山）
（出雲大手山）
（吉備津根美作三國山）
（速日別セゼン湯泉岳）
（白日別英彦峰）
（速日別ヒゴ祖母岳）
（奇日根日向諸塚山）
（建日別海聞ケ岳）
（臺和日高峰）
（蝦夷蝦狩山）
（加眞不女那ウ鼻山）
（檀君鳳檀豐本）

天豊大海神琉球姫命　（琉球入頭山）
支那盤唐王氏　（支邦南山領）
天不利日ンマニラ姫命　（不利日ンマニラ島）

天皇の世界御親政

斯くして天皇詔《みことのり》して大船《せん》八艘《そう》、小船《せん》十六隻《せき》を作らせ御親ら天の浮船《うきふね》（今の飛《ひ》行船《こうせん》の如きものならん。幾《いく》多の文獻《ぶんけん》により然《ぜん》代は文華燦《ぶんくわさん》上たるものあり、仍て斯く註《ちう》する決して獨《どく》斷に非ず）に御座《ざ》乗《ぜう》ありて萬國御巡《じゆん》幸の途《と》に登《のぼ》らせ給《たま》へり。此《この》時に於ける天皇御巡幸《じゆんこう》の順路《ろ》左の如し。

一、阿《あ》支胄洲《ちうしう》の鎭江《ちんこう》に御着保定に御臨《りん》幸支那《しな》王《おう》、盤那《な》王《おう》氏、詔《せう》して支那《しな》國王《おう》に任じ給《たま》ふ

二、天支蹊母津洲《しう》のヴエネチヤ濱《はま》に御着、ヨイモツ、アタム、イプヒ赤人女氏《たい》、五色《しき》人草《そう》花を獻《けん》ず、赤《せき》人女外五色人《しきじん》居る所の國守《こくしゆ》に任命し給《たま》ふ。

三、天支尾世阿兒安洲《しう》のメルボルンボ濱《はま》に御臨《りん》幸クロヒトハウライムタイ尊者、ダイビ民王《おう》に詔《みことのり》して國王《こくおう》に任《にん》じ給《たま》ふ。

四、天支日前天恵比須《す》洲《しう》のラフラタ濱《はま》に御臨《りん》幸ヒウケイビロスブラシルコ民王《おう》、ヒウケブラジルバラ民王《おう》等二人を國王《おう》に任じ給《たま》ふ。

五、天支日後天恵比須《す》洲《しう》カナタ、天日ニトユクリ濱《はま》に御臨幸《りんこう》ヒアヒイタマヲ王《おう》、アカ民《みん》王《おう》、エスキマルカス民王《みんおう》等參朝之等を國王《こくおう》に任じ給《たま》ふ。此《この》時よりカナイシ國といふ

六、御巡《じゅん》幸より御歸還遊《きくわんあそ》ばされたる吉道路《ろ》常磐國《のくに》大付濱《つけはま》を「唐加《からか》ラ歸里《かへるさと》」と名付《つ》けらる御巡幸《じゅんこう》後《ご》上代天皇の御名及び、萬《はん》國王《おう》へ御勅定《ちょくてい》の次第を書《か》き記し、之《これ》を「天神人祖一神宮」の御神體に合祀し給《たま》ふ。而《しか》して此《こ》の御巡《じゅん》幸によりて、爾《じ》後代々天皇の萬國御巡《じゅん》幸の例を開き給へり。

之《これ》より時を經て萬國全部の五色人達來朝《らいてう》し、越根中日見日高見神明のヒニリの方御皇城《えんせう》山にまします「天日豐本黄人皇主天皇」の大前に參朝《てう》し、官《くわん》人三百九十名と共に「天神人祖一神宮」に參拜《はい》、八ヒラ手して、四拜禮《はいれい》、黄《こう》人官《くわん》人神饌《せん》を供ふ。時に奏樂起《そうがくおこ》り、神樂を舞ふ。五色人王《じんおう》一同五十一鈴笛《ふえ》、太鼓《たいこ》、鐘《かね》、笙笛《しょうふえ》打鳴《うちな》らして、ヒラ手して祝ひ祭《まつ》り奉《たてまつ》る

後天皇越中ニヰヤの鎗《やり》ヶ岳より神幽り給へり。

第十三章　皇統第四代（上代第四代）

天之御中主神身光天皇
天之御中美皇后宮

天皇の御宇《う》に世《せ》界萬國に地變《へん》起《おこ》る事前後《ぜんご》二回《くわい》、加ふるに日の本及《およ》四方の外國各所に草賊《さうぞく》大いに蜂起したるを以て、日の本に於《おい》ては皇子達の率ひる官軍之《くわんぐんこれ》を撃破《げきは》せり。又《また》天皇は詔《みことのり》して皇族《ぞく》、大臣《じん》、百官《くわん》五色人《じん》の各《かく》民王《おう》を御皇城に召して萬國に跋扈《こ》せる賊徒《ぞくと》平定《へいてい》を命じ給へり。

又《また》天皇は「天神人祖《そ》一神宮」の御建換《かへ》の時に當《あた》り、社殿《しやでん》の四方に鳥居《とり》を建て給へり。之《こ》れ實に日本神宮《くう》に於ける鳥《とり》居の嚆矢《こうし》なり、天皇《のう》の御代に「天日萬言文造主命」新たに創造《ざう》されし天地の造化《くわ》萬物に又《また》各々名稱を追《つい》加附與《ふよ》せらる。皇統第《とうだい》一代《だい》と今代とに附與《ふよ》されし萬物の名稱は形又《また》は作用《よう》を表はす如くに作られたり例へば

うま（馬）うし（牛《うし》）の二語《ご》を見るにうはんなり、即ち唵《うん》にして力を意味す。まは圓《まどか》、と

眞《まこと》、直《ますぐ》なり、即《すなは》ち「うま」は直進《ちよく》の力《ちから》を意味《み》す、又《また》前足より立上る「し」は締《しめ》る、紋《しるし》の音《おん》なり。即《すなは》ち「うし」は力《ちから》の凝集《ぎようしう》の作用《よう》を表はす。又《また》後足《あし》より立上り下り坂《さか》によろし。又《また》ちゝ(父《ちゝ》)は即《すなは》ちち(地)なり、根元なり。はは(母《はゝ》)は即《すなは》ちは(葉)なり繁茂《はしも》なり、蕃殖《しよく》なり而《しか》も其の母《はゝ》が以《もつ》て子《こ》を養《やしな》ふは即《すなは》ちちゝ(乳《ち》)なり。

右の如き極めて單純《たんじゆん》卑《ひ》近なる例《れい》によりても吾人《ごじん》の祖《そ》先が造りたりし日本語《ほんご》の驚嘆《たん》す可き構《こう》造《ざう》の片影《へんえい》を覗ふを得可《べ》し。

十二支を造らせ給ふ

又《また》天皇は數文字《じ》の訂正を詔《みことのり》し給ひ、筆墨紙《ひつぼくし》の製法《ほう》、農事、製薬《やく》、醫術《いじゆつ》の法《ほう》を萬國《こく》人に致へらる。又更《またさら》に十二方位《ほうい》に天皇の皇子の御名を配されて之を十二支《し》とし、同時に其《その》皇子達を十二支《し》の守《まも》り神となし給へり。

子　日受萬根本一位主尊

丑　福來根《ね》主《のし》尊

寅　戸日開《とひら》光出尊

卯　東宇産大井《うむすひ》彦尊

辰　天立繁辰主《たつのし》尊

巳　天下身力巳陪《みの》利尊

午　天日受午兒《うまみ》主《のし》尊

未　萬色造主《いろどりのし》尊

申　天萬陪猿日主《まきりひのし》尊

酉　萬福酉主《とりのし》尊

戌　萬寳長居傳《ながゐつ》主《のし》尊

亥　豐受持來主尊

東　久々能智神

西　天之御中主尊神（二神）

南　造化氣萬男美（二神）

北　天一天柱主美(二神)

中　天日豐本葦牙氣皇美(二神)

歴史の編纂測量尺度を制定さる

天皇は又《また》「元無極體主王大神」より「天之御中主男天皇」に到《いた》る迄《まで》の歴史を編纂《へんさん》せられて、之を「天神人祖一神宮」の御神體として奉納《ほうのう》せらる。

(如何に眞面目に御坐すやを伺ひ知るに足らん)

又《また》地球《きう》日本根國を初め、支那《しな》其《その》他萬國の國《こく》境を測《そ》量《う》せられ、新に之《これ》を制定《せいてい》せられしが此《こ》の測量《そくれう》に當りて同時に尺度《しやくど》の制定《せいてい》をなし給へり。斯くて天皇は長き御治世《ちせい》の後、越中國立山より神幽り給ひしが其の御身魂を但馬《たじま》國妙《のくにめう》見山《さん》に「妙見《めうけん》の神」として祀《まつ》り奉《たてまつ》れり。」

(妙見の始まり)

「妙見《めうけん》」の名は之《これ》より始《はじ》まる。天皇の御代、二回《くわい》に亘《わた》る地球《ちきう》大地大變《へん》動の際《さい》、現今《げんこん》の太《たい》平洋《へいよう》の東部《とう》(北米《ほくべい》の西方)に在りし大大陸《りく》及び白《はく》亞部(比利賓《ひん》島の東方《とう》)に在りし大大陸《りく》全く海中《かいちう》に陥沒《かんぼつ》し、兩《れう》大陸《りく》に於ける人類萬《るいはん》物悉《ことごと》く滅亡《めつぼう》せり。

陥没前の圖

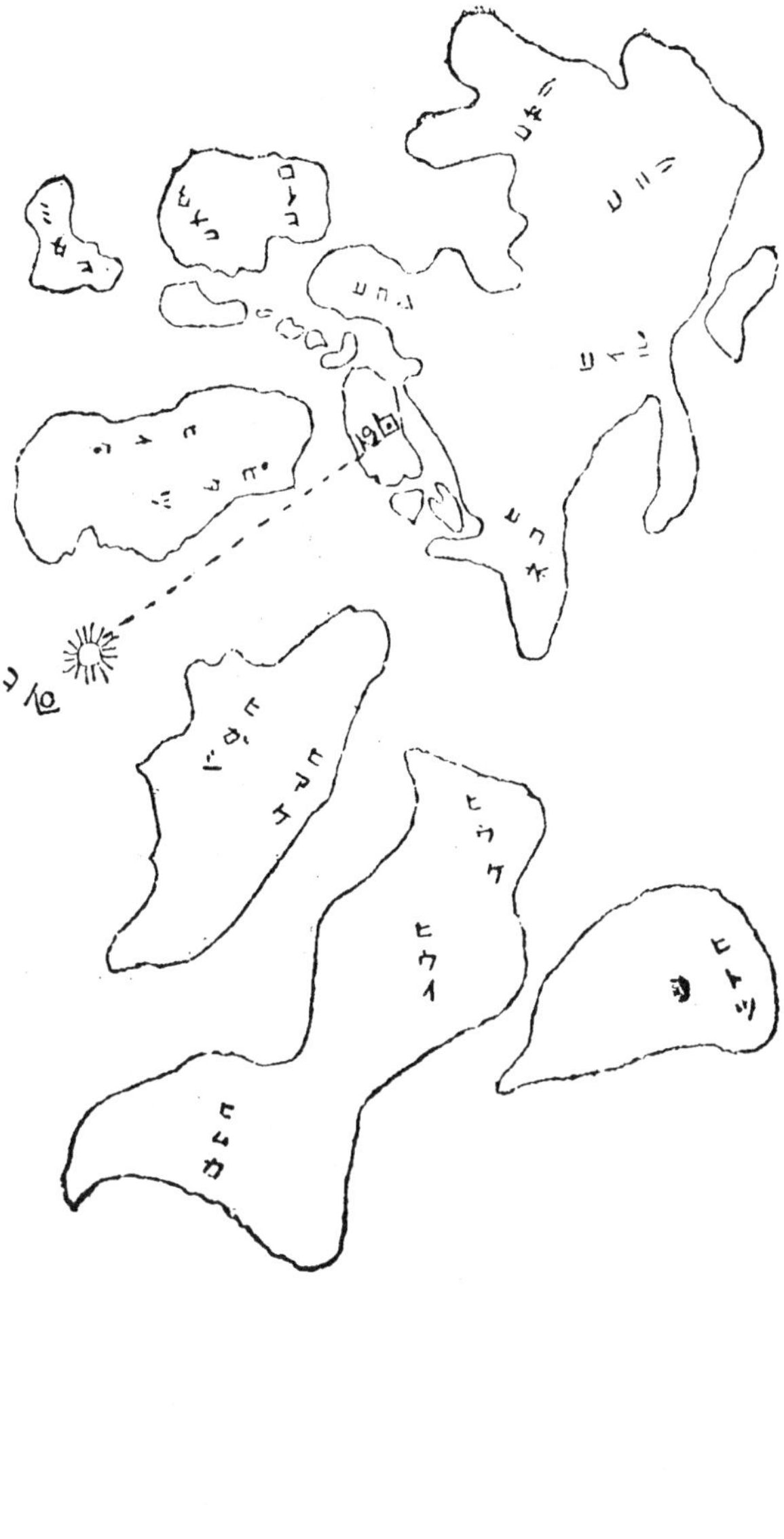

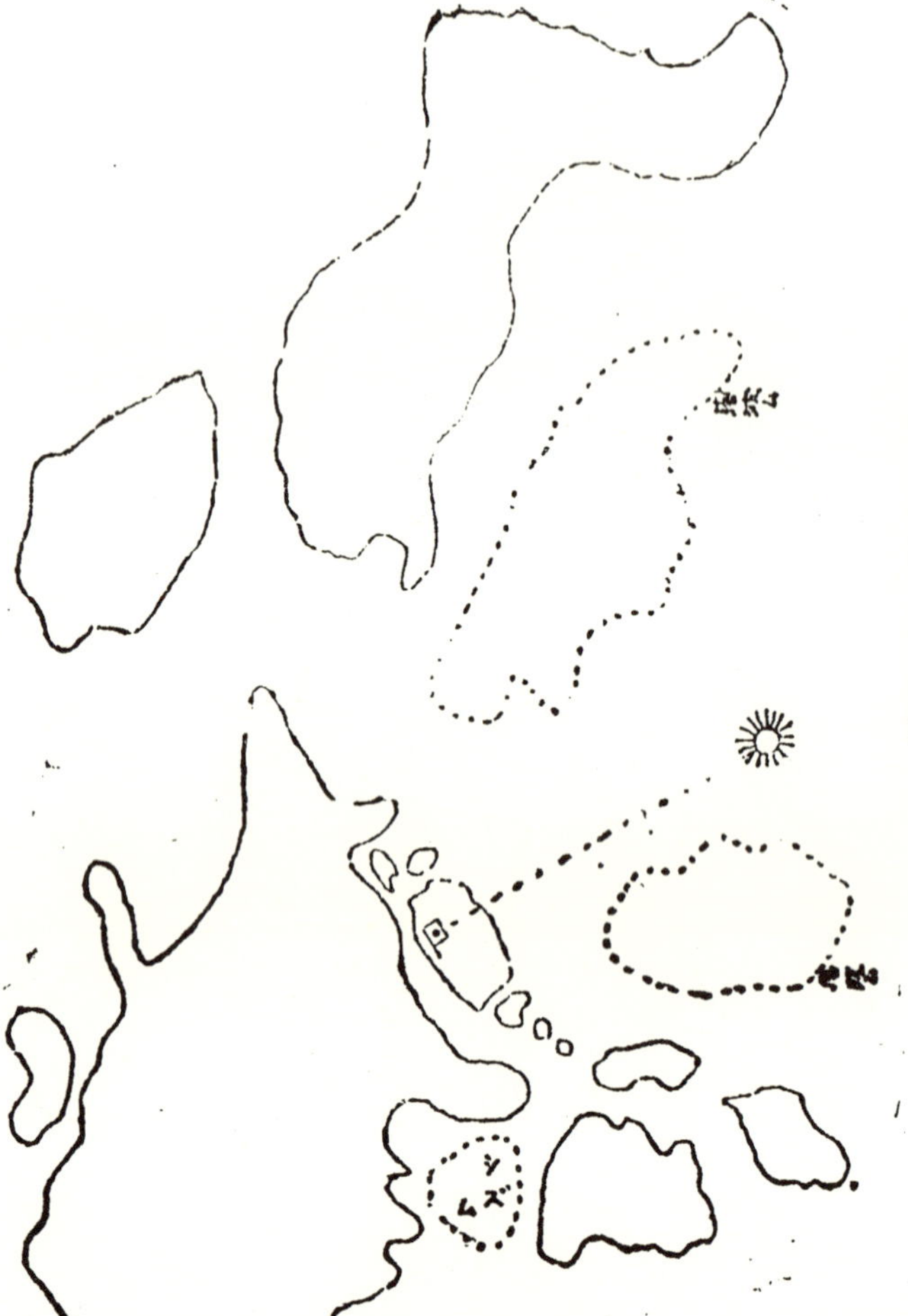

……印ハ陥没したる地

ム國……ミユー國の陷沒

英《えい》國學者《しや》チヤーチヤード博士《はくし》の卓《たく》見も又之《またこれ》を靈感《れいかん》したるなり。

該《がい》兩大陸《りく》の高峰《ほう》にして現《げん》今海《かい》面上に露《ろ》出《しゆつ》せるものは東に在りてはイースタリ島、西《にし》にありてはフイジー島、ポペナ島、ラレドロン島《とう》、南《みなみ》にありてはサモア島、タヒチ島《とう》、ホプイースター島《とう》に現存する山腹《さんぷく》の巨人像《きよじんざう》は當時の西方《はう》大陸《りく》に於《お》ける住《とう》民の遺《い》物にして、其國を「ム」國と稱《せう》し、人文の發達《はつたつ》相《そう》當に進《すゝ》み居《を》りしは印度《ど》の某寺《ほうじ》に數千年《ねん》間保存せられし「ナツカル語《ご》」にて書《か》きし古《こ》書板《はん》の示す所なるが我が、日の本に於《お》いては此《こ》の大變《へん》動の後に「天御中主神天《てん》皇」が天八下主尊天日公運《こううん》主命天豐地《ち》球活《きうくわつ》生主命に命じて地形圖《づ》を作成《さくせい》せしめ「天神人祖《そ》一神宮《ぐう》」へ神體《たい》として合祀されし當時の地圖《づ》によりて明示《めいじ》せらる（後章《せう》萬國大地變《へん》の項參照《こうさんせう》）

（備考）　南米《なんべい》アンデス山《さん》に棲息《せいそく》する奇鳥《きてう》あり、毎年必ず月日を違《たが》はず、數百羽《は》列《れつ》をなして太平洋《たいへいよう》の眞中に飛《と》び行き、尾《を》を波《なみ》にピタリと付《つ》け又再《またふたゝ》びアンデス山に歸還《きくわん》す而も年々必ず月日を違ふる事なく博《はく》物《ぶつ》學の疑《ぎ》問《もん》となり居《ゐ》れり、之《これ》は恐《おそ》らく大陸《りく》陷《かん》沒《ぼつ》の當《とう》時其の大陸《りく》の上《うへ》に棲《せい》息《そく》せる鳥《てう》類《るい》にして陷《かん》沒《ぼつ》と同《どう》時にアンデスに移《い》住《ちう》せしものなるが毎《まい》年其の大陸《りく》滅《めつ》亡《ぼう》の日に到《いた》らば故《こ》郷《けう》戀《こい》しくなり、元棲《せい》息《そく》せし地《ち》ありし點《てん》迄《まで》飛《と》び行くものならんといふ。

第十四章　皇統第六代（上代第六代）

天目《あめのめ》降《くだり》美《み》身《み》光神《ひかるかみ》天皇《すめらみこと》

天二《あめのみ》降主《くだりぬし》神《かみ》世《よ》幸《さき》男尊《おのみこと》

「天目降美身光神天皇《のう》」は日本皇《こう》室に於ける女《によ》皇の初めなり。天皇《てんのう》親《した》しく萬國御巡《じゅん》幸の儀《ぎ》を仰出され、支《し》那《な》廣東《カントン》に御渡《と》航《こう》し給ふに、支《し》那《な》の「幸惠唐古氏《かいからゆたい》」直ちに御前に參朝す、天《てん》皇之に詔《みことのり》して、國主に任《にん》じ給へり。之《これ》より天《てん》皇は天《てん》空《くう》浮《き》船《ふね》に御坐乘ありて、天竺《てんぢく》の占城《こいしろ》に天降り給へり。天竺黒《てんぢくこく》人王《おう》「唐良羅《からら》愚尊者」（釋迦《か》數《すう》百代《たい》の祖《そ》）直《たゞ》ちに參朝禮拜《はい》す天《てん》皇之《これ》に詔《みことのり》して「天竺《てんちく》尊者」の名を賜ふ。此處《ここ》より更に、亞弗利加《アフリカ》に到《いた》られ、一度日の本に御歸還《きくわん》ありて後更《さら》にオセアニア洲《しう》、日後恵比《ひ》須《す》洲《しう》、日前恵《ゑ》比須《す》洲《しう》を御巡幸《じゅんこう》あり。陸奥大湊濱《おほみなはま》の釜、臥山（恐山《やま》）に御着御《み》あり。越中御皇城山《おみんせうやま》の大宮《みや》に還御《くわんぎよ》ありて「天神人祖一神宮」に萬國御巡幸《じゅんこう》の御報告祭《さい》を行はせ給へり。天皇《てんのう》を五行の木の神として祀り奉《たてまつ》る。

第十五章　皇統第七代（上代第七代）

天《あめ》相《あひ》合《あはす》美《み》身《ごみ》光天皇《ひかるすみらみこと》

天合《あめのあはす》主《ぬ》男《し》世《を》幸《よさき》男尊《をのみこと》

皇統第《だい》七代天皇は御即位《そくゐ》に際して、其《その》御式《しき》を「天神人祖一神宮」の御前にて擧行《きよこう》し給へり。之天皇迄《まで》代々《だいだい》の御即《そく》位《ゐ》式《しき》は常《つね》に皇居《きよ》にて行ひ給へるものなりしが、此の天皇の御時初《はじ》めて神言神前《ぜん》の御即位《そくゐ》式《しき》の例《れい》開かれたるなり。天皇詔《みことのり》して世幸男「天合主男尊《みこと》」皇太《たい》子「天八百足日尊」其他皇族《ぞく》御同列《どうれつ》にて萬國御巡《じゅん》幸《こう》の途《と》につかせられ、支那《しな》より天竺《ちく》に御渡御《とぎよ》あり。それより豫母津國《よもつのくに》（歐羅巴）阿弗利加を經て、オセアニア洲《しう》に到《いた》り、更に日前悪比須洲《すしう》アンデス山に天降《あまくだ》られ、日前悪比須洲《つしう》を經て、九州《しう》唐津《からつ》に御還幸《くわんかう》あらせらる。それより越中國「天神人祖一神宮」に御參拜《はい》あり、自ら祭主《さいしゆ》となり給ひて、萬國御巡幸《じゆんこう》報告《こく》の大祭《さい》を擧げさせ給へり。天皇の御宇《う》萬國に大變《へん》動一同《どい》あり、皇太子《たい》「天八百足日尊」に御讓位《ぜうい》の後、奇《き》日根《ね》國見山にて神幽り給ふ。天皇《のう》を五行の「火《ひ》の神《かみ》」として祀り奉《たてまつ》る。

第十六章　皇統第八代　（上代第八代）

天《あめの》八《や》百《ほ》足《たり》日《ひ》身《み》光《ひかる》天《あま》津《つ》日《ひ》嗣《つぎ》天皇《すめらみこと》

天《あめの》八《や》百《ほ》陀《だ》琉《り》美《みどの》皇后《きさき》宮《のみや》

天皇《てんのう》綿絲《めんし》綾織《あやおり》男女の衣《ころも》、寒暑《かんしよ》の裳を作らしめ、詔《みことのり》して之《これ》を萬國に敎《おし》へしめらる。天《てん》皇《のう》の五行の「金の神《かみ》」として祀り奉《たてまつ》る。御代萬國御巡幸《じゆんこう》の御《お》儀《ん》なし。

第十七章　皇統第九代　（上代第九代）

天《あめの》八《や》十《そ》萬《よろづ》魂《たま》身《み》光《ひかる》天《あま》津《つ》日《ひ》嗣《つぎ》天皇《すめらみこと》
天《あめの》八《や》十《そ》萬《よろづ》日《ひ》女《め》皇《き》后《さき》宮《のみや》

天皇皇子を萬國に派《は》遣し給ひ、商法《せうはう》市場の法《はう》を開き道《どう》路、家造《ざう》、牧畜《ぼくちく》、井《ゐ》戸鑿の法等《はうとう》を傳授《じゆ》せしめ、更に臼杵の製法《はう》、酒《しゆ》造法《はう》、川海《せんかい》漁魚《れうぎよ》法《はう》等を敎へしめらる。又《また》天皇《てんのう》、詔《せう》して萬國御巡幸《こう》を仰出され、天浮船に御坐《ざ》乘《せう》ありて、天竺尼波羅國に天降《あまくだ》り給ふ。時に萬國五色人民王《おう》及び官《くわん》民十六萬《まん》八千餘人參集《しう》して天皇を奉迎《ほうげい》し、大前にて奏《そう》樂す、其《そ》の所を呼《よ》んで大黒《こく》人山といひしが、後改めて大黒《こく》山と稱《せう》す。此處《ここ》より天皇《のう》長門《と》の國に御還幸《くわんこう》あらせ給《たま》ふ天皇《のう》の御宇《う》、萬國に大變《へん》動あり「高皇産靈尊」「神皇産靈尊」の兩皇子御《ご》誕生あり。御位を「高皇産靈尊」に讓《ゆづ》り給ひし後。陸奥の恐山より神幽り給ふ。天皇《のう》を五行の「水の神《かみ》」として祀り奉《たてまつ》る

第十八章　世界文華の發祥

斯くの如く歴代の天皇《てん》は其の御事業として、日の本に於いて世《よ》のあらゆる器《き》物を發《はつ》明し

又様《またさま》々の手法《ほう》を案《あん》出して、其《その》度毎に皇子《おうし》達《たち》を派遣《はけん》せられて之を外國《こく》に傳授《じゆ》せしめらるゝを常とし給へり。其の發《はつ》明案《あん》出に當《あた》りては先《ま》づ初め神《かみ》々より神勅《しんちよく》ありて、それを基礎《そ》として工夫《くふう》をこらせし結果編《あ》み出されしものなり。斯くの如くして世界《せかい》の人文《じんぶん》は悉《ことごと》く日の本御皇室《しつ》より發祥《はつせう》せるものにして、其《そ》の故《ゆゑ》は神の世《せ》界に通じ得る人類《じんるい》は日の本皇室を措《お》いては他にある事なかりしを以てなり。

又前述《またせんじゆつ》の如く地球《きう》大變《へん》動によりて、折角各方《はう》面に派遣扶殖《はけんふしよく》せる五色人も其《そ》の度毎に滅亡《めつぼう》に際するを以《もつ》て、其の滅亡《めつぼう》の度毎に日の本より再《さい》三再《さい》四新に五色人を派遣《はけん》せざる可《べ》からず故《ゆゑ》にそのために日の本に於いてはその必要に應《おう》ず可《べ》く五色人を準備《じゆんび》しありたり。その所《ところ》は磐城《いはき》國にして其《そ》の住《す》み給ふ宮殿《きうでん》を神籠《かご》石宮といふ、その五色人の鼻祖《そ》は左の如《ごと》き五組の男女尊にして皇統《とう》第一代《だい》天皇より出でたる事《こと》は既《すで》に説けり。

中、黄人（土）天中土《ちゆのなかつち》黄人《きひ》男女《め》二神

東、青人（木）天日出木《あめのひいでき》青人《あをひ》男女《めを》二神

西、白人（金）日入金《ひいるかね》白人《しらひ》男女《めを》二神

北、黑人（水）日《ひ》受水《うけみ》主《の》紫人《くろひ》男《め》女《を》二神

南、赤人（火）日《ひ》南少《なたへの》赤人《ゆかひ》男《め》女《を》二神

嘗て皇統《とう》第三代「天日豐本黄人皇王天皇」の御宇《う》に於ける地球《ちきう》大變動《へんどう》の後に飛《ひ》驒の高峰《こうほう》より、天降りたる皇族《ぞく》のうちにて、其後《そのご》、黄人の鼻祖《そ》なる「天日土黄男女二尊」は筑波山《ちくはさん》に天降り、白《はく》人の鼻祖《そ》なる「日入金白人男女二尊」は加賀《か》の白山《はくさん》に天降り、黑《こく》人の鼻祖《そ》なる「日受水主紫人男女二尊」は越後黑姫山《くるひめやま》に天降れり、白《はく》山、黑姫山《ひめやま》等の名稱の生ぜし由《ゆ》來《らい》は爰《こゝ》にあるなり。

第十九章　皇統第十代（上代第十代）

高《たか》皇《み》産《むすび》靈《たま》身《み》光《ひかる》天《あま》津《つ》日《ひ》嗣《つぎ》天皇《すめらみこと》

高《たか》皇《み》産《むすひ》一界皇《き》后《さき》宮《のみや》

天皇も萬國御巡幸《じゆんこう》を仰せ出されて、先《ま》づ檀君國（朝鮮）高城郡《ぐん》長湯山に天降り給ひたる時、其所に朝鮮《てうせん》の「檀木尊」支那《じな》の「解靈功尊」「五色功尊」等三十一名其《その》一族《ぞく》政長《まさ》二千六百餘名と共に。天皇の大前に參朝《てう》せり。天皇《てん》詔《みことのり》して、五色人《しよく》の王《おう》を任命《にん》せられ、三十二名の尊者《そんしや》を民王《おう》に任命せられし後、木船《せん》に御乘船《ぢようせん》ありて、日向の來濱《くりはま》に着御あらせらる。

其後の天皇は神勅《しんちよく》に基きて御《おん》自ら祭主《さいしゆ》となられ「元無極體王大神」より代々の神、歴代《だい》の天皇、皇后《こう》、皇子《おう》、皇族《ぞく》の諸神靈《しよしんれい》を「天神《しん》人祖《そ》一神宮《ぐう》」に合祭《がつさい》して大祭典《さいてん》を行ひ給ひ、此時に「天神人祖《そ》一神宮《ぐう》」を

皇祖皇太神宮（スミオヤスミラオホタマシヒタマヤ）

と改稱し給ひ、又五色人《しよく》の祖《そ》等九十八柱を「別祖太神宮」（ゲクタマシヒタマヤ）として祭《まつ》り給へり。

又《また》天皇は萬國五色人《しよく》の尊者《そん》、民王《みんおう》等に參朝《てう》を勅《ちよく》命し給ひしにより、即《すなは》ち集ひ來りて大前に禮拜《はい》す。天皇更《さら》に詔《みことのり》して「皇祖《そ》皇大神宮《しんぐう》」參拜《はい》を命《めい》ぜられしかば、之等《これら》五色人《しよく》は「皇祖《そ》皇太神宮《たいしんぐう》」の大前に二拜《はい》、四拜《はい》、八拜《はい》、十六拜《はい》し、合せ手二拍《はく》手……四拍《はく》手……八

拍手《はくしゅ》……十六拍《はく》手……八十拍手《へうしゅ》……百六十拍《はく》手して禮拝《はい》せり「宇《う》麻《ま》志《し》阿《あ》志《し》訶備比古《こ》遲尊」御誕《たん》生ありて後、天皇《てんのう》は御即位《そくい》の紀《き》念祭《さい》を「皇祖《そ》皇太神宮《くう》」に御施行あり。また「天之御中主天皇」の御宇《う》以來地球《きう》の大變《へん》動五度に及《およ》びしを以《もつ》て、天皇新に「天豊諸道辻命」「天日支那唐魂命」「天日支那天竺魂命」「少名彦名命」等の諸《しょ》皇子に命じて地《ち》球《きう》地形の圖《づ》を作成し「棟梁皇祖《そ》皇太《たい》神宮《くう》」「別祖大神宮《くう》」神骨《こう》として合祀し給ふ、後、天皇《てんのう》、日向東霧《きり》島山より。神《かみ》幽り給へり

第二十章　皇統第十一代（上代第十一代）

神《か》皇《ん》産《む》靈《すび》身《み》光《ひかる》天《あま》津《つ》日《ひ》嗣《つぎ》天《あめの》日《ひ》天皇《すめらみこと》
神皇産《むすび》辨《ひ》女《め》皇后《きさき》宮《のみや》

天皇《のう》は上代《ぜうだい》の歴史を編纂《へんさん》されて皇祖皇太《たい》神宮《くう》に奉納《ほうのう》し、又《また》七皇子《こ》に命《めい》じて萬國の地圖《ちず》を作らしめ「皇祖《そ》皇太《たい》神宮《くう》」に奉納《ほうのう》し給へり。天皇《てんのう》の皇子《し》に「天御食《あめのみけ》持《もつ》尊《のみこと》」あり。又《また》の名《な》

を「手置《たおき》帆《ほ》負《おひ》命」といふ。此の弟宮《みや》に「彦狹知命」あり。此《この》二《ふた》人をを日本歴史《れきし》は家屋建《かおくけん》築の神として傳ふ。手置《おき》とは字《じ》の示《しめ》す如く、人の手を置《お》きて其の腕《うで》の長さを計り、之《これ》を尺《しやく》度の單位《い》としたるものにして

之《こ》れは古代《こだい》エヂプトに於けるキュピットの如し（尺度の嚆矢なり）又《また》帆《ほ》負《おひ》とは帆《ほ》を揚《あ》ぐるに兩手《て》にて帆綱《ほあみ》を手操《たぐ》る時、其《その》一《ひと》手《た》操《ぐ》りは手置《お》き二單位《い》となるものなり。即ち此《こ》の命の名《な》は尺度《しやくど》の單位《い》の根源《こんげん》を示《しめ》すものなり。此《こ》の命に御子あり。此《この》御子後に第《だい》十二代天皇《のう》の妃《ひ》となり給へり。

第二十一章　皇統第十二代（上代第十二代）

宇《ら》麻《ま》志《し》阿《あ》志《し》訶《か》光《ひ》比《め》古《こ》遲《じ》身《み》光《ひかる》天《あま》津《つ》日《ひ》嗣《つぎ》天皇《すめらみこと》

宇《う》麻《ま》志《し》阿《あ》志《し》訶《か》備《ひ》比《め》美皇后宮

天皇も亦《また》萬國御巡《じゆん》幸を仰せ出され、先づ日《ひ》後イビロス洲《しう》ロツキー山脈《さんみやく》に天降り給ひ、次《つ》

ぎ日《ひ》前《なた》イビロス洲《しう》ロクサヲ川畔に天降り給へり。時にアルヘンチナ、アルスの賊頭《をろち》ブクジル賊王《ぞくおう》、コロンビア賊王等《ぞくおうら》、天《てん》皇を害《がい》し奉《たてまつ》らんと謀《はか》りしが、天皇御自《じ》身《しん》大勇《ゆう》を揮はれ、三賊王《ぞくおう》を指三本《ぼん》にて捻《ひね》り殺《ころ》し給《たま》へり。茲《こゝ》に於いて日前、日後二洲《しう》の五色《しき》人恐《おそ》れ戰《おのゝ》きて五十名の王《おう》參朝《てう》して、大前にひれ伏《ふ》す。天皇改めて之等《これら》を國守《こくしゆ》に任命《めい》され、五色《しき》人王等《おうら》謹《つゝし》みで之《これ》を拜受《はいじゆ》して、口《くち》々に

「天《あめ》の利《り》、天《あめ》の利《り》」（アメリノ（天降《あめり》の）……アメリコ……アメリカと呼稱《こせう》せし起原）と唱《とな》ふ。之《これ》によりて、イビロス洲《しう》を改めてアメリグニ（天降《あめり》り國《くに》）と稱す。現在のアメリカ洲《しう》名の起原なり。天皇は夫《そ》れより、道路《どうろ》奥羽後神濱《はま》に着御ありて、鳥海山《さん》の大宮《ぐう》に還幸《くわんかう》し給へり。

此《こ》の後、七皇子に詔《みことのり》して、矛劍《けん》（ホコケン）刀《かたな》（カタナ）長刀をヒヒロ金を以て造らしめ、此《こ》の中《うち》、矛劍《けん》を「**イクツケンツルギ**」と稱し、之《これ》を「皇祖《そ》皇大神宮《ぐう》」の御神體として奉納《ほうのう》せらる。此《この》矛劍《けん》が世《よ》に所謂《いはゆる》、十種《しゆ》の神寶《ぽう》の第二にして有名なる三種の神器《き》を造《つく》られし「天日眞浦尊」は此《こ》の七皇子《し》のうちの一人なり。

皇太子《たいし》「天之常男《とこお》尊」御誕生あり。天皇は淡《とう》津《つ》海《あみ》駿河《か》老猿子山《さん》（富《ふ》士《し》山《さん》）に大宮《みや》を御造《ぞう》營ありて萬國の政治《せいぢ》を知食《しろし》めさる。而《しか》して此《この》時より天皇、皇后《ごう》、皇子、皇族《ぞく》、宮《みや》人等の住《ぢう》所を凡て高く山峰《ほう》となす事を勅定《ちよくてい》し給へり、之《こ》れ將《せう》來日《に》本《ほん》の高山の頂には必ず神社ある所《ゆ》以《ゑん》なり。

第二十二章　皇統第十三代（上代第十三代）

天《あめ》之《の》常《とこ》立《たち》男《を》身《み》光《ひかり》天《あま》津《つ》日《ひ》嗣《つぎ》天《あめの》日《ひ》天皇《すめらみこと》
天常《あめのとこ》女《みの》皇后《きさき》宮《のみや》

天皇詔《みことのり》して、皇子、皇女《じよ》達三十九名《めい》に命《めい》じて、平民《みん》に天降らしめ、之《これ》を勸《くわん》農頭となさしめられたり。皇太《だい》子「國之常主尊」御誕《たん》生あり給へり。

第二十三章　皇統第十四代（上代第十四代）

國《くに》之《の》常《とこ》立《たち》身《み》光《ひかる》天《あま》津《つ》日《ひ》嗣《つぎ》天《あめの》日《ひ》天皇《すめらみこと》

國《くゝ》之《の》常《とこ》姬《ひめ》皇后《きさき》宮《のみや》

國之常姬《ひめ》皇后宮《ごうぐう》は「宇麻志阿志訶備比古遲天皇」の御子「天之常萬男女二尊」の姬《ひめ》なり皇太《たい》子「豐雲野根《とよくものね》尊」及び「國狹槌尊」御誕《たん》生あり。御即位《そくい》五十一年一月六日詔《せう》して左の官位《くわんい》十六級《きう》を定め給ふ。

神主《かむろ》、大中政《おほまをし》、小中政《をまをし》、大臣《おほおみ》、小臣《をおみ》、國令《くうしり》、內宿禰《うつね》、別宿禰《としね》、侍從《ほりね》、大夫《やつこ》、舍人《とねこ》、衛士《ほたこ》

丈《たけり》、郡司《くずこ》、鄉司《さとこ》、隊長《やれこ》

飛《ひ》驒位山《くらゐやま》に大宮《みや》を造りて、萬機を統べさせ給へり。後萬國《こく》に御巡幸《じゆんこう》の途《と》に上り給ひ、先《ま》づ支那《しな》順《じゆん》天府《ふ》天壽山《じゆさく》に天降り給ひ、後、天竺黑嶺《ちくこくれい》に赴《おもむ》かせられしに、「摩《ま》訶迦紫尊者」謹《つゝし》みて奉迎《ほうげい》參朝《てう》して禮拜《はい》し奉《たてまつ》れり。それより更に天夫利《あふり》クサワ濱《はま》よりゴンダルに天降《あも》り、それよりオーストラリア、シドニー濱《はま》に赴《おもむ》かれ、續《つゞ》いて南《みなみ》アメリカ洲《しう》サンチアゴに天降《あまくだ》り北米《ほくべい》に赴《おもむ》かれて道路《どうろ》奧陸前宮野《みやの》浦濱《うらはま》に御歸《き》朝《てう》し給ふ。御還《くわん》幸の所を都喜《き》山と名付《つ》け、後、月山《やま》と改む。又天皇皇后《こう》御入浴《にうよく》し給ひし所を湯《ゆ》殿《との》山と名付《つ》く。

天皇御即位《そくゐ》の年、天萬陪猿日主（申）年（之《こ》れ年に十二支《し》を配せし始めなり）二月十一日地球《きう》萬國に大變動《へんどう》あり。此の時神勅《ちよく》によりて豫め難を高峰《ほう》に避《さ》け給ひしが、靜《しづ》まりて後更《さら》に「天照日大神」の御神勅《ちよく》によりて越中國ニヰカ祖來《おやくる》ヶ岳に天皇、皇后《こう》、皇子、皇族《ぞく》、五色《しき》人の祖王達と共に天降り給ひ、其處《そこ》にて再《ふたゝ》び萬國の政を知食めさる。此《こ》の祖來《おつくる》ヶ岳を後に改めイ鎗《やり》ヶ岳といふ。天皇、皇子七尊に命じて歷史を編纂《へんさん》せしめ給へり。斯くの如《ごと》く、萬國變《へん》動の後には其《その》都度新しく歷史の編纂《へんさん》を試《こゝろ》みられて其《そ》の變《へん》動の前後の事情を明かにし且つ之を「皇祖皇大神宮」に奉納せらるゝが歷代の例となり居るものなり。

天皇の御宇《う》に萬國に草賊《さうぞく》跋扈したるを以て之等《これら》を討伐《とうばつ》し、萬國五色人《しきじん》草賊《さうぞく》の頭目《とうもく》を虜へて、日の本に連《つ》れ來《きた》り、それ等《ら》の頭目《とうもく》を一團にして越中國立山《やま》根の底に（之《こ》れ根底の國といふ始《はじ》めなり）集《あつ》め重けり。其の場所を自獄《じごく》（鬼城）と名付《つ》けしが是《こ》れ極樂《ごくらく》地獄《ごく》の名稱の起《き》源《げん》なり。天皇の御宇《う》は歷代天皇のうちにて、其の期間最も長きものにして、國祖《こくそ》「國萬還主大神」に天皇の御名たる「國常立大神」といふ別《べつ》名を奉《たてまつ》りしは、上述の如《ごと》き因《いん》緣によるものなり。又《また》天皇の御代に始めて方位《はうい》の名稱たる十二支《じ》を年に配さる。皇位《い》を「豐雲《とよくも》野《の》根《ね》尊」に譲《ゆづ》り給ひ、即位《そくい》三百五十億《おく》萬年六月一日、越中立山《やま》より神幽り給へり。又《また》皇后《こう》宮《ぐう》は蓮葉《はすは》山《やま》より神幽り給ふ。

（註）年號の長さは世界修理間もなく、天運循環頗る早きものにして今の事情を以て猥りに批議し得ざるものならん

第二十四章　皇統第十五代（上代第十五代）

豐《とよ》雲《くも》野《た》根《ね》身《み》光《ひかる》天《あめの》日《ひ》嗣《つぎ》天《あめ》日《ひ》天皇《すめらみこと》

豐《とよ》斟《くん》美《み》皇《き》后《き》宮《のみや》

「宇《う》比地煮尊」御誕生あり。天皇詔して萬國王《おう》の參朝《さんてう》を命ぜらる。乃ち支那《しな》國《こく》人王「盤古《こ》民王《おう》」を初《はじ》め五色人《しよくじん》民王《おう》三百二十名參《さん》朝禮拜《はい》し「皇祖《そ》皇太《たい》神宮《ぐう》」に參拜《はい》して、五色《しき》の旗《はた》を奉《たてまつ》れり。之《これ》を和幣《にぎたは》と云ひ、以後《いご》「皇祖皇太神宮《ぐう》」參拜《はい》に際して、五色《しき》の布を奉《たてまつ》る始《はじ》めなり。即《すなは》ち此《こ》の五色《しよく》の旗《はた》は五色《しよく》人が自《じ》己の代《だい》表、象徴《せうてう》をして捧げたるものなり。

天《てん》皇詔《みこと》して「元無極躰主王大神」より「國常立天皇」に到《いた》る迄《まで》を「天《てん》上代の神」と稱

し、新たに天上戊《ちめすいろ》(歴史)を編纂《へんさん》せしめられ、之を「皇祖《そ》皇太《たい》神宮《ぐう》」の御《に》神體として奉納《ほうのう》し給《たま》へり。之《こ》れ十種《くさ》の神寶《ほう》の第《だい》三なり。天皇は御皇位《い》を「宇《う》比《ひ》地煮尊」に讓《ゆう》り給《たま》ひて、越中國位《ゐ》一城山(呉《くれ》羽《は》山《やま》)より神幽り給《たま》へり。

第二十五章　皇統第十六代(上代第十六代)

宇《う》比《ひ》地《ぢ》煮《に》身《あ》光《ひかる》天《ための》日《ひ》嗣《つぎ》天皇《すめらみこと》
須《す》比《ひ》智《お》邇《た》美《えの》皇《き》后《さき》宮《のみや》

皇太《たい》子「角樴《ぐひ》尊」御誕生あり、天皇の御《み》代に始めて鏡、玉《たま》を造らせられ、後、ヒヒロ金を以て圓鏡、八咫鏡《のみ》二面《めん》を造り、八サカの曲玉《まがたま》を磨り造らせられ、之を「皇祖《そ》皇太《たい》神宮《ぐう》」の御神體として奉納《ほうのう》せらる。之れ十種の神寶《ほう》の第四、第五、第六なり、又始《またはじ》めて天皇の御璽を定められたり。天《てん》皇詔《みことのり》して、萬國民王《おう》、五色《しそ》人等《ら》三百七十名を召され、越中國「皇祖《そ》皇太《たい》神宮《ぐう》」に參拜《さんはい》を命《めい》ぜらる。天《てん》皇の皇女《じよ》に「道路奥姫尊」あり、其の御《おん》子「豫《よ》牟《ロ》都《つ》母尊」（白人《はくじん》なり）其の御子《おんこ》「豫《よ》呂《ろ》母《は》國《くに》生《し》尊」其の御子《おんこ》「伊《い》弉《ざ》萬《とこよ》國《くに》黄泉《よむつ》尊」の御子《おんこ》に「伊弉册尊」御誕《と》生ありて、後「伊邪那岐天皇」の皇后宮《こうごう》となり給へり。天皇神幽り給ひて後常盤中國土利祖《とりのこ》山御《やまし》骸骨子《かはね》の峰《みね》に墓《ほ》葬《そう》し、天皇を土利祖神、一名《めい》大祖神として祭《まつ》り奉《たてまつ》る。

第二十六章　皇統第十七代（上代第十七代）

角《つぬ》織《ぐひ》身《み》光《ひかる》天《あま》津《つ》日《ひ》嗣《つぎ》天《あめの》日《ひ》天皇《すめらみこと》
活《つぬ》織《ぐひ》皇后宮《きさきのみや》

皇太子「大斗能地王尊」御誕生あり、皇子《し》達《たち》に詔して、萬國の觀察使《くわんさつし》（アマノオムトノカヘ）に任命《めい》し給ふ。それ萬國觀察使《くわんさつし》の始《はじ》めにして、萬國五色人《しきじん》令王《たけり》に爾《じ》後、文書を以《もつ》て應《おう》復《あ》し復命《あひて》するやう勅命《ちよくめい》し給ふ。天皇能《の》登《ど》國《のくに》高州山に大宮《みや》を造られ、此《こ》處に萬國五色《しき》人令支《し》那《な》邦令兄弟《けうだい》「黄能氏《こんのににい》」「盤王氏《たい》」「義《ぎ》皇氏《たい》」支《し》那《な》天竺邦《ちくほう》王《おう》「摩訶黒尊者」等百六十八名來朝《らいてう》、天皇の大前に禮拜《はい》し、五色《しき》人王《おう》は五色の旗を奉献す、天皇親ら祭主《さいしゅ》となり給ひて五色《しき》旗を「皇祖《そ》皇太《たい》神宮《ぐう》」に奉納《ほうのう》し給ふ。天皇の御宇《う》にも亦《また》、天地《ち》大變《へん》動あり、草《そう》木根國（紀伊《きい》）安堵《あんと》峰の大宮《みや》より神幽り給ふ。天皇を「木の神」として勧請《くわん》し奉《たてまつ》る。

第二十七章　皇統第十八代　（上代第十八代）

大斗能地身光天津日嗣大日天皇《おほとのちみひかるあまつひつぎあめのひすめらみこと》

大斗能美皇后宮《おほとのみきさきのみや》

皇太子《たいし》「面足日子尊」御誕生《せう》あり。天皇《のう》越後《えちご》國蒲原《かまはら》栗《くり》ヶ山《やま》に大宮《みや》を御造營《にぞう》ありて、萬國に政治《せい》を親裁し給ふ。天皇《てんのう》皇后《こうおん》御躬らヒヒイロ金を以て、寶劔《ほうけん》茅を造られ、ホド文（凸字《じ》）ミド文（凹字《じ》）の神名《めい》及び萬國《こく》地圖《づ》を之《これ》に彫刻《てうこく》して「皇祖皇大神宮《ぐう》」の御《に》神體《たい》として奉納《ほうのう》し給ひ。之《こ》れ十種の神寶の第七にして、後神日本魂之御劔《おつるぎ》の第《だい》一となりしものなり。天皇《のう》詔《みことのり》して皇位《ゐ》を「面足日子尊」に讓《ゆづ》り、後萬國御巡《にじゅん》幸の途《と》に就き給《たま》ふ。御巡《じゅん》幸《こう》終《をは》りて、道路《どうろ》奥《おく》大湊濱《みなとはま》に着御《ぎょ》あり、恐山《やま》に還幸《くわんこう》し給《たま》ひて、同宮《どうぐう》にて神幽り給《たま》ふ、御宇《ぎょう》又萬國大變《へん》動ありたり。

第二十八章　皇統第十九代（上代第十九代）

面《おも》足《たる》日《ひ》子《こ》身《み》光《ひかる》天《あま》津《つ》日《ひ》嗣《つぎ》天《あめの》日《ひ》天皇《すめらみこと》
游《ゆ》面《も》陀《た》琉《る》日《ひ》賣《め》皇后《きさき》宮《のみや》

皇太《たい》子「惶根王尊」御誕生あり。天皇詔して萬國御巡《じゆん》幸の途《と》につかせられ、先づ、天竺《ちく》及び支那《しな》國に天降《あもり》、次《つい》で北《きた》アメリカ洲《しう》カナタニユイヨイの濱《みなと》に赴《おもむ》かれ、其處《こ》より御《ご》還《くわん》幸ありて、越中國ニヰカの濱《はま》に着御《ぎよ》し給ひ、同所《しよ》に「皇祖《こうそ》皇太《こうたい》神宮《くう》」の分靈殿《れいでん》を御造《ぞう》營し給《たま》ひ、之を「東岩瀬《ひがしいはせ》太《たい》神宮《くう》」（今の東岩瀬村《ひがしいはせむら》）といふ、天皇御位《みくらゐ》を日向國法禮山《ほうれいさく》の大宮《みや》にて皇太子《たいし》「惶《うしこ》根尊」に讓《ゆづ》り給ひ、後、山城《やましろ》國愛宕《ご》山《やま》の大宮《みや》にて神幽り給ふ。天皇を「火の神」として勸請《くわんせい》し「愛宕《あたご》の神」と稱し奉《たてまつ》る。

第二十九章　皇統第二十代（上代第二十代）

惶根《かしこね》王《み》身光《ひかる》天津《あまつ》日嗣《ひつぎ》天日《あめのひ》天皇《すめらみこと》
訶志古美《かしこみ》皇后《きさき》宮《のみや》

皇太子《たいし》「伊邪那《な》岐《ぎ》尊」御誕生あり、天皇、皇后《ごう》御躬らヒヒイロ金を以て矛劍を造られ、ホド文、ミド文を以て神名を刻《こく》し、更《さら》に之《これ》に萬國《こく》地圖《ず》を刻《こく》して「皇祖《そ》皇太《たい》神宮《ぐう》」の御神體として奉納《ほうのう》し給ふ。是《こ》れ十種の神寶《ほう》の第《だい》八にして神日本魂三御劔の第二なり。天皇萬國《こく》御巡幸《じゅんこう》を仰せ出され、天竺八ウライ湊《みなと》に至られ、そこより丹後《たんご》國天橋立《はしだち》に御還《くわん》幸し給へり。

皇太子《たいし》「伊邪那岐尊」に御讓位《じょうゐ》の後甲斐《かひ》國金峰山《きんぽうさん》より神幽り給ふ。

第三十章　皇統第廿一代（上代第廿一代）

伊邪那岐《いさなぎ》身《み》光《ひかる》天津《あまつ》日嗣《ひつぎ》天日《あめのひ》天皇《すめらみこと》

伊《い》邪《ざ》册《なみ》皇后《きさま》宮《のみや》

皇子「蛭子尊」御誕生あり、北米《ほくべい》即ち日受《うけ》恵比須洲に赴《おもむ》かれて其の國を治め給ひし事にして、此《こ》の故《ゆゑ》に「蛭子尊」を「恵比須」と稱《せう》す。

次《つい》で皇子「火の尊」（後津速産靈尊となる）御誕生あり。此尊を産み給ひし時、皇后病《こうやまい》を得させられ、御療養《れうやう》のために皇后《こう》の御生國《せいこく》たる豫母津洲、アフスタン（アフガニスタン）國の平坂《さか》伊止《と》に赴《おもむ》き給へり。「伊弉册皇后」は皇統第《だい》十六代「宇比地煮天皇」より分れ給ひしものにして、白人《はく》（白色《はくしよく》人種《しゆ》）に在します。（註《ちう》、第《だい》廿三章參照《せうさんせう》）後、皇后《こう》は加賀《か》白山にて神幽り給ひしにより、現今この白山《はくさん》神社に於いて「伊邪那岐《き》天皇」に奉《たてまつ》る黄旗と皇后《こう》に奉《たてまつ》る白旗とが並び樹《た》てあるは皇后《こう》の白《はく》人にましませし事を示すものなり。此處《ここ》に於いて、天皇はアフスタン國に皇后《こう》を訪《と》ひ給《たま》ひて、平坂《さかい》伊止《と》に大宮《ぐう》を造りて共に住《す》まはせ給《たま》ひ、皇后《こう》の御病《おんやまい》癒《い》えし後も暫《しばら》く其地《その》に在しましが、やがて日の本に御歸還《きくわん》あらんとして天皇皇后《のちこ、とうおんとも》御供ども御出發《はつ》あらせ給《たま》へり。此時《この》アフスタン國の白人達は別れを《を》惜しみ奉《たてまつ》り、大宮《みや》の周圍《しうい》に數萬の人々《ひと〳〵》群れ集《つど》ひてアフスタンの地に永遠《えいえん》に止《とゞ》まり給《たま》はん事《こと》を懇願《こんぐわん》し奉《たてまつ》れり。茲《こゝ》に於いて天皇はアフスタンにて產み給へる男《だん》子三人《にん》を其地《そのち》に殘し、之《これ》を其地《ち》の統治《とうち》者《しや》と定め給《たま》ひたるによりて白人《じん》達は僅《わづか》に納得したれば、天皇、皇后漸《やうや》くにして日の本に御歸還《きくわん》遊《あそ》ばされ給《たま》ふ。此三人の皇子は「ガブイル民王《おう》」「ガズニ王《おう》尊」「アカラ伊王《おう》尊」にして、夫々タシユケン王城《おうぜう》、ボハラ王城《おうぜう》、カブイル王《おう》城の國王《おう》となり給《たま》へり。此《こ》の事實が日の本の傳說《せつ》によれば、天皇、皇后《ごう》御歸還《きくわん》の途次《とじ》、桃《とう》果三箇《こ》（此《こ》の桃果を意《い》富加牟豆美命といふ）を擲《なげう》ちて、黃泉《よもつ》醜女《しこめ》を追拂《おひはら》ひ給ひし事となり居るなり。

天皇、皇后《ごう》は御歸《き》國の後三十二尊《そん》の皇子を產み給ひ、神勅《ちよく》によりて「皇祖《そ》皇太《たい》神宮《ぐう》」に參拜《さんぱい》し給ふ事となり、豫《よ》母津《つ》國に赴《おもむ》かれし事によりて筑紫《し》、日向の橘《たちばな》の小戸の阿波岐《あはき》原にて身禊祓ひし給ひて後「皇祖《そ》皇大神宮《ぐう》」の大和に御歸國《こく》の御報告をなし給へり。

天皇御即位《そくゐ》の年一月一日「天疎日向津比賣尊」御誕生あり、續《つゞ》いて「「天疎月向津比古月續尊」御誕生あり給《たま》ふ、此《この》尊の又《また》の名「須佐之男《さの》尊」と呼《よ》び奉《たてまつ》る。日の本の古《こ》記によれば「須佐《すさ》之男尊」と月讀（弓）尊とは別尊の如く傳《つた》へらるれども、事實は同一尊にましますなり。

天皇・皇后《こう》御二人大勇《ゆう》力にましまして、神勅《しんちよく》によりて御身《おんみ》親《みづか》らヒヒイロ金《かね》を以《もつ》て御神《しん》劍《けん》を造り清《きよ》め、七年三ヶ月にして漸《やうや》く完成《くわんせい》し給ふ。此《こ》の時「天照日大神」より御神勅《しんちよく》あり「天皇御親《しん》作の神寶劍《けん》並に「大斗能地天皇」「惶根天皇」御親作《しんさく》による二個《こ》の神寶劍《はうけん》は萬國五色人《しきじん》の棟梁たる天皇の無極億《おく》代迄《まで》必《かなら》ず天日天皇の身守《まもり》、天皇の家寶と定む」と命《めい》じ給へり。此《こ》の天皇御親《しん》作の御神劍《けん》は十種の神寶の第九にして、神日本魂三御劍《けん》の第《だい》三なり。天皇御讓位に際《さい》し、以上三神寶劍《はうけん》を「天疎日向津比賣天皇」に御讓《ゆう》りあり、之《これ》よりして、此《こ》の三神寶劍《はうけん》は天津《つ》日嗣御繼《けい》承《しよう》の御神寶《はう》となりしなり。

伊邪那岐《なき》天皇は越中國立山の大宮《みや》にて神《かみ》幽り給ひ、皇后宮《こうぐう》は加賀國白《はく》山より神幽り給へり。

第三十一章　皇統第二十二代（上代第二十二代）

天《あま》疎《さかる》日《ひ》向《むか》津《つ》比《ひ》賣《め》身《み》光《ひかる》天《あま》津《つ》日《ひ》嗣《つぎ》天《あめの》日《ひ》天皇《すめらみこと》

天照日大神は耀身界に位《くらゐ》し給ふ統治《とうち》神に在しまして、天皇《のう》の御《おん》身魂は天照日大神の御分靈《れい》の故に、崇神天皇以前《いぜん》に於いては所謂《いはゆる》天照大神より御神勅下《しんちよくくだ》さる毎《ごと》に必《かなら》ず「天疎日向津比賣天皇御神靈」の御神勅《ちよく》と記《しる》されあり「天照皇太神宮《ぐう》」といふ名稱は垂《すい》仁天皇の御《おん》時「倭姫《ひめ》命」に命《めい》じて「皇祖皇太《たい》神宮《ぐう》」の御神體たる「天疎日向津比賣天皇」の神骨《こつ》石像御神體を大和《やまと》笠縫《かさぬひ》より現《げん》今の五十鈴川《かは》の川《かは》上に移《うつ》し給ひし時、改めて名付《なつけ》させ給ひし名稱《せう》、即《すなは》ち御神殿《しんでく》の名《な》なり。隨《したが》つて「天照皇太《たい》神」なる御神名には嘗《かつ》てありたる事《こと》なし。

天皇御即位《そくい》の年九月三日地球《きう》萬國《こく》に大變動《へんどう》起り、此《この》建直《なほ》しのために長年の御努《ど》力を費し給ふ。又此《またこ》の變《へん》動によりて「皇祖《そ》皇大神宮《ぐう》」の地表陥没低《かんぼつてい》下せしを以て、天皇詔して皇祖《そ》皇大神宮《ぐう》の御造《ぞう》營を命《めい》じ給ひ、時ありて御皇城山上に其の竣工《しゆんこう》を見たるを以て、御即位《そくゐ》〇年三月一日天皇飛《ひ》驒の位《くらゐ》山の大宮《みや》より川浮舟《かはうきふね》に乘御《ぢよぎよ》あり。神通川《かは》を下航《こう》し給ひて、皇祖《そ》皇大神宮《ぐう》の大和に着御あり、此《こ》の時に萬國の五色《しき》人王等《おうら》八十五名を參《さん》朝して大前に集ひ、御弟宮《みや》「月讀尊」副祭主《ふくさいしゆ》となり「思兼命」「兒屋命」祭典長《さいてんてう》となり、天皇御親ら祭主《さいしゆ》となり給ひて、大遷宮《ぐう》大祭《さい》を擧げさせ給ふ。此《この》時天皇無極に美しく御身に羽衣し冠《かんむり》して、大舞樂を歌ひ舞はさせ給ふ。百官《くわん》一同之《これ》を拜祝《はいしゆく》し奉《たてまつ》る。此《この》時より皇祖《そ》皇大神宮《ぐう》の建てる日見日高見國を婦《ふ》見國（現在《ざい》の婦負《ねひ》郡）と稱へ、川《かは》を神通川《かは》と呼《よ》ぶことゝなれり。

天皇は神意《い》により社《しや》會の大改造《ぞう》を試《こゝろ》み給はんと御苦辛《くしん》なりしところ、須佐《すさ》之男尊が暴戻《ばうれい》の御振舞ありしため天皇大に怒らせられ、此《この》事を機として即位《そくゐ》五十億《おく》二十年十三名《めい》の侍臣《じしん》を御伴《とも》ひありて、立山《やま》の岩戸《いはと》に隱《かく》れ給ふ。之《これ》を第一回《くわい》の岩戸《いはと》閉《し》めといふ。而《しか》して此《こ》の世《せ》界の混亂《こんらん》甚だしく、事態容易《たいようい》ならざるを以《もつ》て、思兼命、兒屋《こやね》命、太玉《たま》命、五色《しき》人王《おう》等（之を傳《つた》へて八百萬神といふ）協議《けふぎ》し、天皇何處《いつこ》に隱《かく》れましますや、只管《ひたすら》に尋《たづ》ぬれども得ず、遂《つひ》に越中國ニヰヤの五百石の安河原《やすかははら》に參集《しう》し、宇受賣命歌ひ舞ひ、五百人の官人《くわんじん》達《たち》樂を奏《そう》し拍《はう》子して天照日大神に祈《いの》りて天皇の出御《しゆつぎよ》を懇願《こんぐわん》し奉《たてまつ》る。此《こ》の時鷄ヒタツ（東南東）シイダ（南東）の方位《い》に頭《あたま》を向《む》け五聲、勢聲して時を造りたるにより、思兼命先づ覺りてヒタツ、ヒイダの方位《はうゐ》を望《のぞ》むに立山《たてやま》あり。乃ち天皇の即位《そくい》の年二月十六日群臣《ぐんしん》立山《たてやま》の麓に大參集《しう》し（神集ひに集ひ）て岩戸《いはと》の大前に於《おい》て「宇《う》受賣《うけめ》命」熊《くま》笹を手に持《も》ち、岩戸《いはと》の前に吹き出づる出湯《ゆ》を葉に注ぎて、それを打《う》ちふり乍《なが》ら、歌ひ舞ふ。群臣《ぐんしん》百官《くわん》又之《またこれ》に和して悉《ことゞ》く狂歌《か》亂舞《らんぶ》す。此《こ》の時「宇受賣命」の打《う》ちふる熊《くま》笹の火花、湯花《ゆはな》、群臣《じん》の顔《かほ》にかゝり、邪《じや》心禍《くわ》意を抱《いだ》ける者は忽《たちま》ちにして傷《きず》つき、然らざる者は何事も無かりき、之《こ》れ探湯《くりたち》の始めなり

天皇此の騷亂《さうらん》を岩戸《いはと》のうちにきこし召して十三名の侍臣《じしん》の一人「多紀里姫《きりひめ》」に命じて岩《いは》戸《と》より出でゝ見、群臣《ぐんしん》各々の心を識りて之を復命《ふくめい》す、茲《ここ》に於《おい》て天皇更《さら》に御身親ら、見そなはり給はんと岩戸《いはと》より出で給ひし時「手力男尊」御手を取りて出御を乞《こ》ひ奉《たてまつ》り、天《てん》皇再《ふたゝ》び入《にう》御無からんために、岩戸《いはと》の外に七《し》五三《め》縄を張り廻らす、時に天皇即位《そくい》五十億《おく》三千三年なり。

斯くて天皇・湯花《ゆはな》にて火傷せし群臣《ぐんしん》を集《あつ》めて立山《たてやま》の皇城の傍《かたはら》ク、リシメバラに悉《ことごと》く監禁《かんきん》し、社會の改造《ざう》に着手し給ふ。此處《ここ》を後改めて畜生原と稱し、又《また》改めてサイノ河原《かはら》と稱す（現在立山《たてやま》にサイノ河原《かはら》の名殘り居れり）

（群臣《ぐんしん》後に於いて須佐《すさ》之男尊の所業を惡《にく》み「伊《い》邪那《な》岐《ぎ》天皇に請《こ》ひ奉《たてまつ》りて尊を罪《つみ》し、支《し》那《な》の檀國木根に流す、尊は檀國に到《いた》りて其《その》他を檀君國と名付《つ》け、之《これ》より尊を須佐《すさ》男檀君尊と稱し、其《その》後尊朝鮮《てうせん》に赴《おも》かれし後に到《いた》る迄《まで》も猶檀君と稱《そう》し奉《たてまつ》る）以《い》上を第一回《くわい》の岩戸《と》開

きと稱し、天皇岩戸《いはと》に隱《かく》れ給ひしより社會大改造《ぞう》終了に到《いた》る迄《まで》約《やく》三千年《ねん》の歳《さい》月を經過《くわ》せり

天皇社會大改造《ぞう》の後に、萬國諸般《しよはん》の政治《せいぢ》を定められ、蠶養《さんよう》紙《かみ》、綿絲《めんし》、穀類《こくるい》十四種《しゆ》を畠田に作り海魚《かいぎよ》を漁《あさ》らしめ、海川《かいせん》山野《や》を拓き根燒《ねや》き法《ほう》を致へしめらる。又《また》食器、酒《さか》、味噌《みそ》の製法《ほう》、家《か》屋の建《けん》築法《ほう》を致へられ、更《さら》に絲《いと》にて綾《あや》を織り、男《だん》女寒暑《かんしよ》の衣《い》裳《せう》を造り、米《こめ》磨く製法《せいほう》を創めて之《これ》を致へ給ふ。須《す》佐《さ》之男尊は檀君國に三王女を殘して御歸《き》國あり、越中國山田川《やまたかは》の上流《りう》に住《じう》せる大蛇《おろち》賊を平《へい》定し給ふ。尊、此《この》時に護給へる叢雲劍に賊《ぞく》を斬《き》れる友《とも》の劍《つるぎ》を添《そ》へて姉媛天皇に獻《けん》じ給ふ。茲《こゝ》において天皇詔して「須《す》佐《さ》之男尊」の罪《つみ》を赦《ゆる》し給ひ

「汝《なんぢ》の妹背、櫛稻田姫命今より產む王子《おう》は天皇の御子たる可し」

と宣はせ給ふ「須《す》佐《さ》之男尊」謹《つゝし》んで御受《う》けし給ひ、妃《ひ》尊を伴《ともな》ひて出雲國日の御崎《さき》の宮《みや》に住《す》まはせ給ふ、天之忍穗耳尊「穗日命」「活津日子根命」「天津日子根命」「熊野久須毘命」御誕生あり、天皇詔して「天之忍穗耳尊」を皇太《たい》子に冊立《りつ》し、皇太《たい》子の御住所《ぢう》を飛驒國《ひだのくに》スペペル山（現今《こん》の越中國《のに》婦負郡《ぐん》金剛堂《こうどう》の南）（之《こ》れ佛《ふつ》說のスメル山《さん》の起源《げん》）に定め給ふ。

天皇自らヒヒイロ金《かね》を以《もつ》て劍《つるぎ》を造り給ふ。之れ十《と》種《くさ》の神寶の第十なり。又《また》「天日眞浦尊

に命《めい》じてヒヒイロ金《かね》を以て鏡《かがみ》、劍《つるぎ》を造らしめ「生玉《たま》尊」に命《めい》じ玉《たま》を作らしめ、以上《ぜう》三箇《こ》は天皇御自身《しく》常に玉體《ぎよく》に着けさせ給《たま》へり、それ即《すなは》ち三種の神器にして、天皇《てんのう》御讓位《ぜうい》に際《さい》して之《これ》を「天之忍穂耳尊」に授け給《たま》へり。又《また》神勅《ちよく》によりて詔して御父《ちゝ》「伊邪那岐《なぎ》天皇」の時神定ありし天皇守護《てんのうしゆご》の三神寶劍《ほうけん》を神日本魂御劍《かんやまとたまのみつるぎ》と銘名し給《たま》ふ。

天皇《てんのう》御即位《そくい》〇年十二月八日詔して皇太子《こうたいし》「天之忍穂耳尊」に皇位《こうゐ》を讓り給《たま》ひ「皇祖《こうそ》皇《こう》大神宮《ぐう》」全御神寶《ほう》及び三種の神器《き》を授《さづ》け給《たま》ふ。御即位《そくい》〇年十一月十五日能登國《のとのくに》寶立山より神《かみ》幽り給《たま》へり。

第三十二章　皇統第二十三代（上代第廿三代）

天《あぬ》之《の》忍《おし》穂《ほ》耳《みゝ》身《み》光《ひかる》天《あま》津《つ》日《ひ》嗣《つぎ》天《あめの》日《ひ》天皇《すめらみこと》

天《あめのたま》玉依《より》毘《ひ》賣《め》皇后《すめらき》宮《のみや》

皇太子《こうたいし》「天之瓊々杵《き》尊」御誕生あり、天皇《てんのう》、皇子《し》、皇女、三十一尊を臣下《しん》に天降らしめ越根國の百姓となし給《たま》ふ、即ち左の如し。

名田三國姫尊　若狹三國山宮の土人となる

高須國見彥尊　越前高須山宮に座ます

忍宮内姫尊　加賀宮內宮に在します

大日忍日古尊　加賀國大日宮に坐します

江沼山中姫尊　加賀國山中宮に坐します

江沼山代姫尊　加賀國山代宮に坐します

七王福田彥尊　能登國七王宮に坐します

高州彥尊　能登國高須山宮に坐します

石動彥尊　越中國石動山宮に坐します

八代氷見姫尊　八代氷見宮に坐します

小松湊姫尊　湊水門宮に坐しすます

栗羽方守尊　吳羽宮に坐します

岩瀨彥干尊　岩瀨宮に坐します

魚漁津彥尊　天神宮太神宮に神主

舟見姫尊　泊宮に坐します

大糸姫尊　越後姫川岡宮に坐します
沃速濃彦尊　越後米山宮に坐します
新井姫尊　ニイエカタハク山宮に坐します（新潟白山なり）
高塚姫尊　高塚宮に坐します
天王新彦尊　天王新田宮に坐します
天思神彦尊　越中日見日高見、神明赤池上皇祖皇太宮神主
天根杵彦尊　同神主
天思大姫尊　同高田宮に坐します高田を開く
天光地姫尊　同光地上羽田
天藤居新姫尊　同居所藤居といふ

又《また》天皇《てんのう》神籬《ひもろぎ》立瓶八箇《こ》を造り給《たま》ひ、之《これ》に上代天皇《てんのう》の御名を神代《かみよ》文字《じ》を以《もつ》て彫刻《てうこく》し、爾後《じご》即《そく》位《ゐ》式《しき》の際には必ず高御座の周圍《しうい》に立《た》て用ふる事と定む。此《この》事は後代に語《かた》り傳《つた》へられて、ヒモロギ磐境《いはさか》（高御座を意味《いみ》す）の神勅《ちよく》となりたるものなり。此のヒモロギ立瓶は「皇祖《こうそ》皇《こう》大神宮《ぐう》」の御神寳となり、後代各《かく》天皇《てんのう》も度々御製作《せいさく》あり、現《げん》在十七箇《か》を存《そん》す。天皇《てんのう》御即位《そくゐ》百三十萬年六月六日御位《くらゐ》を皇太子《こうたい》「天之瓊々杵《き》尊」に讓《ゆづ》り給《たま》ひ、御即位《そくい》の〇年十二月一日

御緣天くして肥《ひ》前國コクヅ山の大宮《みや》より神幽り給《たま》ふ。
「忍穂耳天皇」御讓位《ぜうゐ》に當り御親ら祀られて「瓊々杵《き》尊」に授け給《たま》ひて、萬國棟梁天皇
一人王《おう》皇の守《まも》り札《ふだ》とせられし神《かみ》代象《ぞう》形假《か》名文字《じ》の文《あん》左の如し。
之《こ》れ日の本神社より出す神符《ぷ》の起《き》原《げん》なり、

十《と》種乃神寶三種乃神器
萬國《とこよ》棟梁《おむや》代々乃《みよくの》ヲ皇乃靈神
萬國棟梁皇祖皇　神宮五色人乃《いろひとの》祖神

天津《あまつ》神霊《かみたましひ》國津《くにつ》萬神霊《よろづかみたましひ》守留《まもる》

天忍穂耳《あめのおしほみ》天皇文志《すめらみことふみし》

五色《いろ》人乃《ひとの》祖神萬守留《おやがみよろづまもる》

皇祖皇太神宮《すめおやすめらたましひたまや》

萬國棟梁《とこよのおむや》國穏《おしほ》耳《み》尊文志《みことふみし》

是《これ》を後代崇神天皇《のう》の御代、四道將軍《せうぐん》を派遣《はけん》せられて、各《かく》國の賊徒《ぞくと》平定を命じ給ひし時、之《これ》を兆勝《てうかつ》（多勝）の守《まも》りとして各將軍《かくせうぐん》に御下《か》賜あり、右は吉備津彦命直筆《ちきひつ》による。六踏三略卷に記《しる》さるゝ所《ところ》にして、其《その》文字《じ》の儘《まゝ》、白雉二年（昭和《せうわ》九年より千二百八十四年前）に彫刻《てうこく》せられて（木版《はん》上代《だい》より第《だい》八回《くわい》目の木彫版《はん》）となりて現存《ぞん》せり。恐《おそ》らくは文字《じ》の木版《はん》として最古《さいこ》のものならん。

又《また》天之忍穂耳天皇御親作《しん》「天疎日向津比賣天皇」岩戸《いはと》より出でませし時の祝歌《しゆくか》左の如し

（神代文字《じ》に書《か》かれあれど之《これ》を略《りやく》し現代語《ご》に飜《ほん》譯する事とせり）

又天之忍穂耳天皇御親作《しん》の御歌左の如《ごと》し

（神代《かみよ》文字《もじ》略《りゃく》す）

右御製《せい》二歌《か》・天皇即位《てんのうそくい》○年三月十七日詔《みことのり》して「棟梁皇祖《そ》皇太神宮」へ奉詠《ほうえい》せしむ。

大日忍日古命　萬國言文字智主命
石動彦命　粟羽方守命
天忍神彦神　天津杵彦命
活津彦命　天津彦日根命

詔《みことのり》して文し捧《さゝ》げ奉《たてまつ》る。

天岩屋戸開祝歌

東明《ひがしあ》け、今日《けふ》は嬉《うれ》しや、日《ひ》を拝む
サイサンササエイ、ヨイサエウイ
千《ち》早振《ふ》る、天伊勢《あまいせい》一山《やま》、高天《たかま》の原《はら》、汝《なれ》は集《あつ》まりた、守《むる》四方《よも》神《かみ》
千《ち》早振《はやぶ》る、神明宮《かみあかりたまや》に、集《あつま》り給《たま》ひ、五色《いろ》人祖《ひとおや》、四方《も》の神《かみ》
千早振《はやぶ》る皇祖《すめおや》の宮《たまや》、高天《たかま》の原《はら》、集《あつ》まり給《たま》へ、四方《も》神々《かみがみ》

天《あ》岩屋戸《いはやと》、明《あけ》な日御神《みかみ》、出《い》で立《た》ちつサイサンサエイ、千代《よ》八千萬《よろづ》
天《あ》岩屋戸《いはやと》、明《あ》けて皇御子《すめつみこ》、萬國《とこよ》主《ぬし》、一人《り》萬代《よろづよ》サイサンサエイ
天忍穂耳天皇御親作御歌
神寶《かみだから》、神日本魂、萬國《とこよくに》、天皇《すみらみこと》ぞ、ヨイサエサン
神寶《かみだから》、神日木魂、支國主《あおちくにぬし》天皇《すめらみこと》ヨイサエサン
神寶《かみだから》、神日本魂、萬神《よろづかみ》、守子《むる》神主《かみぬし》を、大統梁《おほとうれう》
神寶《かみだから》・神主《かみつかさぬし》、萬祭主《よろづまつるぬし》、大主《おほぬし》、ヨイサイエサン
天津國《あまつくに》、天皇の、神寶《かみだから》、守《む》る司人《つかさびと》こそ、我か寶
萬國《とこよくに》、天皇《すめらみこと》は、一人ぞと、又在《またある》時は、又《また》は潰《つぶ》れる

第三十三章　皇統第二十四代（上代第廿四代）

天《あめ》之《の》仁《に》仁《に》杵《ぎ》身《み》光《ひかる》天《あま》津《つ》日《ひ》嗣《つぎ》天《あめの》日《ひ》天皇《すめらみこと》
木《この》花《な》佐《さ》久《く》夜姫《ひめ》皇后《きさき》宮《のみや》

天皇始め皇子あらせられず「饒速日《にぎはやひ》尊《のみこと》」を皇太子《し》と定め給ふ。御即位《そくい》三十年二月十日越中國御皇城山より、日向國高千穂《ほ》峰に遷都あり、此《こ》の時天皇は皇后《こう》、皇太子《し》、皇族《ぞく》、臣《しん》僚《れう》八十八尊と共に天降《くだ》り給ひて、大宮を建て、其處《そこ》にて萬機を親裁《しんさい》し給へり。此《こ》の御遷都の御事が後代日本の古記《こき》に誤《あやま》り傳へられて、天孫《そん》高千穂《ほ》峰《みね》に御降臨《こうりん》とせられしものなり。御即位《そくい》〇年五月五日高城山《やま》の大宮に於て「火須勢理尊」「火明尊」御誕生あり、二皇子《し》の住《す》み給ひし所を男鹿山といふ。即位《そくゐ》〇年六月十六日、天皇伊勢津姫《ひめ》國二見水門《もん》より朝熊山に御臨《りん》幸あり。此《こ》の御臨《りん》幸は日本の古書に「猿田彦《さるたひこ》命」「宇《う》受賣命」の二神、伊勢二見《み》に赴《おもむ》きたる事として傳《つた》へられしものにして、此《こ》の二命は、此時、天皇の供奉《ぶ》として赴《おもむ》きたるものなり。御即位《そくい》百三十一萬年二月十一日御皇位《こうゐ》を「火明尊」に譲《ゆづ》り給《たま》ふ「火明尊」及「天津彦《ひこ》火火出見尊」と御改《かい》名ありて即位《そくい》し給《たま》ふ。天皇《てんのう》御即位《そくい》百三十二萬年十一月十五日、日向《む》國可愛の山の大宮より神《かみ》幽り給《たま》ふ。御齢百七十九萬二千四百七十歳《さい》なり。又《また》天皇《てんのう》即位《そくゐ》の〇年六月十七日「木花佐《さ》久夜姫《ひめ》皇后」富士《ふし》山より神《かみ》幽り給《たま》ふ。

皇后《こうごう》初《はじ》め御子《こ》あらせられず、皇弟《こうてい》「饒速日尊」皇《こう》太子《し》たり給《たま》ひしが皇后《こうごう》、皇子を身籠り

給《たま》へる事を奏《そう》上し給《たま》へるに、天皇《のう》御疑《うたが》ひありて、其皇子たる事を認め給《たま》はず、皇后《こうごう》甚《はなは》だ悲《かな》しみ給《たま》ひ

「吾《あ》が妊《よう》める子。日の御子《こ》たる陛下《へいか》の皇子なりしかば。そは又《また》日の御子《こ》なり。火《ひ》の産屋を造り、火《ひ》の中に安産《さん》して、親子《おやこ》怪我《けが》なかりせば疑《うたが》ひを宥し給へ」

と奏《そう》し、乃ち座屋《ざおく》を造り、茅《かや》にて葺《ふ》き、床《ゆか》には炭《すみ》を敷《し》きて待ち給ふ。やがて期《き》来りしを以て座屋《ざおく》に火《ひ》を放《はな》ち、皇后《ごう》従容《よう》として其中に入御あり。雙兒《そうじ》を産み、右手に「火須勢理尊」左手に「火明尊」を抱き給《たま》ひて、再《ふたた》び火焰《くわえん》の中より出御あり、乃《すなは》ち天皇《のう》之《これ》を許し給《たま》ふ。斯くの如く皇后肉《こうごうにく》體を有《ゆう》し給《たま》ふ御身《み》にありて、最《さい》大の災厄《さいやく》と試練《しれん》に遇《あ》ひ給《たま》ひしが、鎭火《ちんくわ》の神事によりてよく無事なるを得《え》給《たま》ひしなり。之《こ》れ鎭火祭《ちんくわさい》の始《はじ》まりにして、此《この》事によりて天皇詔《のうみことのり》して

「今《こん》後必ず上下共に。鎭火祭《ちんくわさい》を施行《せこう》せよ、又《また》同時に探湯祭《くかたちさい》、釜鳴祭《かまなりさい》を皇祖《こうそ》皇《こう》太神の大祭《さい》に施《し》行して、上下萬民の安泰《あんたい》を祈《き》祭《さい》すべし」

と宣はせらる。斯くして「木花佐久夜姫皇后《こうごう》」は御齢《れいわか》若くして雷の花を神幽り給《たま》へりと傳

へらる。

最後に日本神話《わ》として「火明尊」「火須勢理尊」に關して海幸彦、山幸彦の傳說ゐるは此《つぎ》の事實に由《ゆ》來するものなり。卽《すなは》ち「仁仁杵天皇」卽佐《そくさ》〇年二月一日皇子「火明尊《みこと》」龜《かめ》の背《せ》に乘《の》りて、琉球宮《りうきう》（傳說に龍《りう》宮として傳へらるゝ所《ところ》）に着し給《たま》ふ。島主「大綿津海命」の姫《ひめ》「豐玉姫命《とよたまひめ》」を娶りて妃とせられて御歸還《きくわん》あり「豐玉姫命《とよたまひめ》」の御身魂は龍《りう》宮の乙姫《ひめ》にてあらせられ、後「鵜草茸不合尊」の御出產ありし時に、事ありて「豐玉姫《とよたまひめ》皇后」は父命の在す琉球《りうきう》島に歸《かへ》り給《たま》ひ、代《かは》りて御妹姫《いもうとひめ》の「玉依姫命」皇子御哺育《いく》のために姉皇后《こうごう》に代《かは》りて大宮に來り、後「鵜草葺不合天皇」の皇后宮《きさきのみや》となり給《たま》へり。

第三十四章　皇統第二十五代（上代第廿五代）

天津彦火火出見身光天津日嗣天日天皇《あまつびこほほでみみひかるあまつひつぎあめのひすめらみこと》

豐玉姫皇后宮《とよたまひめきさきのみや》

天皇詔《みことのり》して皇祖皇《こうそこう》太神宮を御造營《ぞう》あり、御即位《そくい》○年三月三日天皇、皇后自《みずか》ら祭主《さいしゅ》となり給《たま》ひて、皇祖皇《こうそこう》太神《しん》宮の遷宮祭《さい》を行《おこな》はせ給《たま》ふ。此《この》時「恩兼命」祭長《さいてう》となり「兒屋命」「太玉命」祭官《さいくわん》となり、萬國五色《しき》人王三百八十名朝參拜す。皇太子《こうし》「鵜草葺不合尊」御誕生あり、即位《そくい》五十萬年天皇詔《みことのり》して、萬國廿五ヶ國を御巡《じゅん》幸とし給ふ。其《その》順路《じゅんろ》左の如し。

支那《しな》黒龍江《こくりうかう》ウドスキヒに天降り、キヤフタ賣買城に御臨《りん》幸、支那《しな》守仕百三十名參朝《てう》す

アフスタンカブイリに天降り、バク水門《すいもん》に御臨《りん》幸

コマニア、ツレに天降り、五色《しき》人王《おう》三十二名大前《まへ》に參朝《てう》禮拜す。

フシイグに天降り、次《つい》でマラガに天降り、アマフリラス、スイダボン、スギネアウイラを經てアラビモハに天降り給ひ、モハを國令《れい》に任じ給ふ。

天竺《てん》フラチ水門《すいもん》に天降り給ふ。黒《こく》人王《おう》五名天皇《てんのう》の大前《まへ》に拜伏《ふ》し、詔《みことのり》して國守《しゅ》に任命《めい》す。次《つい》でパトナ、バモを經て支那《しな》雲南《うんなん》に天降り、南昌《なんせう》へ御臨幸《りんこう》、マラッカ水門《もん》に天降りメストランに天降り、五色人《ひと》男《だん》女三千餘《よ》名參朝《てう》。次《つ》いでヒナタイビロス、ヘンチナバラ

ナに天降り、ブラジバラに御臨《りん》幸、次《つい》でマガンゲ、グテマラを經《へ》てミキシコモリアに御臨《りん》幸

次《つい》でトロントに天降り、ヒウケイビロス、ツルより、クワツペルに御臨《りん》幸

タコマ水門《もん》より王《おう》の艀船《はしけ》に御乘御《ぜうぎよ》ありて道路《どうろ》奥佐井《おくさゐ》燒山《やま》に御還《くわん》幸

天皇即位《てんのうそくゐ》〇年十二月一日奇日根國《ひねのくに》高屋山《やま》に大宮《みや》を御造營《ざうえい》、御遷都《と》ありて其處《そこ》にて萬機《き》を親裁《しんさい》し給《たま》ふ。同所を高《つ》千穗といふ。即位《そくゐ》百六十三萬七千八百八十年四月六日大隅國《おほのくに》見《み》嶽《たけ》の大宮にて皇太子《し》「武鵜草葺不合尊《みこと》」に御讓位《ぞうい》あり（神武天《てん》皇即位《そくゐ》前二百五十二萬五千二百七十三年《ねん》なり）後十二年目三月十五日神幽り給《たま》ふ。高屋山《やま》に御埋葬《まいそう》し奉《たてまつ》り、天皇《てんのう》を「八幡《まん》の神《かみ》」として勸請《くわんせい》し奉《たてまつ》る。即ち八幡《まん》神の起源《げん》は「産火火出見天皇」に在します。

第三十五章　皇統第二十六代（葺不朝第一代）

武《たけ》鵜《う》草《かや》葺《ぶき》不《あは》合《ず》身《み》光天《ひかるあま》津《つ》日《ひ》嗣《ぎ》天《あめの》日《ひ》天皇《すめらみこと》

玉《あめ》依《より》姫《ひめ》皇后《きさき》宮《のみや》

天皇日の本の文化《くわ》發展を計《はか》り給ふ大御心を以《もつ》て御一代の間、前後《ぜんご》實に十數回《くわい》國内《こくない》に於いて遷都を行はせ給ふ。即ち先づ天皇御即位《そくゐ》〇月十月五日 詔《みことのり》 して越根能登寶立山に大宮を御造營御遷都あり。次《つぎ》に秋津《あきつ》根《ね》山城ミクシ峠《たうげ》に御遷都、次《つぎ》に出雲松江《まつ》に御遷都、次《つぎ》に穴門長門天乞山に御遷都、次《つぎ》に愛媛《えひめ》國千里山《やま》に御遷都・次《つぎ》に速日別肥《ひ》後の八代宮に御遷都、次《つぎ》に遠津海伊豆《いづ》天城山《やま》に御遷都。次に遠津海サガミ大山《やま》に御遷都、次《つぎ》に吉道路彦下毛湯岐山《やま》に御遷都《と》、同所を帝爵山と云ふ、次に道路岩《いは》木山に御《こ》遷都、次に越根中御皇城山に御遷都《と》、次に蝦夷イシカ、ソウケ山《やま》に御遷都《と》、次に道路陸奥中六角牛早池甲子三山に御遷都、次《つぎ》に道路《どうろ》奥光井《おくあかゐ》岳《たけ》に御遷都《と》、次に武藏《むさしつ》津海《うみ》安房 鋸《みこぎりやま》 山に御遷都、次に草《くさ》木根《ね》紀井《きゐ》安堵《と》の峰《みね》に御《こ》遷都《と》

以《い》上の如き頻繁《ひんはん》なる御遷都を行ひ給《たま》ひ、其《その》都度皇室《こうしつ》を中心として其《その》地方の文化啓《くわけい》發に努《つと》め給《たま》へり。

天皇《てんのう》神勅《ちよく》によりて詔《みことのり》して御紋章《もんせう》を制定し給ふ。即《すなは》ち太陽《よう》日神に象りたる日の丸《まる》を中心《しん》とし十六方位《はうい》の御光條《こうぜう》を附し、其の光條《こうぜう》を一つ毎に其方位《そのはうい》に於ける一柱一柱の神靈《しんれい》を象らしめて、十六菊《きく》形の紋《もん》を造《つく》り之《これ》を皇室《こうしつ》の御紋章《もんせう》となし給ふ。更に其《その》中心の日の丸形《まるかた》の中に八咫の鏡形《かゞみかた》を置《お》きたる十六菊《きく》形の御紋章《もんせう》を以て「皇祖《こうそ》皇《こう》太神宮」の定紋《もん》とし、神宮の幔《まん》幕《まく》に用ひ給ふ。又《また》神宮幄舎《あくしや》の幔幕《まんまく》に用《もち》ふる紋《もん》として七五三桐《きり》の紋章《もんせう》を作り給《たま》ふ。七五三なる數《すう》は天然の運行を蒙りたるものにて天地《てんち》萬物社《しや》會人間《にん》悉《ことごと》く自然の姿に順應す可き事を表象したるものあり。岩戸《いはと》開《ひら》の時《とき》に當《あた》り岩戸《いはと》の外《そと》に七五三繩《なは》を張《は》り廻らせし事も同《どう》一意義《ぎ》にして天皇《のう》に對《たい》し七《し》五三《め》の如く自《し》然にして從《じう》順なる可き意《い》を表《へう》示したるものなり。天皇《のう》にヒヒイロ金にて十六菊《ぎく》形の御紋《もん》章《せう》を作《つく》り「皇祖《そ》皇太神宮」に奉納《はうのう》し、神寳《かみだから》となし給《たま》ふ。又《また》更《さら》に第二代「造化氣萬男天皇」の御《み》代に天皇《のう》御身《み》守《まも》りとして勅《ちよく》定ありし日の丸《まる》御《み》旗《はた》を國旗《き》として更《さら》に勅《ちよく》定し給《たま》ふ。

天皇《てんのう》、皇《おう》子十三尊あり給《たま》ひしが、悉《ことごと》く夭折《えうせつ》せられ、最《さい》後に即位《そくい》二百六十三萬年「諸塚尊」御誕生あり、皇太子《こうたいし》となり、後「輕島彥尊」と御改稱あらせらる。又《また》天皇《のう》詔《みことのり》して萬國を御巡《じゆん》幸あり、豫母津國《のに》に行幸し給《たま》ひし時、ヨモツ國をヨウロパと改稱し給《たま》ふ。之《こ》れヨーロッパ「オイローパ」の洲《しう》名の起源《げん》なり、御巡《じゆん》幸終《をは》りて、奇日《ひ》根《ね》速日岳の大宮に還《くわん》幸し給《たま》ふ。其後《ご》支《し》那《な》國王《こくおう》「天能氏」及《およ》び「地能氏」來朝《てう》あり、後「天能氏」私に「天皇氏」と改稱し「地能氏」私に「地皇氏」と改稱《せう》す。

天皇《てんのう》の御代「天疎日向津比賣天皇《てんのう》御神靈《れい》」よりの神勅《しんちよく》ありて「天下《てん》萬國《こく》棟梁一人天皇《のう》の神寶《だから》は神骨《こつ》像神體、神代《かみよ》文字《ひ》神代《かみ》之《の》巻《まき》、生都劍双《けんじん》、日本魂《たましひ》三神寶劍《しんほうけん》、圓鏡、八咫の鏡《かゞみ》、八サカ曲玉《まがたま》及《およ》び三種之《の》神《しん》器なり」と定めらる。天皇《てんのう》琉球《りうきう》へ行幸の後、道路《どうろ》奥光井《おくあの》の岳に大宮を造《つく》りて遷都《と》あり、此時琉球《りうきう》の「和多都豐玉彦命」より天皇《てんのう》御遷都《と》の度毎に必ず海《うみ》より龍燈《りうとう》を奉捧《ほうほう》す可《べ》き旨《むね》言上す。天皇《てんのう》之を嘉し給ふ。八十三萬八千四十年（神武即位《そくい》前八萬七千二百三十三年《ねん》）一月六日奇日根鵜戸《と》大宮にて皇《こう》太子「輕島彦尊」に御讓《ぜう》位あり。二年の後十月十八日、奇日根平山《やま》の大宮にて神幽《かみざ》り給ふ。飫《よ》肥《び》の上陵《ぜうれう》に斂葬《れんそう》し奉《たてまつ》る。

「武鵜草不合天皇《てんのう》」を以て第《だい》一代となす、葺《ふき》不合皇朝《こうてう》は天皇《のう》の以後《いご》、實に連綿《めん》七十三代、神倭第《だい》一代「神《じん》武天皇《のう》」に及びたるものなりしが、日の本に在來傳へらるゝ古《こ》記に從へば此の「神武天皇《のう》」は葺不合第《だい》一代天皇《のう》の御子として記されあり。即《すなは》ち其《そ》の間《かん》に於ける七千二代《だい》、約《やく》八萬七千二百年《ねん》に亘《わた》る歷代《だい》天皇《のう》の御事蹟《せき》日本及び萬國の歷史《し》は悉《ことごと》く抹殺省略《まつさつせうりやく》せられて傳《つた》はるなく、今《こん》日に及ぶ迄《まで》隱匿《いんとく》され居《を》りて、何人も以て周《しう》知する所《ところ》とならざりしものなり。

（斯くの如き由《ゆ》ゝ敷き大錯誤《ご》は後代古記《き》編纂《へんさん》の時に當《あた》り、故《ゆゑ》ありて敢《あへ》て爲《な》されたるものにして、斯《かく》の如きを來《きた》すに到《いた》りたる誘《ゆう》引種々とありて後段《だん》更に說《せつ》明す可《べ》きも、今其一、二を述《の》べんに、先《ま》づ上記《き》葺不合第《だい》一代天皇《のう》の皇后《こうごう》は御名を「玉《たま》依姬《ひめ》皇后《きさき》宮《のみや》」と稱し奉《たてまつ》り、更に後代葺不合皇朝第《だい》七十一代「天照國《くに》照日白日臼杵天皇《のう》」の妃《ひ》も亦《また》「玉依姬皇后宮《たまよりひめきさきのみや》」と稱し奉《たてまつ》る「神武天皇《のう》」は此《こ》の天皇《てんのう》の第四番目《ばんめ》の皇子《し》「狹野尊」に座まし、此《こ》の皇后宮《きさきのみや》の御名御同一なる點《てん》よりして古記《こき》編纂《へんさん》者をして誤《ご》記省略《せうりやく》に導《みちび》きたるものなり、現《げん》に日本書紀《き》の示《しめ》す所によりて「神武天皇《のう》」御東征《とうせい》の年代を見るに、天孫《そん》高《たか》千穗《ほ》降臨《こうりん》（即《すなは》ち仁《に》仁《に》杵《ぎ》天皇《のう》御還都《と》）ありてより、百七十八萬二千餘歲《さい》と記されあり、此の間僅に四代の天皇《のう》の御代《よ》を經過《くわ》せるのみなりとせば、右は餘りに長きに亘《わた》る歳《さい》月なりと云はざる可《べ》かなず、何が故に斯くの如き歴《れき》史の省略《せうりやく》となりしかは漸次《ぜんじ》説く可けれど、要するに宇《う》宙《ちう》未だ自《じ》在の時代《だい》にあり、加之《しかのみならず》、現實《げんじつ》界現象《げんせう》の由つて來る根源《こんげん》たる駛身神靈《れいかい》界に於て、往《おう》昔日の本に渡來《とらい》せる外國諸《しよ》神、日の本を永久《えいきう》に其《その》掌《しやう》中に簒奪《さんだつ》せんとする企圖《きと》遂《すい》行中の爲に、あらゆる手段《だん》方策《さく》を弄《ろう》し、遂《つひ》に世界《せかい》人類界《るいかい》の根源《こんげん》たる日本の歴史《し》湮滅《めつ》に成功《せいこう》し、以《もつ》て其專斷横暴《そのせんだんおうばう》に資《し》せんと圖《はか》りし事《こと》より出でしに外ならざるなり。

第三十六章　皇統第二十七代　（葺不合朝第二代）

輕《かる》島《しま》日《ひ》高《たか》日《ひ》子《のこ》不合《あはず》二代《だい》天日《あめのび》天皇《すめらみこと》

天皇《のう》二萬一千八百三十一年十二月一日詔《みことのり》して皇位《い》を皇弟「眞皇眞輝彦尊」に讓《ゆう》り、後二年にして萬年山《やま》の大宮にて神幽り給ふ。

第三十七章　皇統第二十八代　（葺不合朝第三代）

眞《ま》皇《こ》眞《ま》輝《てる》彦《ひこ》不合《あはず》二代《だい》天《あめの》日《ひ》天皇《すめらみこと》

天皇即位《そくい》四百十年二月三日、詔《みことのり》して上代の歴史《れきし》を編纂《へんさん》せしめられ、更に之《これ》を現代の象形假名《かな》文字《じ》に改變《へん》せられ、天皇自《みづか》ら祭主《さいしゅ》となり給ひて「皇祖《そ》皇太神宮」の御神體に合祭《さい》勸誘《くわんいう》し奉《たてまつ》る。天皇又《また》男女《なんじよ》官人《くわんじん》の服裝《ふくそう》を制定《せいてい》し給ひ、又《また》萬國の政法《はう》を改正し給ふ。又詔《またみことのり》して皇室並に一般の祭《さい》年祭《さい》月、節句《せつく》祭《さい》日を定め給ふ。即《すなは》ち左《さ》の如し

一《む》月《つき》一日（皇祖《そ》皇太神宮祭《さい》）
二日（五色人御祖神祭即《すなは》ち別祖《げく》大神祭《おほかみさい》）
三日（諸大臣《しよじん》）
四日（御自身《みみづから》）
五日（諸官員《かむたのかみたち》）
六日（局姓《ねほみたち》）
七日（戸長《とお》）

八　日（兵隊《あのこへ》）
九　日（牛馬）
十　日（山岳）
十一日（河川《かは》）
十二日（海津《うみ》）
二《けさ》月《り》二日（桂柳門代《かつらかなぎかどしろ》を作《つく》り、蓬《よもぎ》(ノ)餅《もち》をついて皇祖神祇《すみおやあまつかみ》を祭る節句《せつく》祭《さい》日）
三《いや》月《よ》三日（柿櫻《かきさくら》の門代《しろ》に華《は》蘆《ば》子餅《もち》をつきて、日神祇を祭《まつ》る、節句《せつく》祭《さい》日）
四《し》月《さこ》四日（瑞《は》葉卯叟《うこ》花《はな》の門代《しろ》に櫻葉《おはは》の餅《もち》をつきて、節句《せつく》を祭《まつ》る節句《せつく》祭《さい》日）
五《さ》月《へ》五日（白膠木《こるて》菖蒲《あやめ》の門代《しろ》に茅《ちがや》の尾垂餅《をたれもち》をつきて神祇を祭《まつ》る節句《せつく》）
六《み》月《なつ》六日（柊蟹《ひゝらぎがに》花の門代《しろ》に蓮葉《はちすは》の餅《もち》をつきて神祇を祭《まつ》る節句《せつく》祭《さい》日）
七《ふく》月七日（千《ち》榊楓《さかきかへで》の門代《しろ》に神桑葉《は》餅《もち》をつきて神祇の祭《まつ》る節句《せつく》祭《さい》日）
八《はや》月《れ》八日（根着荻《つきをぎ》の花草色門代《しろ》に、稲餅《もち》饒米《わかみさぜ》をもつて神祇る節句《せつく》祭《さい》日）
九《なよ》月《な》九日（鶴《つる》木菊花《くわ》の門代《しろ》に柿《かき》の餅《もち》をつきて神祇を祭《まつ》る節句《く》祭《さい》日）

十三日　（夜柿《かき》を餅《もち》に作《つく》り、月輪に供する事《こと》あり）

十《かな》月《め》十　日　（綠葉木の門代に十種の新穀《こくもつ》を飯《し》に炊き、神祇を祭《まつ》る節句《せつく》祭《さい》日）

十一月《しぶる》十一日《こと》　（山椿柏の門代《しろ》に、蕎麥《そは》餅《もち》をつきて、神祇を祭《まつ》る節句《せつく》祭《さい》日）

十二月《しまつ》十二日　（カサミフユサ花《はな》の門代《しろ》に、玉栗餅《もち》をつきて、神祇を祭《まつ》る節句《せつく》祭《さい》日）

以上の祭《まつ》りを天皇《のう》詔《みことのり》して行はしめ、萬國支那國へ致官を派遣《はけん》し、之《これ》を致傳《けう》せしめ給《たま》ふ。

御代「天照日大神」より天皇へ神勅《しんちよく》あり。

「今より人《ひと》の命《いのち》二千歳《さい》以下と定《さだ》む」

と天皇《てんのう》之《これ》を泣《な》かしめらる。

天皇《てんのう》即位《そくい》二萬一千百二十年八月六日、武藏津海景信山《やま》に大宮を造り給《たま》ひ、即位《そくい》二萬二千百廿年十一月三日、詔《みことのり》して皇位を皇太子《こ》「玉幽彦尊《たまおギひこのみこと》」に讓《ゆず》り給《たま》ひ、翌年《よくねん》十月六日、武藏津海景信山大宮《みや》にて神幽《ざ》り給ふ。御遺骸《いがい》を駒岡《こま》に葬《ほうむ》り、天皇《のう》を「景信の神」と勸請《くわんせい》し「皇《こ》眞《ま》玉《おう》の神」と祭《まつ》り奉《たてまつ》り（駒《こま》岡は現今橫濱《よこはま》市鶴見《つるみ》區《く》の奧《おく》にあり）又《また》大臣《じん》「高雄命」を葬る所《ところ》を高雄《たかを》山《やま》といふ（現今《げんこん》の東京《とうけう》府下《か》の高雄《を》山《やま》なり）

第三十八章　皇統第二十九代（葺不朝第四代）

玉《たま》嚙《おご》彦《ひこ》天《あま》津《つ》日《ひ》嗣《つぎ》不《あ》合《はず》四代《せい》天《あめの》日《ひ》天皇《すめらみこと》

天皇《のう》御在位《い》一萬三千年七月三十日、皇太子《し》「天地明赤珠彦尊」に御讓位《ぞうい》あり、後十一年にして神《かみ》幽り給《たま》ふ、天皇《のう》の御代《よ》霧島山《やま》に大宮を御造《ぞう》營あり。皇祖《こうそ》皇太《こうだい》神宮の分靈《れい》及「伊邪那岐天皇」「伊弉冊皇后《ごう》」以《い》上《ぜう》の天皇《てんのう》、皇后《ごう》の神靈《しんれい》を合祀《し》せられ、大還宮祭《ぐうさい》を行はせ給ふ。更に先代「眞皇眞輝彦天皇」以上《ぜう》「天疎日向津比賣天皇《のう》」迄《まで》の神靈《しんれい》を阿蘇《あそ》岳に祭《さい》祀し給《たま》ふ。之《こ》れ現今《げんこん》の阿蘇神社の起源《げん》なり。又《また》霧島山《しまやま》に大宮を御造《ぞう》營あり、其處にて萬機を御親《しん》裁《さい》あらせらる。又《また》天《てん》皇霧島《しま》宮に、守壽長、守富貴の守《まもり》神の瓊矛《ぬほね》との逆矛《ほむ》を立《た》て納《をさ》め給ふ之れ現今《こん》の天の逆矛《ほむ》の起源《げん》なり。

御代年齢《れい》による男女業務《む》、職《しよく》分につきて國令《れい》を發布《はつぷ》せらる。即ち左の如《ごと》し

ワラハ（童《わらべ》）七歳迄《さいまで》男女《だんじよ》達をは發育《はぐく》め

ウナヰ（八歳《さい》より十二歳迄《さいまで》）男女に力招《ちからな》ぎを敎《をし》へよ

イシカ（十四歳《さい》より二十歳迄《さいまで》）男女に家業《やなり》を致《をし》へ
ハヤリ（二十歳《さい》より三十歳迄《さいまで》）男女は家業《やなり》に勉強《おせは》け
マスラ（大丈夫《ぜうふ》）（三十歳より六十歳迄《さいまで》）男女《だんじよ》は戸主《やぬし》たれ
スケ（六十歳《さい》より八十歳迄《さいまで》）男女《だん》は官員《よきと》たれ
マスケ（八十歳《さい》より百歳迄《さいまで》）男女《だん》は郷司《さとし》たれ
ケヌ（百歳《さい》より百二十歳迄《さいまで》）男女《だん》は國主《くさ》たれ
マチタ（百廿歳《さい》より百五十歳迄《さいまで》）男女《だん》は宮内《おほみや》に奉仕《つかし》せよ

第三十九章　皇統第三十代　（葺不合朝第五代）

天《あめ》地《つち》明《あかる》成《なし》赤《あか》珠《たま》彦《ひこ》不合《あはず》五代《だい》天日《あめのひ》身《み》光《ひかる》天皇《すめらみこと》

天皇《のう》御齢五千三百十一歳《さい》七月三十日即位《そくい》し元年に改め大禮祭《れいさい》を擧行せらる。御在位《い》五千七百九十九年の後皇太子「石鉾齒並執楯尊」に御讓位《ぜうい》し給ふ。御即位《そくい》四千八百五年九月九日詔《みことのり》して萬國御巡幸《じゆんかう》の途《と》に上らせられ、天竺ヒマラヤに天降《あまくだ》り、五千七百七十年十月三日、對馬《つしま》の舟越水門《こしみなと》に御還《くわん》幸あらせらる。即位《そくい》五千八百六十年（讓位後《ぜういご》六十一年）九月十五日、御壽一萬一千七十一歳《さい》にて、道路《みち》奧國《おくのくに》桃生郡《もゝふくん》ムタラ大宮《みや》にて神幽《かみさ》り給ふ。

第四十章　皇統第三十一代（葺不合朝第六代）

石鉾齒並執楯不合《いしほこはなみとりてあはず》六代《だい》天日身光天皇《あめのひみひかるすめらみこと》

天皇《てんのう》御在位《ざいい》一千六百三十年《ねん》皇太女「櫛豊媛尊《くしとよ》」に御讓位《ぜうい》あり。後八年にして神幽《ざ》り給ふ

天皇即位式大典《てんのうそくいしきてん》の御儀ゝ御改定あり。又《また》御代《よ》「天疎日向津比賣天皇御神靈」より神勅《ちよく》ありて

「天皇の寶《たから》三種《しゆ》の神器を吾《われ》と思《おも》ひ祕藏《ひざう》し祭《さい》祀せよ」

と宣はせらる。此《この》時より三腫《しゆ》の神器を常時天皇《てんのう》御親ら佩用《はいよう》せらるゝ神器神寶《かみだから》となし給《たま》ふ。此御神勅《ちよく》が即ち所謂《いはゆる》**神器奉齋の神勅**にして、古事《こじ》記に於ては「天照大神」が瓊々杵尊《みこと》に下し給ひし所と記《しる》されあるものなり。此《こ》の御神勅《ちよく》によりて天皇《てんのう》御親ら三種《しゆ》の神器を

御所持《しよ》あらせらるゝ事となれり。此時を以て神靈《しんれい》と天皇《てんのう》との交《こう》通漸《やや》く終焉《えん》を告《つ》ぐるに到《いた》り以後神《しん》界より降《こう》下せらるゝ神勅《しんちよく》は、直接《ちよくせつ》天皇御自《じ》身《しん》に降《こう》下さるゝ事少《すくな》く、神主《かんぬし》、齋外其《その》他に降《こう》下せられ、其の御神勅《しんちよく》を更《さら》に天皇に上奏《じやうそう》する事となれり、之《これ》を神託《たく》といふ。

第四十一章　皇統第三十一代（葺不合朝第七代）

櫛《くし》豊《とよ》媛《ひめ》不合《あはず》七代《だい》天日《あめのひ》身《み》光天皇《ひかるすめらみこと》

天皇《てんのう》御在位《ゐ》五百九十七年十月二十八日御壽六百八十五歳《さい》を以て越中鶴《つる》ヶ城《せい》の大宮にて神《かみ》幽《ざ》ります。皇太女「光徹笑勢媛尊」御踐祚《せんそ》あり。天皇《てんのう》萬國御巡幸《じゆんこう》を終へさせられ、御即位《そくゐ》百七十五年九月九日オーストラ、アダイビ水門《みなと》より大隅の月井《ゐ》津《つ》に御還《くわん》幸あらせらる。

第四十二章　皇統第三十二代（葺不合朝第八代）

光《ひかる》徹《とほる》笑《わらは》勢《せ》媛《ひめ》不合《あはず》八代《だい》天日《あめのひ》身《み》光天皇《ひかるすめらみこと》

天皇《てんのう》御在位《い》四百六十八年なり。即位《そくゐ》四百六十四年一月六日始めて「皇祖《そ》皇太神宮《しんぐう》」前殿《でん》にて高御座に即から「天照日大神」に天盃《てん》を捧《ささ》げ奉《たてまつ》り、南面して即位《そくい》の大禮《れい》を擧行《きよこう》せらる。時に御齢五百七十一歳《さい》なり。後四年にして二月二十六日丹波《たんば》別天の橋立大宮にて神幽《かみざ》り給ふ。葺不合六代天皇《てんのう》の皇女《ひよ》「千種媛尊《ちくさひめのみこと》」踐祚《せんそ》し給ふ。

第四十三章　皇統第三十四代（葺不合朝第九代）

千種《ちぐさ》媛《ひめ》不合《あはず》九代《だい》天《あめの》皇《ひ》身《み》光天皇《ひかるすめらみこと》

天皇《のう》御在位《ざいい》五百廿一年《ねん》一月八日葺《ふき》不朝六代天皇《のう》の皇女「子足媛尊《ひめのみこと》」に御讓位《ぜうい》あらせらる。同《どう》年四月九日御齢《れい》六百廿一歳《さい》を以て吉道路《よしどうろ》彦常《ひことき》盤國信太《た》大宮にて神幽《ざ》り給《たま》ふ。

第四十四章　皇統第三十五代（葺不合朝十代）

千足《ちそく》媛《ひめ》不合《あはず》十代《だい》天《あめの》日《ひ》身《み》光萬國《ひかるとこよくに》棟梁《おむや》天皇《すめらみこと》

神代時代の萬國地圖

天皇御在位《ざいい》五百九十五年一月廿一日皇《こう》太子「禍斬劒彦尊《わざきりつるぎひこのみこと》」に御譲位《ぜうい》あり、同年神幽《さ》り給《たま》ふ。御壽《じゆ》六百八十五歳《さい》、御即位《そくゐ》百十五年二月四日萬國御巡《じゆん》幸の途《と》に上り、ヨイロハ、ネア山のカシヤン大宮に天降《くだ》り、五色《いろ》人民王《おう》十六名參集《しう》し、天國《あまつくに》の天日天皇《のう》の大前に禮拜《はい》す。アフリ、スイダン、ヨイロ國《こく》王《おう》を任命《にんめい》し給ふ。道路《どうろ》北浦《きたうら》水濱《はま》に御邊幸《こう》あり。御代《みよ》、神託《たく》により天益人法《あめのますびとのり》せられ、人民《みん》の食物として池《いけ》を作り、川魚《かはうを》を養殖《ようしよく》せしめ給ふ。又道《またどう》路《ろ》奥《おく》イモクラ山《やま》の土《ど》人をして黄金を採取せしめ、之《これ》を御幣《へい》代として「皇祖《そ》皇大《たい》神宮《ぐう》」に奉《ほう》獻《けん》し給ふ。

即位《そくい》四百二年四月より、地球《きう》萬國に大變《へん》動起《おこ》り、土の海となり、大木小木に餅《もち》が出來、現《げん》在の印度洋《よう》中に在《あ》りし大陸《りく》海《かい》中に陥沒《かんぼつ》す。現在のミニコイ島は其高峰《そのこうほう》なり。地震《ちしん》後「八意兼武命」「表春雲形命」「兒屋萬國地形命」「古五唐國明命」「日竹内地球形知命」「中臣若臼命」に命《めい》じて新に萬國の地《ち》形地圖《ちず》を作らしめ、即位《そくい》五百八十一年二月廿七日「皇祖《そ》皇《こう》大神宮」「別祖神宮」の神體として納祭《のうさい》せらる。此大地震《ちしん》は神武天皇《てんのう》即位《そくい》元年前二萬八百七十四年の事なり。

神代時代の萬國地圖

第四十五章　皇統第三十六代（葺不合朝第十一代）

禍《わざ》斬《きり》劔彦《つるぎひこ》不合《あはず》十一代《だい》天日身光《あめのひみひかる》萬國《とこよくに》棟梁《おむや》天皇《すめらみこと》

天皇《てんのう》御在位《ざいゐ》七百九十三年なり、御代初めて妃《ひ》を置《お》く。即位《そくゐ》百八十三年萬國御巡《じゆん》幸をなし給ひしが、此《こ》の月程百四十八年に亘《わた》り、其間《その》アフリカ、ゼイラに天降《くだ》り、其地《そのち》に三年行在《あんざい》し給ふ。即位《そくゐ》七百九十三年二月廿四日奇日根大隅桑亦太宮にて皇太子「彌廣殿作尊」に御讓《ゆづ》位あり。即位《そくゐ》八百二十三年奥羽《おうう》朝日山大宮に神幽《かみさ》ります。

皇子《し》「八速《やつか》王彦尊」白狐《びやつこ》やつをきつ（八尾《を》狐）を使《つか》ひ給ひ、其住《す》み給ふ所を八尾宮（現在越中八尾《を》町）といふ。姉尊「八男速媛尊」と共に二尊を「紋妙王」と稱ふ（現今八尾《を》町に其名殘り紋妙寺《もんめうじ》なる寺《てら》あり）

天皇《てんのう》を道路奥羽前朝《あさ》日山《やま》に祭《まつ》り「朝日禍斬太神宮」と勸請《くわんせい》し奉《たてまつ》る。又《また》皇后「玉足穎攬媛皇后宮《ひめきさきのみや》」を月陰明神と勸《くわん》請して、月山に祭《まつ》り奉《たてまつ》る。

第四十六章　皇統第二十七代（葺不合朝第十二代）

彌《いや》廣《ひろ》殿《どの》作《つくり》不《あ》合《はず》十二代《だい》天《あめの》日《ひ》身《み》光天皇《ひかるすめらみこと》

天皇《のう》御在位《ゐ》五百五十年即位《そくい》十一年《ねん》二月三日「皇祖《そ》皇太神宮」本殿《でん》前殿《でん》造替《ぞう》完成し、即位《そくい》の大祭禮《さいれい》を擧げさせらる。即位《そくい》五百五十年一月廿六日、皇太《たい》子「豐明國押尊」に御即位《そくゐ》ありて、同年四月六日神幽《ざ》り給ふ。御壽六百三十一歳《さい》、天皇《のう》皇子七十七尊を臣下《しんか》に降《くだ》し、能信國の平民《へいみん》となし給ふ。天益人法《あめのますひとのり》を御改正あり。御即位《そくゐ》九十八年《ねん》詔《みことのり》して萬國御巡幸《ごじゅんこう》し給《たま》ふ。ヒナタイビルス國《こく》に到《いた》りて御歸還《ごきくわん》あり。天皇《てんのう》の御代《みよ》醫藥《いやく》の法《はう》大に進歩《ほ》し、即位《そくい》三百年七月三十日、天皇《てんのう》詔《ことのり》して越《こし》根中國《ちうこく》ニヰヤの山《やま》に醫藥《いやく》の司《つかさ》たりし「天豐人《ちめのとよひ》形彫《かたほ》刻知祭《りしりまつり》主命《ぬしのみこと》」「天體骸長壽《むららいながく》命《ぬしのみこと》」「天豐穀食類姫《あめのごよたちつおしもの》命《ゝめのみこと》」「天豊禁厭殊《あめのとよまになひたて》彦命《ひこのみこと》」「天日體骸《あめのひむくらい》醫師《まじなひ》彦命《このみこと》」「體骸居命《むくろいのりのきこと》」「少彦名命《すくなひこなのみこと》」「藥劑正神足カサ《くすりのかみかむたら》命《のみこと》」以上《いじやう》八柱《はしら》を醫藥《くすし》・醫《まじ》術之《なひの》神《かみ》として勸請《くわん》し給《たま》ひ、之《これ》を「藥師神《やくしかみ》」と稱《せう》す、靑人長壽《おむみたから》富貴の守護神《しゆごじん》なり。

第四十七章　皇統第三十八代（葺不合朝第十三代）

豊明《とよあか》國《くに》押《おし》彦《ひこ》不合《あはず》十三代《だい》天日《あめのひ》身《み》光天皇《ひかるすめらみこと》

天皇《てんのう》御即位《そくゐ》三百八十年《ねん》二月三日皇太女「奇猿姫尊」に御譲位《ごぜうい》あり、後十一年《ねん》にして神幽《かみさ》り給《たま》ふ。即位《そくい》九十五年《ねん》四月十七日詔《みことのり》して萬國御巡幸《ばんこくごじゅんこう》の途《と》に上《のぼ》られ、フシキ（伏木《ふしき》）の水門《みなと》より支那《しな》琿春に天降《あまくだ》り、イヂプト國《こく》に到《いた》り給《たま》ひ、カイロ民王參朝禮拜《みんおうさんてうれいはい》す、駿河鈴川《するがすずかは》水濱に御還幸《くわん》あり。皇子、皇女五十八名を萬國王として派遣し給ふ。

第四十八章　皇統第三十九代（葺不合朝第十四代）

火之進《ひのすすむ》奇猿姫《きさりひめ》不合《あはず》十四代《だい》天日《あめのひ》身《み》光天皇《ひかるすめみこと》

即位《そくい》四百六十年皇太子《たいし》「日杵尊」に御譲位《ぜうい》あり。同年《どう》神幽《かみさ》り給《たま》ふ。御即位《そくい》八十六年八月十四日詔《みことのり》して富士《ふし》山の大宮を造《つく》り替へ「皇祖《こうそ》皇太神宮御分靈」以下《いか》諸《しょ》神靈《れい》を勧請《くわんせい》して

「淺間《あさま》神社」を富士《ふし》山に祭《まつ》り奉《たてまつ》る。之を淺間《あさま》の神《かみ》といふ（神武即位《そくい》前一萬八千八百七十六年の事なり）其祭《そのさい》神左《さ》の如し

皇祖皇太神宮御分靈

天照日大神

天疎日向津比賣天皇御神靈

豊明國押彦　皇神靈

豐狹姬皇后神靈

以《い》上《ぜう》の諸《しよ》神靈《れい》は漸次《ぜんじ》誤《あやま》り傳《つた》へられて、今日の淺《あさ》間神社《しや》祭《さい》神は木花佐久夜姬《のはなさくやひめ》神靈《れい》のみとなれり。

即位《そくい》百二十一年《ねん》五月五日　詔《みことのり》して萬國御巡幸《じゆんかう》に上《のぼ》り給《たま》ひ、即位《そくい》二百三十年十月十四日越中ニキヤのカツシク水門《みなと》に御還幸《くわんかう》あり。天津天神大宮を仙洞《せんとう》とし給ひ、後改めて「魚津《うを》天神」といふ。即位《そくい》四百六十三年十二月二十七日御齢《れい》六百二歳《さい》を以て信濃《しなの》駒山《こまやま》大宮にて神幽《ざ》り給《たま》ひ、駒《こま》山に葬り奉《たてまつ》る。

第四十九章　皇統第四十代（葺不合朝第十五代）

臼《たい》杵《ぎ》不合《あはず》十五代《だい》天《あめの》日《ひ》身《み》光天皇《ひかるよめらみこと》

天皇《てんのう》御即位《そくゐ》三百五十三年皇子「産門眞世尊《みこと》」に御譲位《ぜうい》あり、同《どう》年神幽《ざ》り給ふ。御齢《れい》五百三十八歳《さい》、即位《そくゐ》六十三年二月二十四日詔《みことのり》して萬國御巡幸《じゆん》あり。支那《しな》黒龍江《こくりうかう》に天降《くだ》り、ヒウチイビルス、シカコ水門《みなと》より還幸《くわん》、伊豫《よ》國三津濱《はま》に御安着あらせ給ふ。即位《そくゐ》二百五十一年《ねん》一月廿九日詔《みことのり》して

「萬國棟梁は天《てん》下一人の天《てん》皇と定め、上代《だい》天皇《のう》の神靈《れいおよ》及び今後《こんご》代々の天皇の神靈《しんれい》は、必ず皇祖《そ》皇太神宮に合祭《さい》す可し」

と遺詔《いせう》し給ふ（之れ即ち神武即位前一萬八千三百五十二年の事《こと》なり）

第五十章　皇統第四十一代（葺不合朝第十六代）

産國眞世不合《まよあはず》十二代《だい》天《あの》日《ひ》身《み》光天皇《ひかるすめやみこと》

天皇即位《てんのうそくゐ》三百十六年「表照明姫尊《ひめのみこと》」に御讓位《ぜうい》ありて、翌年《よくねん》神幽《かんさ》り給《たま》ふ。皇子女に「御衣《い》織若彥尊《おりわかひこのみこと》」「棚機彥尊《たなばたひこのみこと》」「棚機姫尊《たなばたひめのみこと》」あり。神幽《かみさ》り給《たま》ひし御年四百八十九歲《さい》、御即位《そくい》百十年六月六日萬國御巡《じゆん》幸あり、支那《しな》國、ヨイロパ、フランス國を經《へ》て越根若狹《さ》佐《さ》津水門《みなと》に御還《くわん》幸あり、天皇詔《みことのり》して萬國各地《かくち》の高山並《ならび》に政《せい》體地に天《てん》神地祇を祭《まつ》らしめ給《たま》ふ高山に必ず神社の存するは即《すなは》ち此事の故なり。

第九十一章　皇統第四十二代（葺不合朝第十七代）

表《うは》照《てる》明《あかり》媛《ひめ》不合《あはず》十七代《だい》天日身《み》光天皇

天皇《てんのう》御即位《そくい》四百九十六年皇妹《まい》「依細《よりほそり》里媛尊」に御讓位《ぜうい》ありて、後三年にして神幽《かみさ》り給《たま》ふ御年五百三十八歲、御即位《そくい》百五十三年一月十日萬國御巡幸《じゆんこう》あり、天《てん》竺國に天降《くだ》り、アラビア、オネザのメッカ水門《みなと》より蝦夷國宗谷《たに》に御還《くわん》幸あり、後豐《ぶんご》後國大分の星《ほし》岳大宮を仙洞《せんどう》とし給ひ、其宮にて神幽《かみざ》ります。天《てん》皇を「夜明星神」として祭《まつ》り奉《たてまつ》る。

第五十二章　皇統第四十三代（葺不合朝第十八代）

依《より》細《ほそ》里《り》媛《ひめ》不合《あはず》十八代《だい》天日《あめのひ》身《み》光天皇《ひかるすめらみこと》

天《てん》皇御在位《ゐ》四百八十年皇弟「少名形男彦尊」に御譲位《ぜうゐ》ありて、後五年にして神幽《かみさ》り給ふ
御齢七百二歳《さい》、御即位《そくゐ》百年萬《まん》國御巡《じゅん》幸あり。支那國バイカル水門《みなと》に天降《くだ》り龍宮《りうぐう》へ臨《りん》幸あり
即《そく》位《ゐ》五十三年（神武即位《そくゐ》前一萬七千八十八年）天越根國に大變《へん》動地震《しん》あり。

第五十三章　皇統第四十四代（葺不合朝第十九代）

少《すく》名《な》形《かた》男《を》彦《ひこ》不合《あはず》十九代《だい》天日《あめのひ》身《み》光天皇《ひかるすめらみこと》

天皇御在位《ゐ》三百五十年皇太子《こうたいし》「天津明少名大汝彦尊」に御譲位《ぜうゐ》あり。同《どう》年神幽《かみさ》り給ふ。
御年《ねん》十百三十一歳《さい》「天照日大神《あまてるひのおほかみ》」の御神託《たく》に基《もと》き、即位《そくゐ》式《しき》大典《てん》の御儀を改定せらる。天皇《のう》
御龍體《りうたい》丈《たけ》三尺《しやく》に足り給はず、皇后「大名形雄媛尊」御丈《たけ》七尺《しやく》五寸《すん》、大力にましまして、山

野御遊覧《ゆうらん》に際しては、皇后、天皇の御身《おんみ》を左手《ひだりて》に抱《いだ》きて歩《あゆ》ませらるゝを常とし給へり。天皇即位《い》二百五十年一月廿四日、豊後國直入宮城にて譲位《ぜうい》、同年十一月十日神幽《かみさ》り給ひ、直入宮城に葬る。皇后宮御《おん》壽三百六十歳《さい》崩御《ほうぎよ》遊《あそ》ばさる。

第五十四章　皇統第四十五代（葺不合朝第廿代）

天津《あまつ》明少《あかりすく》名《な》大汝《おほ》彦《ひこ》不合《あはず》二十代《だい》天日《あめのひ》身《み》光天皇《ひかりすめらみこと》

天《てん》皇御在位《い》四百五十年皇《くわう》太子《し》「天饒明ケ尊」に御譲位《ぜうゐ》の後、三年にして神幽《かみさ》り給ふ。御齢《よはひ》五百六十四歳《さい》、即位《ゐ》九十七年萬國御巡幸《じゆんかう》あり。アフリカ、アジアを經《へ》て、即位《い》三百一年加賀《かが》國安宅水門《たかみなと》に還幸《くわん》し給ふ。天皇《てんのう》詔《みことのり》して年號《かう》月日を萬國《こく》に敎へ傳《つた》へしめらる。爰に於《おい》て支那《しな》王《おう》初めて年號《ねんかう》を用《もち》ひ始む（神武即位《い》前《ぜん》一萬六千三百年の頃《ころ》なり）

天皇《てんのう》の御代《みよ》天變《てんへん》地變《へん》あり。萬國五色人全滅す。即位《い》四百五十三年神幽《かみさ》り給ひ、常陸國龍《りう》ケ崎《さき》に葬り奉《たてまつ》る。

第五十五章　皇統第四十六代（葺不合朝第廿一代）

天《あめ》饒明立不合《あはず》廿一代《だい》天《あめの》日《ひ》身《み》光天皇《ひかるすめらみこと》

天皇《てんのう》御在位《ゐ》四百三十三年皇太子「天押開神魂彦尊」に御譲位《ぜうゐ》あり。後十七年にして、十一月二十日、河内古市宮に神幽《ざ》り給ひ、石室に葬り奉《たてまつ》る。御齢五百三十一歳、即位《ゐ》百三十七年《ねん》萬國《こく》御巡幸《じゆん》あり。ヒナタイピロス、バラ水門《みなと》より日向臼杵《むかうすき》延岡水門《みなと》に還幸《くわん》し給ふ。

第五十六章　皇統第四十七代（葺不合朝第二十二代）

天《あめ》押《お》開神魂彦不合《あはず》二十二代《だい》天《あめの》日《ひ》身《み》光天皇《ひかるすめらみこと》

天皇《のう》御在位《ゐ》三百三十年皇太子《し》「天饒國饒狹眞都國足尊」に御譲位《ぜうゐ》あり。後五年にして神《かむ》幽《ざ》り給ふ。御齢四百六十一歳、即位《ゐ》八十五年萬國御巡幸《じゆん》あり。四百九十一年《ねん》八月遠《えん》津海《うみ》伊豆《づ》田方天○○○山に還幸《くわん》、後天城《てんぜう》山といふ。神幽《かみざ》りまして天城《てんぜう》山に葬り奉《たてまつ》る。

第五十七章　皇統第四十八代（葺不合朝第二十三代）

天《あま》饒國《にぎくに》饒狹《にぎさ》眞《ま》都國《つくに》足《たる》不合《あはず》二十三代《だい》天日《あめのひ》身《み》光天皇《ひかるすめらみこと》

天皇《てんのう》御在位《ざいゐ》三百十八年皇太子「天饒國饒黑法彦尊」に御讓位《ぜうい》あり、同年神幽《かみさ》り給《たま》ふ。御齢五百二十三歳《さい》、即位《い》五十三年一月十八日詔《みことのり》して今後《ご》「皇祖《そ》皇大神宮」の神主《ぬし》は竹《たけ》内と名乘《の》る可《べ》き旨《むね》を定め、他人の姓《せい》名使《し》用《よう》を禁《きん》じ給《たま》ふ。それ姓《せい》名の初《はじ》めにして神《じん》武即位《い》前一萬《まん》五千四百七十年《ねん》の事なり。即位《い》七十五年萬國御巡《じゅん》幸あり。ヒウケイビルス、タコマ水門《みなと》ヨイロパ、イギス國（此の時イギス國をイギリス國と改め給ふ）フリコス水門《みなと》に天降《くだ》り給《たま》ふ。御即位《い》百九十七年《ねん》蝦夷《ぞ》イトイ大宮に御還《くわん》幸の際「蛭子尊」二十七代の孫「蛭子《ひるこ》道開彦《びこ》尊《みこと》」天皇《てんのう》の大前に參《さん》じて禮拜《はい》す。

第五十八章　皇統第四十九代（葺不合朝第二十四代）

天《あめ》饒《にぎ》國《くに》饒《にぎ》黑《くろ》濱《はま》彦《ひこ》不合《あはす》二十四代《だ》天日《あめのひ》身《み》光天皇《ひかるすめらみこと》

天皇御即位《い》三百廿九年皇太子《たい》「富秋足中置尊《みこと》」に御《ご》讓位《ぜう》あり、後二年にして神幽《さ》り給ふ御齢四百九十三歳、即位《い》百十年九月四日詔《みことのり》して萬國御巡幸後《こ》二百二年七月二十七日加《か》賀《か》國安宅水門《たかみなと》に御還幸《ごくわう》、神幽《さ》りまして安宅《たか》神に葬り奉《たてまつ》る。

第五十九章　皇統第五十代（葺不合朝第二十五代）

富《とみ》秋《あき》足《たる》中《なか》置《おき》不《あはず》二十五代《だい》合天《あめの》日《ひ》身《み》光《ひかる》天皇《すめらみこと》

天皇御即位《そくい》四百六十年、皇《こう》太子「種《たね》断彦《ひこ》尊《のみこと》」に御《ご》讓《ぜう》位あり。後二年にして神幽《かんさ》り給《たま》ふ御齢五百八十七歳、皇子、皇女三十一尊に萬國赴仕《ふにん》を命《めい》じ、形假名《かたかな》アヒル文字《じ》を黒國五色《いろ》人《ひと》に教《をし》へしめ給《たま》ふ。これヘプライ文字《じ》起源《きげん》なり、即位《ゐ》三百五年（神武即位《い》前《ぜん》一萬四千三百五十三年）諸《しょ》皇子、皇女歸《き》國復命《ふくめい》し給ふ。天皇神幽《かみさ》りまして越中富塚《とみつか》に葬り奉《たてまつ》る。後富《と》山《やま》と改む

第六十章　皇統第五十一代（葺不合朝第廿六代）

種《たね》浙《かし》彦《ひこ》不合《あはず》二十六代《だい》天《あめの》日《ひ》身《み》光《ひかる》天皇《すめらみこと》

天皇《のう》御在位《ゐ》三百二年皇太子「建玉尊《みこと》」に御讓位《じやうい》あり、後三年にして神幽《かみさ》り給ふ。御齢《よはひ》百五十一歳、即位《い》八十二年萬國御巡《じゆん》幸あり。アジア沿海《えんかい》國、ロシ阿《あ》國、アジア、トルコ國《こく》に天降《くだ》り、天皇に隨伴《ずいはん》せし臣僚《しんれう》のうち百十一名御巡《じゆん》幸の國々に居殘り、各所の長官《くわん》に任ぜらる神幽《かみざ》りまして呉《くれ》服山《やま》に葬る御廰山《てうやま》といふ。

第六十一章　皇統第五十二代（葺不合朝第廿七代）

建《たて》玉《たま》大《ひこ》不合《あはず》二十七代《だい》天《あめの》日《ひ》身《み》光《ひかる》天皇《すめらみこと》

天皇御在位《ゐ》三百四十八年《ねん》皇太子「天之海童嚎樂之雄尊《みこと》」に御讓位《ぜうい》あり、同年《どうねん》神幽《かみさ》り給ふ御齢《おんよはひ》五百廿八歳、即位《ゐ》百二年一月五日「天疎日向津比賣天皇御神靈」より天《てん》皇、皇后《こう》、皇太子《し》に對して御神託《たく》あり、今後必ず五十年目毎に又《また》天皇代りたる時に「皇祖《そ》皇太神宮《ぐう》」を遣子《し》替ふ可きものと定めらる（神武即位《ゐ》前一萬三千七百九十六年なり）天皇神幽《かみざ》りまして信濃國立クワ山《やま》に葬り奉《たてまつ》る。

第六十二章　皇統第五十三代　葺不合朝第廿八代）

天《あめ》之《の》海《そ》童《り》曚《ね》樂《う》之《ぎ》雄《を》不合《あはず》二十八代《だ》天《あめの》日《ひ》身《ふ》光《はふる》天皇《すめらみこと》

天皇御在位《い》は二百八十年皇太女「乙神豐實媛尊《みこと》」に御《ご》讓位《じやうい》あり。後十一年にして神幽《かむさ》り給ふ。御齡《おんよはひ》四百三十九歳《さい》、即位《そくゐ》四十六年八月十四日皇祖《そ》「天日豐本葺牙氣天皇御神靈《れい》」より御神託《しんたく》ありて、天皇御結婚式《こんしき》の儀制定さる（神武即位《ゐ》前一萬三千五百五年の事《こと》なり）天皇神幽《かみさ》りまして豐前吾平山に葬り奉《たてまつ》る。

第六十三章　皇統第五十四代（葺不合朝第二十九代）

御《み》豐《とよ》實《ふ》媛《りの》不合《あはず》二十九代《ぜい》大《あめの》日《ひ》身《ゐ》光《ひかる》天皇《すめらみこと》

天皇御即位《ゐ》三百九十七年皇太子「御背之男尊《みこと》」に御讓位《じやうい》あり、同年神幽《さ》り給ふ。御齡四百八十五歳。即位《ゐ》百九十八年三月二十日下手國三本遺匣子《かし》山大宮に「皇祖《そ》皇太神宮分靈《れい》」を長壽《じゆ》福富《ふ》安産《さん》災《さい》難除農事《じ》守《しゆ》護《ご》神《しん》として勸《くわん》請し奉《たてまつ》る「甲《か》子《し》太神宮《しんぐう》」として祭《まつ》り給ふ（現今福島《こんぷく》縣《けん》白河《しらかは》町《まち》の奥《おく》甲《か》子《し》温泉《せん》のある所なり）

第六十四章　皇統第五十五代（葺不合朝第三十代）

圓《まろ》背《せ》之《の》男《を》不合《あはず》三十代《だい》天《あめの》日《つ》身《み》光天皇《ひかるすめらみこと》

天《てん》皇御在位《ゐ》四百七十六年皇太女「橘媛尊《たちばなひめのみこと》」に御讓位《ぜうゐ》あり。後二年《ねん》にして神幽《さ》り給ふ御齡五百六十三歳《さい》、即位《ゐ》百五十年萬國《とこよくに》御巡《じゆん》幸あり。天《てん》竺、アフリ國に天降《あまくだ》り、同二百五十一年奇日根大崎《さき》の水濱《ひん》に還《くわん》幸し給《たま》ふ。能登《のと》國高クニ山《やま》に大宮を造《ぞう》營、仙洞《せんどう》とし給ふ。石楠花《しやくなげ》、松葉の種、天ンモド、又《また》カシウを不老長壽藥と名《な》づけ、上代天皇《のう》より代々天皇《てんのう》の常《じやう》食となし給へるものなりしが、將《せう》來必《かなら》ず之《これ》を用《もち》ふ可《べ》き事を定めらる。神幽《さ》りまして高クニ山《やま》に葬り奉《たてまつ》る。

第六十五章　皇統第五十六代（葺不合朝第三十一代）

橘媛《たちばなめ》不合《おはず》三十一代《だい》天日身光天皇

天皇《てんのう》在位三百六年「花撰媛尊《はなよりひめのみこと》」に御譲位あり。後二年にして神幽《かみさ》り給《たま》ふ。御齢四百八十一歳《さい》、即位五十七年萬國御巡幸あり。オイストラリ國ノルマントン水門《みなと》に天降《だ》り給《たま》ひ、同百五十八年十月廿八日奇日《き》根《ね》大隅神田水門《みな》より高千穂《ほ》の大宮に還幸し給《たま》ふ。天皇神幽《かみさ》りまして室《むろ》蓬山に葬り奉《たてまつ》る。

第六十六章　皇統第五十七代（葺不合朝第三十二代）

花撰媛不合三十二代天日身光天皇

天皇御在位三百八十七年皇太女「清之宮媛尊」に御譲位あり。同年神幽《かみさ》り給《たま》ふ。御齢四百九十一歳《さい》、即位九十八年萬國御巡幸あり。アジア、トルコ、フルッサ水門《みなと》に天降《だ》り給《たま》ふ時、萬國民主《ぬし》其他一萬三千餘《よ》名參朝禮拜《らいはい》し、大樂舞歌を奏《そう》し奉《たてまつ》る。同百五十八年《ねん》十月二十八日大隅神水門《みなと》より高千穗《ほ》山大宮に還《くわん》幸し給ふ。天皇《のう》神幽《かみさ》りまして富《と》居の山《やま》に葬り奉《たてまつ》る。後改めて富《と》山《やま》といふ。

第六十七章　皇統第五十八代（葺不合朝第三十三代）

清之宮《すがのみや》媛不合《ひうちはず》三十三代《だい》天日身光天皇《あめのひみつかるすめらみこと》

天皇《てんのう》御在位《い》三百七十二年皇太子「八千尾亀之男尊《みこと》」に御讓位《ぜうい》あり、後《のち》三年《ねん》にして神幽《かみさ》り給ふ。御齡《おんよはひ》五百一歳、御即位《い》百年（神武即位《い》前《ぜん》一萬千一六百年《ねん》）詔《みことのり》して「皇祖《そ》皇太《たい》神《じん》宮」及上代皇靈《れい》を宮中に鎭祭《ちんさい》し奉《たてまつ》り、天《てん》皇御自身《しん》の身守神、太平豐穰の祈願所《きぐわん》と定め給ふ。これ日床共殿の初めなり。即位《い》百五十一年《ねん》二月一日詔《みことのり》して萬國御巡幸《じゆんこう》あり。支那《しな》國、ヒウケエビルス、ミキシコより《り》攝《せつ》津住吉水門《すみよしみなと》に還御《くわんぎよ》あり。天皇神幽《かみさ》りまして、姫路に葬り奉《たてまつ》る。天皇乘馬《ぜうば》の術《じゆつ》に長けさせられ「乘馬術《ぜうばじゆつ》の神」として祭《まつ》り奉《たてまつ》る。

神道の四魂は圖の通り

イ　理智（幸魂）　　ロ　靈魂（奇魂）

ハ　感情（和魂）　　ニ　欲望（荒魂）

トシテ靈肉ニ關係ス

（人）

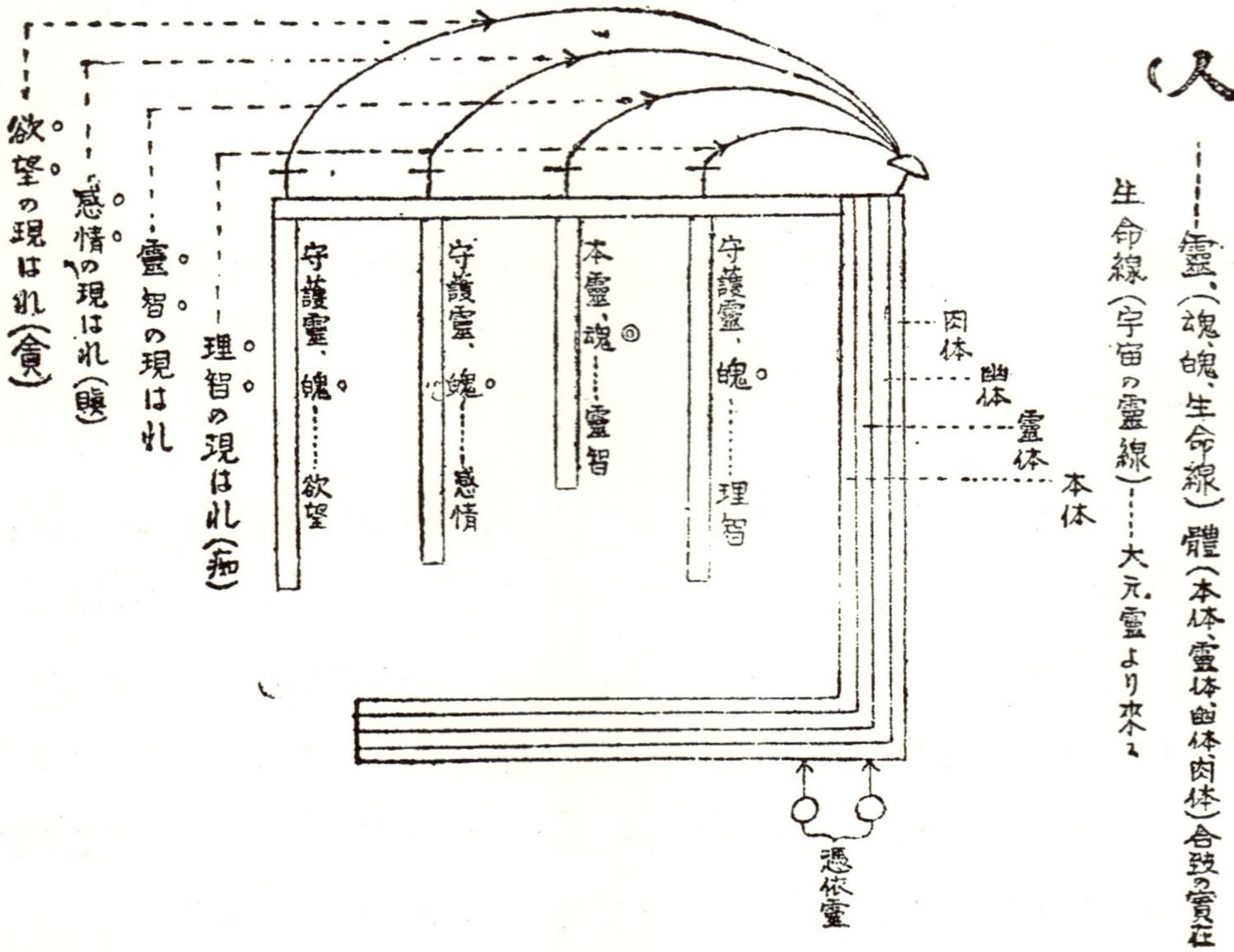

第六十八章　皇統第五十九代（葺不合朝第三十四代）

八千尾龜之男不合《やちをかめのをあはず》三十四代《だい》天日身光天皇《あめのひみひかるすめらみこと》

天皇御在位《い》百十三年《ねん》、皇太女「花媛尊《はなひめのみこと》」に御讓位《ぜうい》あり。後六年《ねん》にして神幽《かみさ》り給ふ。御《おん》齡《よはひ》五百三歳、即位《そくい》百七年萬國《こく》御巡《じゆん》幸あり。ヒナタヱビルス、アルヨチナに到《いた》り、同《どう》二百年《ねん》豐日別キミスキ山に還《くわん》幸し給ふ。神幽《さ》りまして、薩摩《さつま》朝《あさ》日山に葬り奉《たてまつ》る。

第六十九章　皇統第六十代（葺不合朝第三十五代）

花媛不合《はなひめあはず》三十五代《だい》天日身光《あめのひみひかる》天皇《すめらみこと》

天皇《てんのう》御在位《い》二百三年《ねん》、皇弟「若照彦尊」に御讓位《ぜうい》あり、後百八年御齡三百六十三歳《さい》を以《もつ》て神幽《かみさ》り給ひ、吳服《くれは》山アニネン廟山に葬り奉《たてまつ》る。

第七十章　皇統第六十一代（葺不合朝第三十六代）

若《わか》照《てる》彦《ひこ》不《あ》合《はず》三十六代《だい》天《あめの》日《ひ》身《み》光《ひかる》天皇《すめらみこと》

天皇《のう》御《ご》在位《い》四百三十九年《ねん》、皇太子《し》「松照彦尊」に御譲位《ぜうい》あり。後十一年御齢百十六歳《さい》を以《もつ》て神幽《さ》り給ふ。即位《い》九十一年《ねん》萬國御巡《じゅん》幸あり。支那《しな》國、ヨモツ國、イスペアリアリスホン水門《みなと》を經《へ》て、同二百三年《ねん》阿《あ》蘇《そ》山大宮に還《くわん》幸し給ふ、神幽《さ》りまして上毛國赤《あか》城根に葬り奉《たてまつ》る。

第七十一章　皇統第六十二代（葺不合朝第三十七代）

松《まつ》照《てる》彦《ひこ》不《あ》合《はず》三十七代《だい》天《あめの》日《ひ》身《み》光《ひかる》天皇《すめらみこと》

天皇《てんのう》御在位《い》三百十七年、皇太子「天《あま》津太祝詞子尊」に御譲位《ぜうい》あり。後十二年にして神幽《さ》り給ふ。御齢五百二歳、即位《そくい》八十七年萬國《こく》御巡《じゅん》幸あり。ヒナタヱビルス、ラパスに天降《あまくだ》りヨモツ國ロシアフ、リガ水門《みなと》より同《どう》百七十三年道路《どうろ》奥戸《おくと》東山《やま》に還幸《くわんさいは》し給ふ。神幽《さ》りまして五。戸。に葬り奉《たてまつ》る。

第七十二章　皇統第六十三代　(葺不合朝第三十八代)

天《あよ》津《つ》太《ふと》祝《のり》詞《と》子不合《あはず》三十八代《だ》天《あめの》日《ひ》身《み》光天皇《ひかるすめらみこと》

天皇《のう》御在位《い》二百六年、皇太子《たいし》「神足伊足彦尊《ひこのみこと》」に御讓位《じやうい》の後七年にして神幽《さ》り給ふ。御齡四百三十七歲《さい》、天皇《てんのう》天《あま》津太祝詞《のりと》大祓祝詞《はらひのりと》を作りて「天照日大神」の御裁可《ごさいか》を仰ぎ給ふ天《てん》照日大神《かみ》より天《あま》の岩《いは》戸開き終る迄其使用《しよう》を許可《きよか》せらる、乃《すなは》ち祖界《そかい》に於て天皇《てんのう》天津太祝《のり》詞《と》・大祓祝詞《はらひのりと》の御制定《ごせいてい》あり。之《こ》れ神《しん》武天皇即位《のうそくい》前正に一萬年の御事なり。天皇御幽《のうかんさ》りまして榛《はる》名山《なやま》に葬り「神明神」として勸請《くわん》し奉《たてまつ》る。

第七十三章　皇統第六十四代　(葺不合朝第三十代)

神《かみ》足《たる》伊《い》足《たる》彦《ひこ》不合《あわず》三十九代《たい》天《あめの》日《ひ》身《み》光天皇《ひかるすめらみこと》

天皇《のう》御在位《い》三百六十八年、皇太女「神楯媛尊《かみたてひめのみこと》」に御讓位《ごぜうい》あり。後三年御齡四百八十二

歳《きい》にして神幽《かみぢ》り給ふ。天皇詔《みことのり》して一般人民《じん》の祖《そ》先月並祭《さい》及び「皇祖《そ》皇大神宮《しんぐう》」年拝《はい》を制定《せいてい》せらる。之《こ》れ月並祭《さい》の初《はじ》めなり。即位《そゐ》百三十年萬《わん》國御巡《じゅん》幸あり。天竺アルカル、支那國シカエ國オラ水門《みなと》に天降《くそ》り、同《どう》二百年《ねん》陸前ザオ山《やま》に還《くわん》御臨《りん》幸あらせらる。天皇《のう》神幽《かみざ》りましてザオ山《やま》に葬り奉《たてまつ》る。

第七十四章　皇統第六十五代（葺不合朝第四十代）

神《かみ》楯《にて》媛《いの》不合《あはず》四十代《だい》天日《あめのひ》身《み》光天皇《ひかるすめらみこと》

天皇《のう》御在位《い》二百七十八年、皇太子「神楯廣幡八十足彦尊《かみだてひろはたやそたるひこのみこと》」に御讓位《ごぜうい》あり、後五年御齢三百七十一歳《さっ》を以《もつ》て神幽《かみさ》り給ふ。即位《そい》十一年一月六日詔《みことのり》して「天疎日《ひ》向津《むかつ》比賣《ひめ》天皇《すめらみこと》」岩戸《いはと》隠《かく》れの由《ゆ》來を編纂《へんさん》せしめ給ふ。又《また》同百一年六月二十六日詔《みことのり》して富山《とやま》に「岩戸別富山明神」を立《たて》山の室戸に「天安河原明神」を五百石（越中五百石町《ちやう》）に五百石明《ごいちい》」勸請《くわんせい》し日々同時《どうじ》刻《こく》に奉祭《ほうまつ》せらる（神《じん》武即位《い》前《ぜん》カ千三百二十八年の御《おん》事なり）天皇《のうかみさ》神幽りまして、天城山《さん》に葬り奉《たてまつ》る。

第七十五章　皇統第六十六代（葺不合朝第四十一代）

神《かみ》楯《たて》廣《ひろ》幡《はた》八《や》十《そ》足《たる》彦《ひこ》不合《あはず》四十一代《だい》天《あめの》日《ひ》身《み》光天皇《ひかるすめらみこと》

天皇御在位《ざいゐ》三百三十五年《ねん》、皇太女「鶴舞媛尊《つるまひひめのみこと》」に御《ご》讓位《じやうゐ》あり。後二年御齡《おんよはひ》四百八十三歳《さい》を以《もつ》て神幽《かみさ》り給ふ。即位《そくい》三十八年《ねん》十二月十六日萬國御《ご》巡幸《じゆんこう》あり。ヨモツ國イタリア國ナポリ水門《みなと》に天降《あまくだ》り、天皇の白《しろ》の羽《は》衣に十六菊《ぎく》形紋章《もんせう》をつけられ、日の丸《まる》の旗《はた》を建て給へる所《ところ》に、五色《いろ》人王氏男女三十七名參朝禮拜《てうらいはい》す、オイストラ國メルボルン水門《みなと》より同百六十年《ねん》肥《ひ》後菊《きく》地の皇の山に還《くわん》幸し給ふ。神幽《かみざ》りまして出雲《も》三瓶《みナべ》山《やま》に葬り奉る

第七十六章　皇統第六十七代（葺不合朝第四十二代）

鶴《つる》舞《まひ》媛《ひめ》不合《あはず》四十二代《だい》天《あめの》日《ひ》身《み》光天皇《ひかるすめらみこと》

天皇御在位三百五十六年、皇太子「豐足大御《とよたるおほみ》中尊《なかのみこと》」に御《ご》讓位《ぜうい》ありて、後三年御齡五百三歳《さい》にして神幽《かみざ》り給ふ。即位《そくい》五十八年《ねん》十一月十六日詔《みことのり》して皇子「豐彦幸尊《とよひこさちのみこと》」「天文萬國言知命」に隨臣《ずいしん》六十四名を附して萬國巡回《じゅんかい》を命《めい》じ、萬國の民王《おう》に神代《かみよ》文字《じ》、アヒル文字《じ》、草《くさ》文字《じ》、象形假《か》名文字《じ》、像スケ文字《じ》、紙《かみ》造《つく》り、墨《すみ》造《つく》り、竹筆《たけふで》造《つく》り等を敎へしめ給ふ同《どう》三百三年皇子達《たち》土佐《とさ》仁酉水門《みなと》に歸着《き》し早刻《こく》日光《こう》山の大宮に到《いた》りて天皇に復命《めい》す、天皇大に喜《よろこ》び給《たま》ふ。神幽《かみさ》りまして雪光《ゆきこう》山に葬り「光知姫神」に勸請《くわんせい》し奉《たてまつ》る。

第七十七章　皇統代六十八代（葺不合朝第四十三代）

豐《とよ》足《たる》大《おほ》御中《みなか》不合《あはず》四十三代《だい》天日身光天皇《あめのひみひかるすめらみこと》

天皇御《ご》在位三百七十六年、皇太子「大炊氣吹尊」に御《ご》讓位《ぜうい》ありて、同年神幽《さ》り給《たま》ふ御齡四百八十三歳《さ》、即位《そくい》八十二年萬國御《ご》巡幸《じゅん》あり、ヒウケ國ミキシコに天降《くだ》り・同百八十九年琉球《りうきう》に還幸《くわん》あり、神幽《ざ》りまして、穴門《もん》天立山に葬り奉《たてまつ》る。

第七十八章　皇統第六十九代（葺不合朝第四十四代）

大《おほ》炊《かし》吹《ふ》氣《き》不合《あはず》四十四代《だい》大日《あめのひ》身《み》光天皇《ひかるすめらみこと》

天皇御即位《ゐ》七年二月十五日皇弟《てい》「宮津年鳥尊《みこと》」に御讓位《じやうゐ》あり、御齡三百八十八歳《さい》にして神幽《かみさ》り給ふ。天皇神《かみ》を祭《まつ》らず、又《また》石楠不老藥《ぶろうやく》を召し給はず、文珠山に葬り奉る。

第七十九章　皇統第七十代　葺不合朝第四十五代）

空《そら》津《つ》爭《あらそ》鳥《とり》不合《あはず》四十五代《だい》天日《あめのひ》嗣《つぎ》天皇《すめらみこと》

天皇御在位《ゐ》百八十一年《ねん》、皇位《ゐ》を皇弟《てい》「鳥言足清男尊《みこと》」に御讓あり、同年《ねん》神幽《かみさ》り給《たま》ふ。御齡二百二十七歳《さい》、天皇神《かみ》を祈らず祭《まつ》らず、石楠不老藥《ぶろうやく》を食《とこ》し給《たま》はず、越中國江尻《しり》山に葬り奉る。

第八十章　皇統第七十一代（葺不合朝第四十六代）

鳥言足《たる》清《すが》男《のを》不合《あはず》四十六代《だい》天《あめの》日《ひ》嗣《つぎ》天皇《すめらみこと》

天皇御即位《ゐ》三百廿八年、皇太女「大庭足媛尊《みこと》」に御讓位《ぜうゐ》あり。御壽五百十一歳《さい》を以て神幽《ざ》り給《たま》ふ。即位《ゐ》七十三年萬國御《ご》巡《じゆん》幸《かう》あり、アフリ國チユヲスのカペス水門《みなと》ヒナタ、エビルス・アルヘンチナ、ロサリオ水門《みなと》を經《へ》て同《どう》百八十五年越後高須山に還《くわん》幸《かう》し給《たま》ふ。神幽《ざ》りましてクレ羽《は》山《やま》に葬り奉る。

第八十一章　皇統第七十二代（葺不合朝第四十七代）

大《おほ》庭《には》足《たる》媛《めあ》不合《はず》四十七代《だい》天《あめの》日《ひ》嗣《つぎ》天皇《すめらみこと》

天皇御在位《ゐ》三百三年、皇《かう》位《ゐ》を皇太《たい》子「豊津神足別尊」に御讓位《ぜうい》あり。後二年にして神幽《ざ》り給《たま》ふ。御齡三百九十七歳《さい》、即位《そくゐ》六十八年萬國御《ご》巡《じゆん》幸あり、支那《しな》、西藏、托克札倫に天降《くだ》り、アフリカ、コンゴ、ミカンサより蝦夷《えぞ》日高浦《うら》河《かは》水門《みなと》に還《くわん》幸《かう》し給《たま》ふ。神幽《ざ》りまして蝦夷《えぞ》イトヨイ山《やま》に葬る。

第八十二章　皇統第七十三代（葺不合朝第四十八代）

豊《とよ》津《つ》神《かみ》足《たる》別不合《あはず》四十八代《だい》天《あめの》日《ひ》嗣《つぎ》天皇《すめらみこと》

天皇御《ご》在位二百八十六年、皇《こう》太子「豊足彦尊《とよたるひこのみこと》」に御《ご》譲位《ぜうゐ》あり、後三年にして神幽《さ》り給《たま》ふ。御齢二百十一歳《さい》、即位《そくゐ》八十三年萬國御《ご》巡幸し給《たま》ひ、ヒウケエビルス、ボストン水門《みなと》に天降《くだ》り、後アジチ唐イダ國大國に天降《くだ》り、豊後《ぶんご》久住宮《くすみのみや》に御還幸《ごくわんかう》あらせらる。神幽《ざ》りまして、豊後《ぶんご》九〇〇〇山に葬り奉《たてまつ》る。

第八十三章　皇統第七十四代（葺不合朝第四十九代）

豊《とよ》足《たる》彦《ひこ》不合《あはず》四十九代《だい》天《あめの》日《ひ》嗣《つぎ》天皇《すめらみこと》

天皇御《ご》即位《そくゐ》三百八十年、皇太女「神足豊國押之女尊《かみたるとよくにおしのめのみこと》」に御《ご》譲位《ぜうゐ》あり。後三年にして神幽り給ふ。御齢四百六十七歳《さい》、皇位《こうゐ》百年三月一日詔《みことのり》して萬國《こく》御《ご》巡《じゆん》幸給ふ。アジチ國イルクツク、キレソクニに天降《くだ》り、後アフリ、スイダン、クカより同二百二十一年十一月十五日、山城《やましろ》の宇賀《うが》伊吹山の大宮に還《くわん》幸あり。神幽《さ》り給へる後、比《ひ》叡《えい》山《さん》に葬り「日比山神」として祀《まつ》り奉《たてまつ》る。

第八十四章　皇統第七十五代　（葺不合朝第五十代）

神《かみ》足《たる》別《わけ》國《くに》押《おし》之《の》女《め》不《ち》合《はず》五十代《だい》天《あめの》日《ひ》嗣《つぎ》天皇《すめらみこと》

天皇御即位《ごそくゐ》二百三十五年、皇位《ゐ》を皇従《じう》弟「國押別神足日《くにおしわけかみたるひ》尊《のみこと》」に讓《ゆづ》り給《たま》ひ、後六十六年にして神幽《さ》り給《たま》ふ。御齢四百八十二歳《さい》、武藏《むさし》所澤に葬り奉《たてまつ》る。

第八十五章　皇統第七十六代　（葺不合朝第五十一代）

國《くに》押《おし》別《わけ》神《かみ》足《たる》日《ひ》不《ち》合《はず》五十一代《だい》天《あめの》日《ひ》嗣《つぎ》天皇《すめらみこと》

天《わゆ》胁《かつ》國《くに》勝《かつ》媛《いう》皇后《きさき》宮《のみや》

皇后《きさき》宮は先帝《てい》の皇女《によ》にまします、天《てん》皇御《に》在位《ざいゐ》三百三年、皇太《たい》子「天津《あまつ》紅《べに》之《の》村王《むらきう》尊《みこと》」に御《に》讓位《ぜうゐ》の後十五年、御《に》齡四百一歲《さい》を以て神幽《かんさ》り給《たま》ふ。即位《そくゐ》五十一年萬國御《に》巡幸《じゆんこう》をなし給《たま》ひ、ヒナタイビルス、バラフバラ水門《みなと》より同百二十八年豐後《ぶんご》御越宮に還幸《くわんこう》し給《たま》ふ。即位《そくゐ》百八十一年三月六日ニヰヤの五百石《いむい》の宮に仙洞《せんどう》し給《たま》ひ、神幽《かんさ》り給《たま》ひし後五百石《いむい》の宮《みや》に葬り（越中國五百石町《いひいてう》）御《に》遺言《ゆゐごん》によりて「五百石《いむい》の神《かみ》」に祭《まつ》り奉《たてまつ》る。

第八十六章　皇統第七十七代（葺不合朝第五十二代）

天《あま》津《つ》紅《べに》之《の》村《むら》王《わう》不合《らはず》五十二代《だい》天日嗣《あめのひつぎ》天皇《すみこと》

天《てん》皇御《に》在位《ざいゐ》二百八十九年、皇太《たい》子「天開明知國東尊《みこと》」に御《に》讓位《ぜうゐ》あり、後四年にして神幽《かんさ》り給《たま》ふ。御齡四百廿八歲《さい》、即位《そくゐ》五十一年萬《たん》國御《に》巡幸《じゆんこう》あり、ヨモツ國ドイツ、ブレイイメンより同《どう》百六十二年豐後《ぶんご》久《く》住宮《すみのみや》に還幸《くわんこう》し給《たま》ふ。神幽《かんさ》りまして紀《き》伊大雲取山の宮に葬り奉る。

第八十七章　皇統第七十八代　（葺不合朝第五十三代）

天《ちめ》開《ひら》明知《あかりしり》國《くに》束《つか》不《ら》合《はず》五十三代《だい》天日《あめのひ》嗣《つぎ》天皇《すめらみこと》

天《てん》皇《こ》即位《そくゐ》二百五十六年、皇太子「高天原《はら》輝徹國知尊」に御《ご》讓位《ぜうゐ》あり、後七年にして神《かん》幽《ざ》り給《たま》ふ。御齡四百三十一歳、即位《そくゐ》五十八年　詔《みことのり》して萬國御《ご》巡《じゅん》幸し給《たま》ひ、支那《しな》、アジチの二姓《せい》より常陸《ひだち》ガクシマ（鹿島）山《やま》の宮に還幸《くゎんこう》ありて仙洞《せんどう》し給《たま》ふ。神幽《かんざ》りましてカクシマ山天塚に葬り奉《たてまつ》る、

第八十八章　皇統第七十九代　（葺不合朝第五十四代）

高《たか》天《まの》原《はら》輝《てり》徹國《とほりくに》知《しり》不合《あはず》五十四代《だい》天日《あめのひ》嗣《つぎ》天皇《すめつみこと》

天皇御《こ》在位《ゐ》二百六十二年、皇太子「天律《あまつ》玉《たま》柏彦《ひこの》尊《みこと》」に御讓位《ぜうゐ》あり。後九年にして神幽《かんざ》り給《たま》ふ。御齡四百二十一歳、即位《そくゐ》九十一年萬《ばん》國御《ご》巡《じゅん》幸あり。アヂチ、唐《とう》、ロシア、トムス

ク、カインスクに天降《くだ》り、同百五十年《ねん》ニキカの玉津《たまつ》水門《ふなと》に御還幸《くわんこう》、鶴《つる》ヶ城を仙洞《せんとう》とし給《たま》ふ石室《いしむろ》に入りて神幽《かんさ》りまし、神通川《かは》の東トメル山《やま》に葬り奉《たてまつ》る。

第八十九章　皇統第八十代（葺不合朝第五十五代）

天津《あまつ》玉《たま》柏彦《ひこ》不合《あはず》五十五代《だい》天日嗣《あいのひつぎ》天皇《すめらみこと》

天皇御《に》在位《ゐ》二百九十三年、皇太子《たい》「天津成瀬男尊《みこと》」に御讓位《にぜうゐ》あり。後七年御齡《おん》三百九十一歳を以て神幽《かんさ》り給《たま》ふ。即位《そくゐ》六十七年《ねん》萬國御巡幸《にじゆんこう》し給《たま》ひ、ヒウケヱピルス、モンテク水門《せなと》より同百四十六年丹後湊宮《たんごみなと》に還幸《くわんこう》あり、丹波《たんは》天野二井宮《ゐ》を仙洞《せんとう》とし給《たま》ふ。神幽《かんさ》りまして丹《たん》波園部《そのべ》に葬り奉《たてまつ》る。

第九十章　皇統第八十一代（葺不合朝第五十六代）

天津《あまつ》成《なる》瀬《せ》男《を》不合《あはず》五十六代《だい》天日嗣《あめのひつぎ》大皇《すめらみこと》

天皇御《に》在位《ゐ》二百廿年《ねん》、皇太子《たい》「天津照雄之男尊《みこと》」に御《ご》讓位《ぜうゐ》の後、翌年《よくねん》神幽《かんさ》り給《たま》ふ。御《おん》齡四百十九歳《さい》、即位《そくゐ》八十二年《ねん》萬國御巡幸《ごじゆんこう》あり、即位《そくゐ》八十二年二月二十日（神《しん》武即位《そくゐ》前《ぜん》四千八百五十四年）支那《しな》國にて詔《みことのり》して藥師《やくし》醫術《いじゆつ》を左の敎官《けうくわん》に命じて國令伏羲氏、神農氏に敎へしむ。

藥師　天少名彦居彦命《あめのすくなひこゐりひこのみこと》

醫師　天體骸居主彦尊《あめのむくろゐぬしひこのみこと》

それよりアフリスイタン國イバダンに天降《あまくだ》り給《たま》ひ、後オイスト國ダイビ水門《みなと》より同《どう》百八十一年《ねん》越中ニ井カの生地《せいち》水門《みなと》に還幸《くわんこう》し給《たま》ふ。御巡幸《じゆんこう》の際即位《そくゐ》百五十年五月五日（神《しん》武即位《そくゐ》前四千七百八十七年）天皇羽衣《はごろも》に十六菊《きく》形の紋《もん》を付《つ》けらる。五色人王之《いろびとぬしこれ》を模倣す、ヴェルサレム・ペルシヤ等《とう》に十六菊《きく》形御紋章《もんせう》の殘《ざん》存せるは此《こ》のためなり。

第九十一章　皇統第八十二代（葺不合朝第五十七代）

天《あま》津照雄《つてるを》之《の》男《を》不合《あはず》五十七代《だい》天日嗣《あめのひつぎ》天皇《すめらみこと》

天皇御在位《ゐ》四百六十一年、皇太子「御中主幸玉尊」に御譲位《ぜうゐ》あり。後二年にして神幽《かんさ》り給《たま》ふ。御齢五百三歳、即位《そくゐ》二十一年四月天地大變動あり。神《じん》武即位《そくゐ》前《ぜん》四千五百九十六年の事《こと》なり。即位《そくゐ》八十二年萬國御《ご》巡《じゅん》幸あり、ヨロッパ國ロマニア、バロラヅより同《どう》百八十七年《ねん》十月二十八日（神武即位《そくゐ》前四千四百三十年）支那《しな》奉《ほう》天に天降《くだ》り給《たま》へば、伏羲氏、神農氏、大前に參朝禮拜《らいはい》し奉《たてまつ》る。同《どう》二百十一年七月二十八日磐城夏井《なつゐ》水門《みなと》よりアカ牛山大宮に還《くわん》幸し給《たま》ふ。神幽《かんざ》りましてアカ牛山《ゐま》に葬り奉《たてまつ》る。

第九十二章　皇統第八十二代（葺不合朝第五十八代）

天《てん》皇御在位三百八十二年、皇《こう》太子「天地明玉主《たまぬし》照尊《みこと》」に御《ご》譲位《ぜうゐ》あり、後三年にして神幽《かんさ》り給《たま》ふ。御齢四百九十一歳、即位《そくゐ》百一年三月十五日　詔《みことのり》して「皇祖《こうそ》皇大神宮《こうぐう》」の御造替終りて大遷宮祭《せんぐうさい》を執行せらる。萬國王《おう》、アヂチ王、支那王《おう》、伏羲氏、神農氏參朝禮拜《てうらいはい》す。兩氏日の本に居る三十六年、其居りし所を伏氏ギの水門《みなと》（伏木港《ふしこう》）といふ。神《しん》武即位《そくい》前《ぜん》四千二十年、その支那に歸《かへ》りし所を天津《あまつ》（今《いま》の天津《テンシン》）といふ。伏羲神農氏、天皇より天津金

木を授《さづ》かり、歸《き》國して易《えき》の元《もと》を創《はじ》む。伏羲神農氏《し》の系圖《けいづ》別表の如し

天皇即位《そくゐ》三百六十二年《ねん》三月廿五日遠洋海駿河《するが》フキツジテ山大宮に臨幸《りんかう》、フキシテシ山《やま》と

名《な》付く。神幽《かんさ》りましてフキシテン山（富士《ふじ》山）に葬《ほうむ》り奉《たてまつ》る。

第九十三章　皇統第八十四代（葺不合朝第五十九代）

天地《あめつち》明《あか》玉《たま》主《ぬし》照《てらす》不合《あはす》五十九代《だい》天日《あめのひ》嗣《つぎ》天皇《すめらみこと》

糸《いと》玉《たま》姫《ひめ》皇后宮《さききのみや》

天皇御在位《ゐ》四百八十九年《ねん》、皇太女「天照櫛豊媛尊《みこと》」に御《に》讓位《ぜうい》あり。後四年《ねん》御壽五百十八歳を以て神幽《かんさ》り給《たま》ふ。天皇《てんのう》の御代《みよ》、天皇《てんのう》及び皇后《こうごう》宮へ神勅神託《たく》屢々あり「皇祖《こうそ》皇《くわう》太神宮《ぐう》」神寶《ほう》中には「天皇《てんのう》御《ご》勅卷《ちよくくわん》」として別箇《べつこ》に保存《そん》せられあり。其《その》内容《よう》の主《しゆ》要なるものを擧ぐればば。

即位《そくゐ》式《しき》御儀《おんぎ》改定《かいてい》、神社祭《しやさい》祀

葬祭《そうさい》、世界《せかい》再統一《さいとういつ》、身守《みまも》り神文字《かみもじ》等《とう》に關《くゎん》するものなり。天皇《てんのう》詔して官位《くゎんゐ》十九級《きう》を御《ご》制定《せいてい》あり。又《また》萬國御《ご》巡幸《じゅんこう》をなし給《たま》ひ天竺《てんぢく》に天降《くだ》り給《たま》ひし時、「ヒナレス尊者」其他大前に平伏す。陸前《りく》鳥帽子山《ゑぼうしやま》に還幸《くゎんこう》あり。神幽《かんさ》りまして二神山に葬《ほうむ》り奉《たてまつ》る。

第九十四章　皇統八十五代　（葺不合朝第六十代）

天照櫛豊媛不合六十代天日嗣天皇《あまてらすくしとよひめあへずだいあまつひつぎすめらみこと》

天《てん》皇御在位二百三十五年、皇太女「豊《とよ》日足明媛尊《ひめみこと》」に御讓《ぜう》位あり、同年神幽《かんさ》り給《たま》ふ。御齢四百六歳、即位四十一年萬國《こく》御巡幸《じゅんこう》し給《たま》ふ。ヒナタエビロス、アルペンチに天降《くだ》り、アフリ、キネア、ビンダ水門《みなと》より、同百三十一年、常陸オッに還幸《くゎんこう》し給《たま》ふ。筑波《ば》山《やま》宮に遷都《せんと》あり、神幽《かんさ》りまして、筑波山《つくばやま》ナリキ村に葬《ほうむ》り奉《たてまつ》る、大塚《つか》といふ。

第九十五章　皇統第八十六代　（葺不合朝第六十一代）

豐《とよ》日《ひ》足《たる》明媛《あかるひめ》不合《あはず》六十一代《だい》天日《あめのひ》嗣《つぎ》天皇《すめらみこと》

天皇御在位二百六年、病《やまひ》を獲《え》て急に神幽《かんざ》り給《たま》ふ。御齢二百八十三歳、皇《こう》太子を「天豐足《あめとよたる》別彦尊《わけひこのみこと》」といふ。即《そく》位四十五年萬國御《ご》巡幸《じゅんこう》し給《たま》ふ。アヂチ、イルクツク、キレンスクより天越根うら柿崎水門《かきさきみなと》に還幸《くゎんこう》し給《たま》ふ。常陸《ひたち》鹿《か》島山《やま》高天原《はら》に葬《ほうむ》り奉《たてまつ》る。天皇塚《つか》といふ。

第九十六章　皇統百八十七代（葺不合朝第六十二代）

天《あめ》豐《とよ》足《たる》別《わけ》彦《ひこ》不合《あはず》六十二代《だい》天日《あめのひ》嗣《つぎ》天皇《すめらみこと》

前天皇病によりて急《きう》に神幽《かんさ》り給《たま》ひし時・天皇即刻《そくこく》に「皇祖《そ》皇太《たい》神宮」に參拜《はい》し、神託《たく》により・天津《あま》日《ひ》嗣《つぎ》に即《つ》かせ給《たま》ふ。御《ご》在位二百三十八年、皇太《たい》子、「事代國守高彦尊《ことしろくにまもるたかひこのみこと》」に御《ご》讓位あり、三年にして神幽《かんざ》り給《たま》ふ。御齢三百五十一歳、即《そく》位百三年一月六日詔《みことのり》して「皇祖《そ》皇太《たい》神宮」の大遷宮祭《せんぐうさい》を行はせらる。五色人民王二十五名《めい》、五百名の五色人民、及び八千の民大樂舞歌を奏《そう》す、御皇城大宮のヒウケ（北《きた》）の方の大空《おほぞら》に大樂舞の形《かた》あらはれ、五色人王《おう》等平伏《ふく》す。（神武即《そく》位前二千七百四十八年なり）天皇　詔《みことのり》して（皇祖《そ》皇大神宮）を一の宮とし「丹波《たんは》別伊勢岩屋《いはや》神宮」を二の宮とし「日向《ひか》高千穂《ほ》神社」を三の宮とし各々皇子皇女を以て神主《ぬし》となし給《たま》ふ。諸國《しよこく》に一の宮《みや》より九の宮迄《みやまで》存する事の基なり。又《また》皇子皇女三十一尊を平民《へいみん》に降下《こうか》せしめ、萬國に派遣《はけん》し給《たま》ふ。天皇御皇城山の大宮《おほみや》に於《お》いて神幽《かんゆ》り給《たま》ひアシネボ山《やま》に葬《ほうむ》り奉《たてまつ》る。

第九十七章　皇統第八十八代（葺不合朝第六十三代）

事《こと》代《しろ》國《くに》守高《もりたか》彥《ひこ》不合《あはず》六十三代《だい》天《あめの》日《ひ》嗣《つぎ》天皇《すめらみこと》

天《てん》皇御在《ざい》位三百六十年、皇太子「豐《とよ》日豐《とよ》足彥尊《ひこのみこと》」に御讓《ゆづ》位の後五年。御齡四百四十二歲を以て神幽《かんゆ》り給《たま》ふ。御即位五十三年、萬國御巡幸《じゆんかう》あり。ヨモツ國、ヤウカシ、ダブリズより同《どう》百四十一年能登《のと》別所ダケの宮に御還幸《くわんかう》神幽《かんゆ》りまして呉羽《くれは》山《やま》日の塚《つか》に葬《ほうむ》る。

第九十八章　皇統第百八十九代（葺不合朝第六十四代）

豊《とよ》日《ひ》豊《とよ》足《たる》彦《ひこ》不合《あはず》六十四代《だい》天日《あめのひ》嗣《つぎ》天皇《すめらみこと》

天皇御在位二百八十年《ねん》、皇太子「勝勝雄《を》之《の》男尊《のみこと》」に御譲《ぜう》位の後、翌《よく》年神幽《かんさ》り給《たま》ふ。御齢三百二十九歳・即位四十三年萬國御《ご》巡幸《じゅんこう》し給《たま》ふ。皇子三十一尊、皇女四十三尊を、萬國の紙墨《かみすみ》ヒラカナ文字《じ》の教官《けうくわん》に任命《めい》「神武即位前二千二百十二年各國《かくこく》に派遣《はけん》し給《たま》ふ。是等《これら》諸《しよ》皇子皇女の長官《くわん》として赴《ふ》任されし「萬國巡知彦《ひこ》尊」は又《また》の名を桃太郎《ももたろう》と云《い》ひ、智勇《ちゆう》大力の尊《みこと》にして、此《こ》の尊《みこと》の御事蹟《せき》が日本傳《でん》説の桃太郎《ももたろう》鬼《おに》ケ島征伐《しませいばつ》となりしものなり。天皇神幽《かんさ》りましてトメル塚《つか》に葬《ほうむ》り奉《たてまつ》る。

第九十九章　皇統第九十代（葺不合朝第六十五代）

勝勝雄《かさりかさるを》之《の》男《なち》不合《はず》六十五代《だい》天日《あまつひ》嗣《つぎ》天皇《すめらみこと》

天皇御《ご》即在《ざい》位二百八十二年、天皇、皇后宮を召し給《たま》はず、皇弟「豊柏木幸手男彦《とよかしはぎさちてを》尊《ひこのみこと》」に御《ご》譲《ぜう》位あり後三年御《ご》齢三百九十一歳にして神幽《かん》り給《たま》ふ。即《そく》位四十六年萬國御《ご》巡幸《じゅんこう》あり。

オセヤ國オイガスタ水門《みなと》に天降《あもくだ》り、同百五十一年常陸オワライ水門《みなと》に還幸《かんこう》あり。ニイハル大政《せいは》都を仙洞《せんどう》とし給《たま》ふ。改《のえ》めて大ゾ大塚《つか》といふ。神《かん》幽りまして天皇を葬り奉《たてまつ》る所を大祖《そ》大塚《おほつか》といふ。

第一〇〇章　皇統第九十一代（葺不合朝第六十六代）

豊《とよ》柏木《かしはど》幸《さら》手《て》男《を》彦《ひこ》不合《りはず》六十六代《だい》天日嗣《あめのひつぎ》天皇《すめらみこと》

天皇御《に》在位三百三十七年、皇太女「春建日媛尊《みこと》」に御《に》譲位《ぜうい》の後二年にして神《かん》幽り給《たま》ふ。御齢四百八十九歳、即位《そくゐ》三十八年萬國御《に》巡幸《じゅんこう》なし給《たま》ふ。同《どう》百二十九年十二月九日大和ニムネ日山を仙洞《せんどう》とし給《たま》ふ。皇子二十一尊、皇女二十三尊を萬國の文字《もじ》言語の教官《けう》として任命《めい》派遣《はけん》し給《たま》ふ。之《こ》れ棟梁《おけや》天皇より萬國五色人《いろひと》に對《たい》して文字《じ》言語を教へらし最後《さいと》なりとす、天皇神《かんさ》幽りましてニムネ日山《やま》「今の畝《うね》傍山《やま》」に葬《すり》り奉《たてまつ》る。

第一〇一章　言語文字の教傳

人類《じんるい》の言語及文字《じ》の起源《げん》は「天日萬文造主神」が人類《じんるい》に教へ給《たま》ひし處にして皇祖《そ》「天日豐本葦身氣皇王天皇」の御宇《う》先づ言語の差《さ》別、象形假《か》名文字《じ》及び地圖《づ》を作り給《たま》ひしが左の諸《しよ》尊王として其作《さく》成の任に當られたり。

天言文形假名造根尊　萬國八意五十一言造根尊
萬國言語伊吹尊　天豐地球形圖造根尊
天日萬國地形圖書造根尊　萬五十言形假名文造根尊

又《また》紙《かみ》、筆《ふで》、墨《すみ》を作られたのは左の諸《しよ》皇子《し》なり。

天日楮穀木紙主尊　天日岩竹日鶴毛彦尊
天豐建明風招彦尊　天日砥墨取主尊

尚《な》ほ、天皇詔して、象《ぞう》形假《か》名《な》天日文字《じ》を作り定めらる。
是《これ》等の言語《ご》、文字《じ》、紙《かみ》、筆《ふで》、墨《すみ》は何れも當時萬國の五色人に教傳《けうでん》されし品なるが、爾後《じご》御《ご》代々の天《てん》皇、特《とく》に皇太子《し》其他を外國に御派遣《はけん》ありて、教傳《けうでん》し給《たま》ひしものにして、古文書《こもん》より其《その》記錄《ろく》の主要《しゆよう》なるものを掲《かか》ぐれば左の如し。

○皇統第三代天日豐本黄人皇主天皇の御代

第五十一連形假名主命　萬國言語敎命
萬國文造敎命　天八意言文主命
天日言語明命

等主《ぬし》として敎傳《けうでん》の任に當る。

○皇統第四代天津御中主天皇

數文宇《う》を改正し、品形の形假《かたか》名文字《じ》を定《さだ》め、筆《ふで》、紙墨製法《かみすみせいほう》を萬國に敎傳《けうでん》せしめらる。

天日麻紙主尊　天日生産凝悃取尊
天日ロハタキ紙造尊　天中焚手油主神
天日諸楮造主尊　天日岩阪四折尊
天日沫諸連紙造尊　天豐筆柄造士尊
越日木曾萬主尊　天中筆毛結鹿工尊
言語差別女知尊　天日豐本アヒル文尊
天合ヌチ形文造尊　萬國言語學知尊
萬言像形假名文造尊　天地コレタリ文造尊

甘美言配文主尊　　天豊言明文尊

等主《しゅ》として其任《にん》に當る。

○皇統第五代天八下千天皇

萬國言學の長官《てうくわん》に左の四尊《みこと》を任《にん》ぜられ、外國に敎傳せしめらる。此《こ》の四尊《そん》を「文珠《しゅ》の神」として祭《まつ》る。

天日言語敎明尊　　八意語學明尊

天豊言語學術尊　　天豊形假名主尊

○皇統第七代天相合美天皇

左の二尊、敎《けう》傳に當《あた》る。

天日語學敎主尊　　天地萬法傳知主尊

第一〇二章　神社の祭祀

神國《しんこく》大日本に於ける神社は太初に於ける「天神人祖一神宮」を以《もつ》てその濫觴《らく》とし、皇統《こうとう》第《だい》十代《だい》「高皇産靈天皇」之を「皇祖《そ》皇太神宮」と御改《かい》稱・新に五色人祖《そ》神を祭《まつ》る「別祖神宮」の御建立あり。葺不合朝に到《いた》りて太神宮《ぐう》の御分宮及《およ》び新なる神宮の御建立ありしが葺不合朝五十九代天地明玉主照天皇の御代《よ》に到《いた》り神勅《しんちよく》によりて、毎《まい》月一日より二十日に到《いた》る日々の守神として、神代《かみよ》より神々を祭祀《さい》して各神社の御建立あり。卽ち左の如し。

不合朝第《だい》五十九代《だい》、天地明玉主照天皇卽位百年三月十六日（神武卽位前三千六百七十六年）詔して

「立十日、同十日、籠十日の守神遠《とう》く神代《よ》より傳《つた》へ來りし神名を記《き》史に造れ」

（註《ちう》）一日より十日迄《まで》を立《たち》十日といひ、十一日より二十日迄《まで》を圓《まと》十日といふ。二十一日より三十日迄《まで》は三十一日迄《まで》籠《こもり》十日といふ、一日をツヒタチ三十日をツゴモリといふは是《こ》れより始まり遠《とほ》く太古よりの言葉が傳《つた》はれるものなり。

皇子天地和合主尊《ぬしのみこと》、萬國智彥尊《とこよくにしりひこのみこと》、萬國名知尊《のみこと》、萬國文字《じ》智尊《しりのみこと》、萬國主《ぬし》職知尊、萬

國五色人政治主尊謹《つゝし》んで受け

一日　皇祖皇太神宮《すめをやすみらおほたまひたまや》、別祖太神宮《げぐおほたましひたまや》

二日　八幡神宮《はちまんたましひたまや》

三日　年星徳神社《としはしとくしんしゃ》

四日　皇《こ》眞《ま》尒《お》神社

五日　金山《かなやま》神社

六日　天伊《あゝい》勢《せ》神社

七日　寶達《ほうたち》神社

八日　護《ご》法《ほ》守《あり》天宮《てんくう》神社

九日　稻荷《いなり》福神《ふくしん》社

十日　金《こん》比《ぴ》刀羅《ら》九祖《いつこや》神社（註《ちう》）現今《げんこん》猶《なほ》十日を祭《さい》日とす。

十一日　水主祓之《みづぬしはらひの》神社《しんしゃ》

十二日　綿津尺《わたつみ》神社《しんしゃ》

十二日　八意《やごゝろ》才智《さいち》神社《しんしや》
十四日　軍千《ぐんち》兆勝《たかつ》神社《しんしや》
十五日　赤池《あかいけ》白龍《はくりう》神社《しんしや》
十六日　景信《けいしん》神社《しや》
十七日　軍馬升神社《しんしや》
十八日　甲子《かし》丰《ふし》神社《しんしや》
十九日　安産守《あんさんもり》神社《しんしや》
二十日　惠比祚《ゑびす》神社《こしんしや》（註《ちう》）現今《げんこん》惠比須《ゑびす》講《こう》は十月廿日なり。
廿一日　白鬚神社《しんしや》
廿二日　大山祇《おほやますみ》神社《しや》
廿三日　蠶養《こかい》神社《しや》
廿四日　愛宕《あたご》神社《しや》
廿五日　八雷《やいかつち》神社

廿六日　大祖《おほとゝ、みおや》神社《しんしゃ》
廿七日　竈門《かまど もん》神社
廿八日　五行不動王《いこうふどうおう》神社（不《ふ》動尊《みょうそん》は今も尙廿八日を以《もつ》て祭日《さい》とす）
廿九日　香椎《かしい》神社
三十日　藥師《くすり》神社

に各《かく》神々を支《し》配し祭《まつ》らる（日蓮《れん》は之《これ》に因みて三十番《ばん》神を祭《まつ》る事にせり之《これ》に模《も》せるものなり）

第一〇三章　葬　祭

人無《な》くして其靈魂魄《れいこんげ》及《およ》び體骸《むくろい》を葬祭《そうさい》する事《こと》は萬國棟梁《おむや》の天國《あまつくに》に於て最も重《おも》んじたるところにして、遠《とう》く太初《しょ》より御制定《にせいてい》ありしは、元《もと》より當然《とうぜん》の事《こと》にして今竹《いまたけ》内家古《けこ》文書《ぶんしょ》より主《おも》なるものを左《さ》に擧《あ》げん。

一、皇統《こうとう》第三代天《あめ》日豐本黄人皇主天皇卽位《そくゐ》三百十億年《おくねん》六月廿六日詔して定《さた》む。

「先《さき》の代々《だいく》、天國《あまつくに》神洲《かみくに》、天皇《すめらみこと》始め、上下民《おほみたから》、支國《いたくには》五《ゐ》色人等《ひとら》よ、神幽《かんさり》し體骸《ひくらい》を神に葬《ほうむ》るを神勅《ちよく》に定《さだ》む。

神幽《かんさ》る體骸《むくらい》を峰《みね》に葬《ほうむ》る、一年祭《ひとゝせのまつり》、三年祭《さい》、五年祭《まつり》に、骨《ほね》、像《ぞう》、體《からだ》を造りて神名を神代文字《かみよあじ》にてミドジ（四字）刻り付《つ》け、天神人祖一神宮《あまつかみくにのみおやはじめにひしたまや》へ、合せ祭《まつ》り、十年祭《まつり》、三十年祭《ねんまつり》、五十年祭《ねんまつり》、百年祭、千年祭するを定《さだ》む」

臣《しん》 神靈《みたま》幣造《みてぐらつくりし》知命《り》

日竹内神幸禍蟲猛斬命《ひのたけうちかんさちまがむりたけきりのみこと》

天神人祖《そ》一神宮へ納祭《のうさい》

右によりて、皇統第《だい》一代皇祖《そ》より此《こ》の方、代々天皇の神骨《こつ》、像神體の現今に猶《なほ》存在する所以《ゆえん》を明《あき》かにし得可し。

二、皇統第《くうたい》十代《だい》高皇産靈天皇即《そく》位八十億《おく》六萬年四月三日詔して、天神人祖《そ》一神宮《ぐう》改名皇祖《そ》皇太神宮《ぐう》と再勸請祭《さいくわんせいまつ》る。同即位八十億《おく》七萬年十一月二十五日詔して

「先の代、天皇始《はじ》め、上下民、萬國《こく》五色人《ひと》、神幽《かんさ》りし人體骸を、地の中、奧都宮《おくつみや》を造りて、神《かみ》に葬《ほうむ》る事に定む。神幽《かんさ》る體骸《むくうい》を葬《ほうむ》る主始《はじ》め、葬《ほうむ》らるゝ神靈《れい》も、天然に神《かみ》

に葬《ほうむ》り祭《まつ》りにせよ。葬《ほうむ》る主《ぬし》の顯《けん》世、安泰《たい》平安長壽《じゅ》子々孫《そん》々迄《まで》安全《ぜん》するぞ。

先の代に文人の造《つく》り並《なら》べし、教法《ほう》にて葬《ほうむ》ると、生るに惑《まど》ひ、死《まか》るに迷《まよ》ひ、萬の災に會《あ》ふぞ。遍《へん》ボ（貧《ひん》乏《ぼう》）短命《たんめい》、萬《よろ》苦《くる》しむぞ。

先の代に悪人困《こん》難に生《うま》れるぞ。

神洲《しんしゅう》人、萬國五　人よ、天然の神に葬《ほうむ》ることゝせゐよ。守《まも》れよ。葬《ほうむ》る主《ぬし》は、身體健《けん》全、富貴繁榮《ふうきはんえい》するぞ。萬事言勝、和合天職《しょく》守《まも》るぞ」

高《たか》皇産靈天皇詔に體骸を神葬る定め。

臣　萬　魂　命

天豐萬魂産靈姫命

天八百産靈姫命

天日支那天竺魂命

天越根中國

皇祖皇太神宮納祭

三、皇統第八十四代、天地明玉主照不合五十九代天皇即位六十五年一月十三日、皇后宮《のみや》

絲《いと》玉《たま》姫《ひめ》命へ、天疎日向津比賣天皇神靈神憑し、神託《しんたく》あり（神武即位前三千七百一年）

「天國神洲《しう》の天皇始め、上下萬民、萬國五色人上下は、神幽《かんさ》る體骸を葬《ほうむ》る顯代主よ、體骸を神に葬《ほうむ》る事《こと》をせゐよ、先の代に必ず、支《いだ》のサマ〲の致法《ほう》造り並べし致法《ほう》に惑《まど》ふなよ。生くるに惑《まど》ふなよ。死《し》ぬるに迷《まよ》ふなよ。迷《まよ》ふて別致法《ほう》に體骸を葬《ほうむ》ると國と家《いへ》と子孫《そん》へ、萬災《さい》、遍《へん》ボ（貧乏《ひんぼう》）短《たん》命、困《こん》難苦《くる》しみ會《あ》うぞ。幽世、顯《けん》代、先の代《よ》に必《かなら》ず苦《くる》しみ、遍《ぴ》ボ、悪人、又不具《またかたわ》、萬病《べう》者に生れるぞ神洲《しう》人よ、萬國《こく》五色人よ、天然の神洲《しう》の神に葬《ほうむ》るこそ、神幽《かんさり》體骸《むくうい》の神靈《れい》、體骸《むくうい》を葬《ほうむ》る顯《けん》代主の天の道《みち》にかなひし、幽顯《けん》とも、天職《しょく》天資ありと知れよ。

神出靈《れい》、四つに祭《まつ》るを云ふ。幽顯《けん》も無き極樂《こくらく》の世《よ》に生れ出るぞ。

荒《あら》魂は體骸《むくらい》に付《つ》けて葬《ほうむ》れ。

奇魂は天神日の國へ葬《ほうむ》れ。

和魂は子孫《そん》の家《いへ》に傳《つた》ふ、靈牌《れいはい》に靈《れい》遷し祭《まつ》る。

幸魂は皇祖《そ》皇太神宮へ神に合せ、百日目靈遷《れいせん》し祭《まつ》る。

天然祭の神に葬《ほうむ》る事を先の代々に、神幽《かんさり》體骸《むくろい》を神に葬《ほうむ》る事を堅《かた》く守《まも》れよふ。民等よふ。萬國五色人よふ。

峯に風葬祭　地に埋葬祭

水に葬祭　火に葬祭

體骸《むくろい》を四つ法式《ほうしき》に葬《ほうむ》る事と定む。神幽《かんさ》りて十日目《め》祭《さい》、二十日、三十日、四十日、五十日、百日祭《さい》に皇祖《そ》皇太神宮《ぐう》へ遷靈祭《せんれいさい》する事とせゐよふ。

五年祭《さい》、十年、二十年《ねん》、三十年、四十年《ねん》、五十年、百年、二百年、三百年、四百年《ねん》、五百年《ねん》、千年、二千年、三千年、四千年、五千年、一萬年、二萬千年、三萬千年《ねん》、四萬年、五萬年目毎に祭《まつ》りせゐよ。天國《こく》天皇のために、家身のために祭《まつ》れよ。信《しん》仰す可《べ》し。必ず神を信《じん》仰する事を忘《わす》れるなよふ。

四、同天皇即《そく》位六十五年四月廿二日（神武即位前三千七百一年）改《あらた》めて詔して「上下民等へ、萬國五色人民へ、葬《ほうむ》る法式《ほうしき》敎へ傳《つた》ふ事定む」

支那《しな》の國の頭の、伏羲氏、神農《のう》氏へ敎へ傳《つた》ふ。萬國五色人に體骸《ひくらう》を葬《ほうむ》る式《しき》を敎《けう》官として、萬國を天《てん》皇自《じ》身《しん》御巡幸《じゅんこう》の際、國々に殘《のこ》し置《お》き敎へしむ

敎官、皇子、萬國知彥命

豫州都須伊須バセル命

（ヨモツスイス國に住居る）

ヨモツスイスベルン命

（ヨモツスイス國に住居る）

別に二百二十名、敎官《くわん》として萬國に殘し、住《す》みて居る所に、其の人《ひと》の名《な》を地《ち》名に名付《なつ》けらる。

第一〇四章　世界再統一の神勅

皇統第《だい》一代皇祖《こうそ》天日豐本葦牙氣皇主天皇の御代《に》より世《せ》界萬國《こく》は日《に》本天皇、其棟梁《おゝや》の天皇として統卒《とうそつ》ましませしは既《き》述《じゅつ》の如く又代々《まただいく》の天皇萬國を御巡幸《じゅんこう》し給《たま》ひ、人類《じんるい》文化《くわ》の發展《てん》に大御《み》心を注《そゝ》ぎ給《たま》ひしが、「自《じ》在」の時代として星移《ほしうつ》り歳替ると共に、世《ぜ》界萬國は漸次《ぜんじ》日本

天皇御《ご》統卒《そつ》の羈絆《きはん》を脱《だつ》して各《かく》國 恣《ほしいまゝ》 の事《こと》を行ふに至《いた》り、太古《こ》に於ては、御《ご》即《そく》位の大禮祭《れいさい》に際し、白人、黑人《くろ》、赤人《あか》、靑人《あを》、黄人《き》王《おう》共々參朝《てう》せしが、遂《つひ》に葺不合朝の末期に及《およ》びては之《これ》等諸王の參朝《てう》の例《れい》も絶《た》に、御《ご》統卒《そつ》の實も漸《ぜん》次薄《うす》らぎ行き、その模様は、葺不合朝第六十九代《だい》「神足別豊鋤天皇」の即位大禮祭《れいさい》に於て御神定ありし高御座四方の高欄《らん》に五色人王《おう》の彫刻《てうこく》を以《もつ》て、其參列《そのさんれつ》に代へし一例《れい》に徵《ちょ》すれば明かにして、加ふるに日本島又《また》大地《ち》震《しん》により文化覆滅《くわふくめつ》せしため、遂《つひ》に日本天皇世《せ》界統《とう》理を一時放棄《ほうき》するの止《や》むを得ざるに到《いた》れり。隨《しが》つて此宇《このう》宙《ちう》に於ける「自在」の時代《だい》終りて「限定《げんてい》」の時《じ》代となれば、又《また》日本天皇世《せ》界再《さい》統一の必《ひつ》要あるは論《ろん》を俟《ま》たざるところにして、葺不合朝第五十九代「天地明玉《たま》主照天皇」の御代、右の世《せ》界再《かいさい》統一に關して、屢々神勅《ちょく》降下あり。左に原《げん》文の儘《まゝ》を記し置《お》かん。

御神勅

不合五十九代天地明玉主照天皇
絲玉皇后宮　御兩方
即位九十二年ムツヒ月(一月)立六日(六日)
即位九十三年シゴル月(十一月)立三日　御兩方遷神

天疎日向津比賣天皇神靈　天皇へ憑神
月向津彦素盞嗚尊神靈　皇后宮へ憑神

神勅

「今《いま》より先代年、分國の天皇氏デヰルゾ。統一する時來るぞ。六千三百六十五年より萬國五色《いろ》人《ひと》の天皇氏大變《へん》起《おこ》り、五色人天皇氏統《とう》一化ぞ。愈々《いよ〱》以《もつ》て萬國五色人《ひと》再統《さいとう》一する代《だい》ぞ。天國《あまつくに》の天皇《すめらみこと》と、皇祖《そ》皇太神宮《しんぐう》、別宮《げくう》太神宮《しんぐう》、立《たも》、圓《まど》、籠《こもり》三十日守神、神寶を預《あづか》り持《も》ち傳《つた》へ來る神主宮《おほつかさぬし》の左の股に萬國地圖紋以て生る代こそ。五色人再《さい》統一、天國天皇神八大統領大申政神主ぞ、先《せん》代、六千三百七十五年の歳より、神靈驗無極、天賦天資神寵守《まも》るぞ。此代の天皇と神主に必ずソモクナヨ。ソモクト、天罰殺《ばつころ》すぞ死《し》ぬるぞ。ツブレルゾ、マケルゾ、ナヤムゾ、萬笑にアフゾと」

サノコシンノマタニズモン　ヒダリマタゾ

神瀬《ひよう》神勅《ちよく》を立會人聞取《と》る人文して傳《つた》ふ。

天下一始《はじ》め像形假《か》名文字《じ》にて言ばの通り文する事堅《かた》く守《まも》れよ。

天照櫛豐姫尊（註、次代天皇）

天御中主照彦命　　天神心明知命

天萬人藥師知命　　國押勝之男命

商法知彦命　　天職地球知合命

天地人知合王命　　太玉織枕命

表春武彤命　　八意知彦命

外皇子四十一名命

立會人聞取《と》る人文して、皇組《そ》皇太神宮《ぐう》神體卷納祭《くわんなふさい》

大祕藏の神寶卷

二、不合五十九代天地《ち》明玉主《たましゅ》照天皇《のう》即位《い》二百六十七年（註《ちう》、神武即位前三千五百九年）

三月十七日、糸玉姫《たまひめ》皇后《ごう》へ天疏《さかり》日向津比賣天皇の神靈憑《れいかんがり》神し、神託《たく》あり

「先代《だい》六千一百年失《しつ》代に必ず、天つ國及支萬《みたいいたとこよ》國《こく》内に必《かなら》ず、萬國地圖《つ》紋《もん》左肢に持《も》てる神・主《ぬし》生れるぞ其《その》國こそ

萬國統《とう》一の棟梁《おむや》國《くに》ぞ。必《かなら》ず五色人ソムクナヨ。天照日神・月夜見神の、天職《しょく》天資神・寵守あるぞ。ソムクトマケルゾ、シヌルゾ、ツブレルゾ」

三、不合五十九代天地明玉主照天皇即位《そく》三百五十七年（註《ちう》、神武即《そく》位前三千四百十九年《ねん》）二月三日天皇自身に、天照日大神、神懸神勅《ちょく》

「皇后姫《ひめ》命陰《いん》の神云ふ

思を云《い》ふ言に、人の命をヒキトルゾ。短命《たんめい》にするぞ。不ジユフ（不自由《ゆう》）にするぞ。マケルぞ。遍《びん》ボ（貧乏《ぼう》）するぞ。雨降《あふ》るぞ、方位を不和合にするぞ。

天皇陽《よう》の神曰《いは》く

神を信《しん》心の者《もの》を萬事《じ》勝を陪を守《まも》るぞ。思を云ふ言語に人《ひと》の命を取《と》ると私シヌ。其《その》五倍《ばい》を用生ル。五倍《はい》マシテ、産生ルゾ。人長命五倍《はい》まして生きるぞ。福徳富貴《ふくとくふうき》繁榮《はんえい》五倍《ばい》また世《よ》に向《む》くるぞ。徳《とく》の人に五倍《はい》ますを無極く信《しん》ずるを守《まも》るぞ、晴天を五倍《はい》に立《た》て身《み》守《まも》るぞ。天地五色人と和合繁榮《はんえい》五倍《はい》勝守《まも》るぞ。

先の代々六千十年迄《まで》に統《とう》一の皇祖《そ》皇太《たい》神、天皇、又《また》神寶《たからあづか》預り神主《ぬし》神人大統領《れう》、大申政再興《せいさい》、統一天皇再興《さいこう》の時代《たい》ぞ。天下に五色人の王《おう》は黄《ひ》の天皇一人に定め、天照日神神勅《ちよく》に定め、天地明玉主《たまぬし》照天皇自身に神縣神勅《ちよく》に定む。

四、不合五十九代《だい》天地明玉主《たまぬし》照天皇即位三百五十七年二月十四日、天皇自身上記《らいつふみ》し、太《たい》神宮へ納祭《のうさい》。

「今より先の代々に神寶《だから》を缺禮《けつれい》する人、又《また》禍人、神寶《だから》を疑《うたが》ふ禍者、其の人《ひと》こそ、天皇へ不忠《ちう》不《ふ》義《ぎ》の大禍人なるぞ。天罰《ばつ》にて五ヶ年内別《がい》に死るぞ。ツウレルゾ（ツブレル）身病者、精《せい》心病《べう》者になるぞ。

神寶《だから》はシナズ（死《し》なず）クサラズ、カワラズ・サペズ（サビヌ）の神寶《だから》ぞ。神寶《だから》を疑《うたが》ふ可《べ》からず。口《くち》にも言にも、オソレあるぞ。神國の民始め・萬國の五色人よふ。疑《うたが》ふて禍《わざはひ》心《こころ》にて神寶《だから》に心を觸れ、禍《わざはひ》に言、手に觸れるなよふ。觸《ふ》れると其の身の上短《たん》命《めい》苦《くる》しむぞ。萬《よろづ》の天罰《ばつ》あるぞ。

今より遠《とう》く先の代々に、六千十年日内別《がい》に、必ず五色人《ひと》の統一の再《さい》興する時ぞ。五色人《ひと》の主《つかさ》は我天皇の天皇ぞ。棟梁皇祖《そ》皇太《たい》神宮の神體《たい》、神寶《だから》、天皇の寶《だから》ぞ。萬國の五色人の主、統一になる時ぞ來る。天のなす事ぞ。其年より、皇祖《そ》皇太《たい》神宮の神の靈驗《けん》へ、神靈《みたま》アラタカク（靈驗顯者）働《はたら》かせるぞ。神主《ぬし》に神籠守有る事《こと》萬陪《ばい》力ぞ不思議《ぎ》に靈驗《れいけん》あるぞ。夫《そ》れより先の代々無極代迄《まで》、高久《たかく》、貴久《たふとく》、正久《ただし》、神籠守あるぞ・神勅《ちよく》なるぞ、堅《かた》く遺言《ゆゐ》せゐよとあるぞ、必ず神心《しん》せいよふとあるぞ。善《ぜん》男《なん》善《ぜん》女を長命立身子孫孫《そんそん》守《まも》る神ぞ」

天皇目身　御名御璽

天地明王主照尊
御中主幸玉命
天地人知合王命
玉依押勝姫命
天日嗣祭知主命

五、不合《あはず》五十九代天地明玉主照天皇即《そく》位三百五十七年四月十四日上記《うへつふみ》し
「皇祖《こうそ》皇太神宮神主左股に、萬國圖紋ある神主《かんぬし》、先の代に六千十年目《め》に現《あらは》れ、神主現《あらは》
はる時《とき》こそ、天國《あまつくに》の芸孫天皇こそ、萬國《とこよくに》五色《いろ》人《ひと》を統一する時《とき》ぞ、天照日大神の神
勅《ちよく》ぞ。

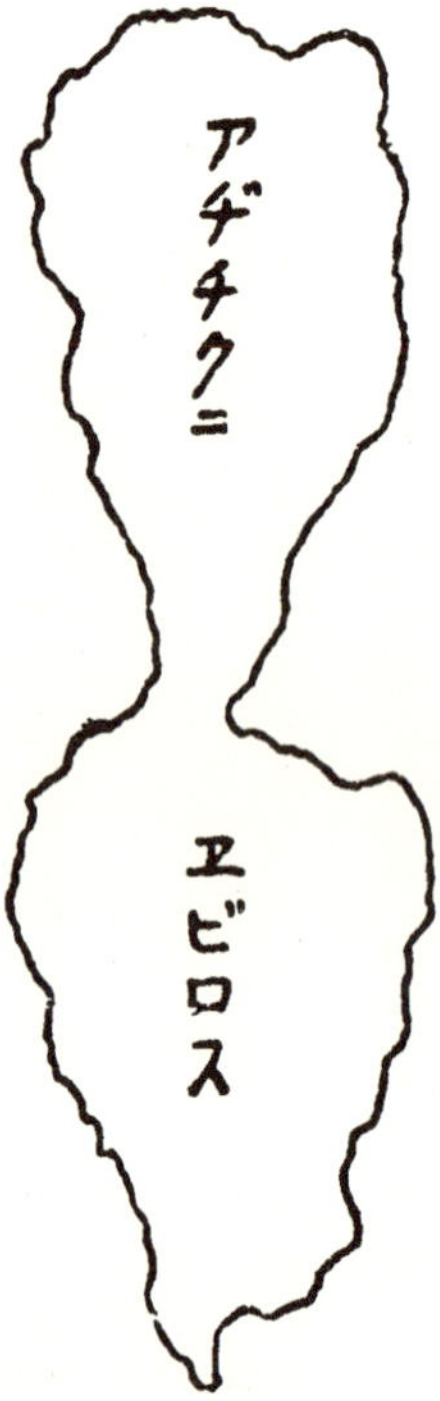

先の

代六千十年先の代に、神人大統領大申政神主の時《とき》こそ、天職《あめまつり》、國政《くにまつり》に再統《さいとう》一、六千十年日《め》内別《がい》先の代の年に、天變《あめひと》、地變《くにひと》、統《とう》一のときぞ」

六、不合《あはず》七十代神心傳物部建天皇即位《そくゐ》 百二年

(註《ちう》、神武即位《そくゐ》前《ぜん》一百七十七年《ねん》)一月一日、天疎日向津比賣天皇御神讓、瓊妃齊女玉數姫命へ遷神神託《たく》 り。

「再世界《さいせかい》統一の代來る、其の時神主神人大統領に左《ひだり》の股に地形圖紋を持て生れ出る」

第一〇五章　身守り神文字

一、不合《あはず》五十九代天地明玉主照天皇即位五十七年三月二十五日朝《あさ》、天皇へ神遷・天疎《そ》日向津比賣天皇神勅《ちょく》に

「今より天皇始《はじ》め、上下民の身《み》に付くる守《まもり》神文字《じ》、神寶守《まもり》、神文字《じ》、堅《かた》く身《み》に付《つ》くる事とせよ」

とぞあるぞぃ

皇祖《こうそ》皇《こう》太神守《まもり》神文字《じ》、神寶文字《じ》、神寶籠守文字《じ》、神力《りき》十倍《はい》守

皇祖皇太神五徳高久守
皇祖皇太神結縁守
皇祖皇太神萬兆倍勝守
皇祖皇太神萬福徳倍守
皇祖皇太神萬禍應災除守
藥師神長壽子孫災難除守
皇祖皇太神長命守
皇祖皇太神安産守
皇祖皇太神子孫王長久繁榮守

以《い》上《じよう》神字《じ》守代々の天皇必ず身《み》に付け給《たま》ふ。

別祖太神百柱神禍害除守（大室姫、ロミユラス民王必ず身に付ける神寶文字守）
天疎日向津比賣神神代文字守（大室姫命ロミユラス民王必ず身に付る神字守）
月向津比神萬守（願キク子孫榮守）
素盞嗚命萬禍除守（病除守、敵討殺ス守）
護法守萬天空神萬千億勝守、八雷神萬害禍敵除守
赤池五龍白黄赤青黒龍萬災害除守
稲荷氣津九十七王神萬榮利勝守、八意才智謀守、神萬勝守
官軍千億萬勝神敵討守
天疎日向津比賣神萬願守（天津日嗣を守、長命知合守、天爵立身守（天皇必ず代々身

に付け給ふ）

天疎日向津比賣萬守神文字（天皇必ず代々身に付け給ふ）

別祖太神百柱神五色人祭守（國政御榮身守、國政人の必ず身に付ける、後代大室姫命ロミユラス民王必ず身に付ける神寶文字）

八幡神五色人男女和合萬寶引集せ守

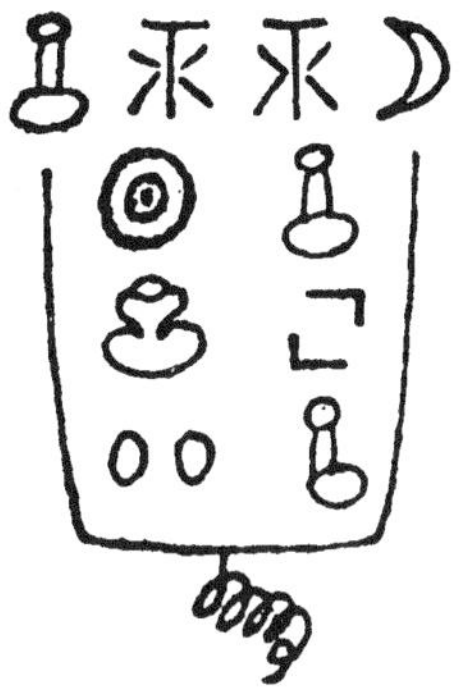

ふ神靈《かみれい》神籠《かごちる》み
字《じ》ゾ

天地明玉主照天皇即《そく》位五十七年《ねん》三月廿五日朝神勅《ちよく》、神籠守王《おう》、神文字賜ふ。上下民必ず身《み》付《つ》くる事せいよふと、神勅《ちよく》ぞ（神文字略《りやく》す）

第一〇六章　古代文字

葺不合朝六十六代當時、日の本に於《お》いて使《つか》はれし文字《じ》は十數種《すうしゅ》ありて、現に「皇祖《そ》皇大神宮」に存するものに左の如き種類《るい》あり（別圖神代文字對照表參照）

アヒルモジ、　イムベモジ、　アメコシネモジ、
アコシモジ、　アメコモジ、　ワクシモジ、
イヨモジ、　クサキネモジ、　アイノモジ、
コレタリモジ、　タネコモジ、　モリツネモジ、
モサシモジ、　ツシマモジ、　アジチモジ（ヘブライ文字ノ元）
アメコシカズモジ、　ヒフミモジ、　ボン字の源

而《しか》して、當時最も一般に用《もち》ひられしは、最古代《こだい》の象形文字《じ》とアヒル文字《じ》との合體文字《じ》にして、即ち（第一）の如し（五十音順に配列す以下同じ）

（第壱）（合体文字）

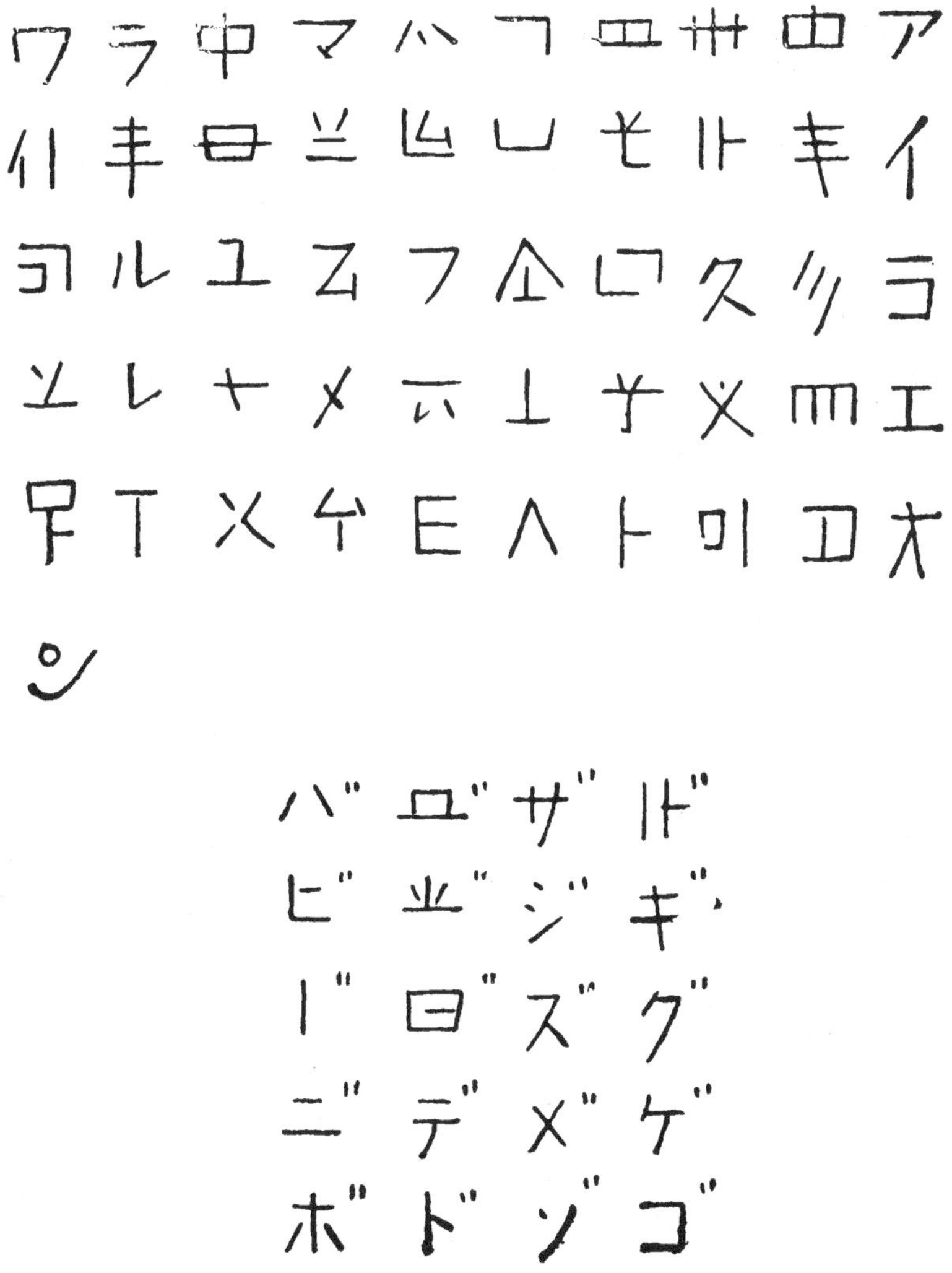

(アヒル文字)（第弐）

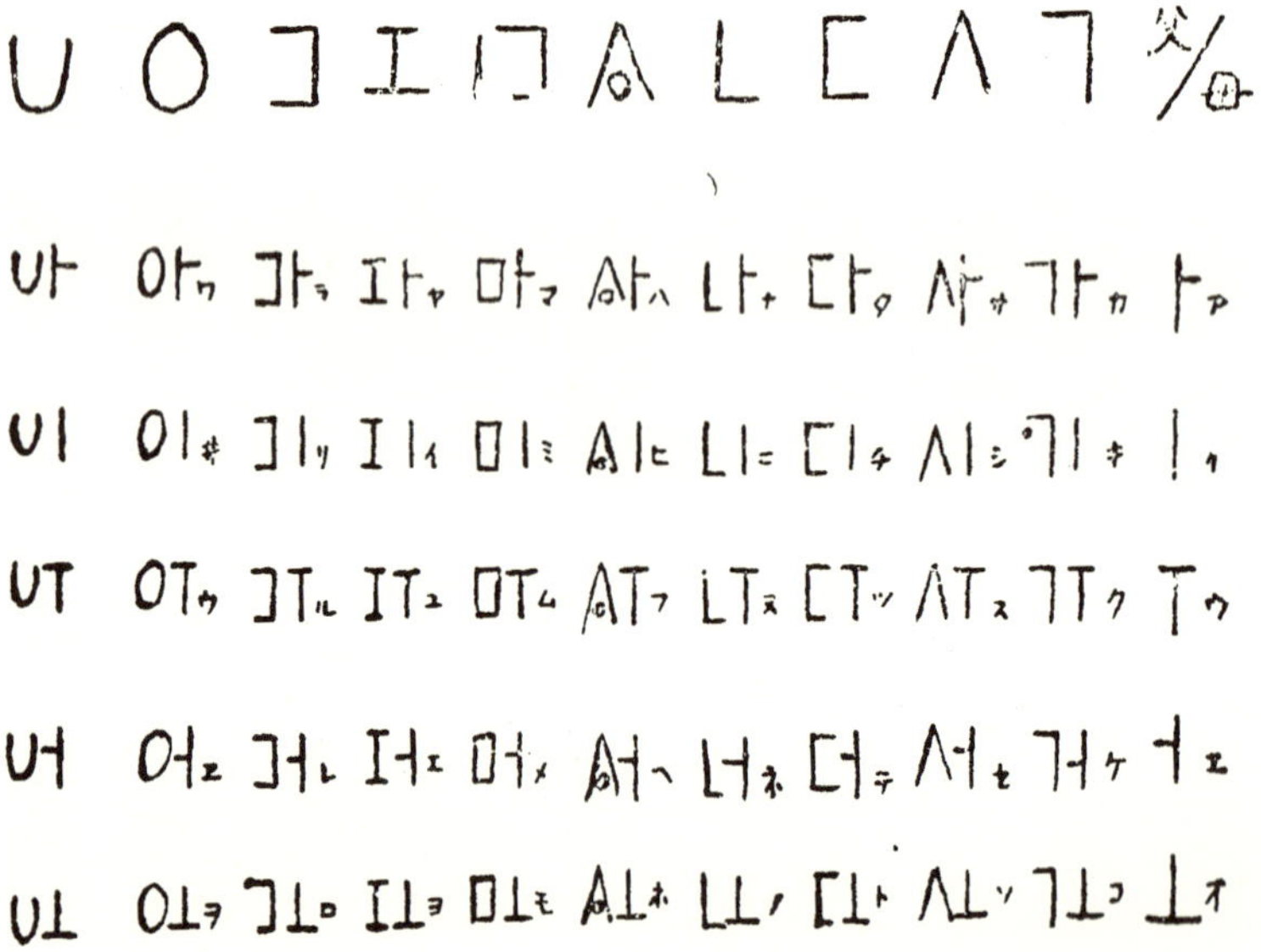

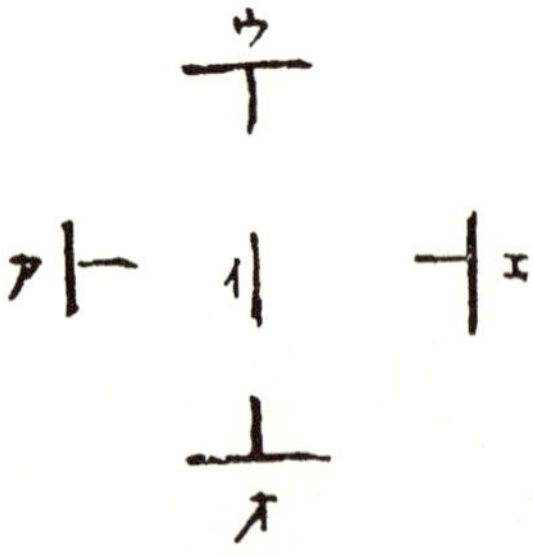

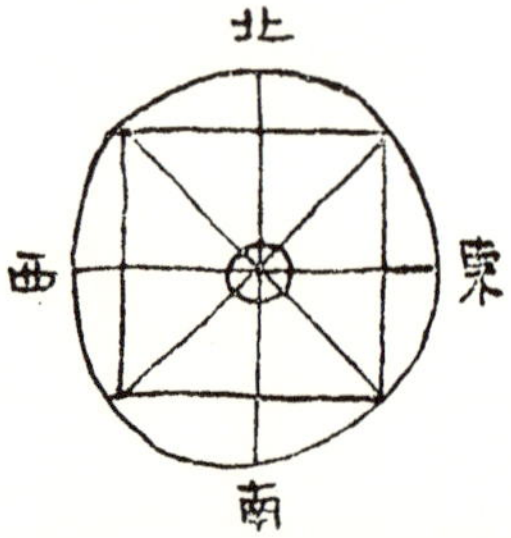

(日球神ノ丸形)

右は神武天皇以《い》前約《やく》三千年間に亘《わた》りて使用《しよう》せられたるものにして、神武天《てん》皇即《そく》位五十年の記《き》念祭《さい》に當り、天皇御自《じ》身《しん》御作成ありしが、現在吾《ご》人の使《し》用せる片假名《かたかな》にして其《その》基《き》本となりしものは此《こ》の合體文字《じ》なりしなり（片假名《かたかな》を後世弘法《せいこうほう》大師《し》が作《さく》成せりとの說《せつ》は虛妄《きよもう》なり）又《また》日の本に於ては古來《こらい》其の固有《こゆう》の文字《じ》なしといふが、在《ざい》來學者《しや》間の所說《せつ》なれど、此說《せつ》の取方に依らざる事は縷々する迄《まで》もなし。

同《なほ》（第《だい》一）にアヒル文字《じ》、象形假名《かな》文字の代《だい》表的のものを掲《かゝ》ぐ

アヒル文字《じ》のアヒルとは、朝《あ》、晝《ひ》、夜《る》の意味にして、皇祖《こうそ》「天日豊本葦牙氣天皇」九圖日球神《ひのかみ》の丸《まる》形によりて、先づ母音《ぼおん》

を作り、父音《ふおん》

と組合せて作り定め給《たま》ひしものなり。

象形文字《じ》には（第《だい》三）の二種あり、その一はアヒル文字《じ》と同じく皇祖《こうそ》「天日豊本葦牙氣天

（第参）

（象形假名文字）

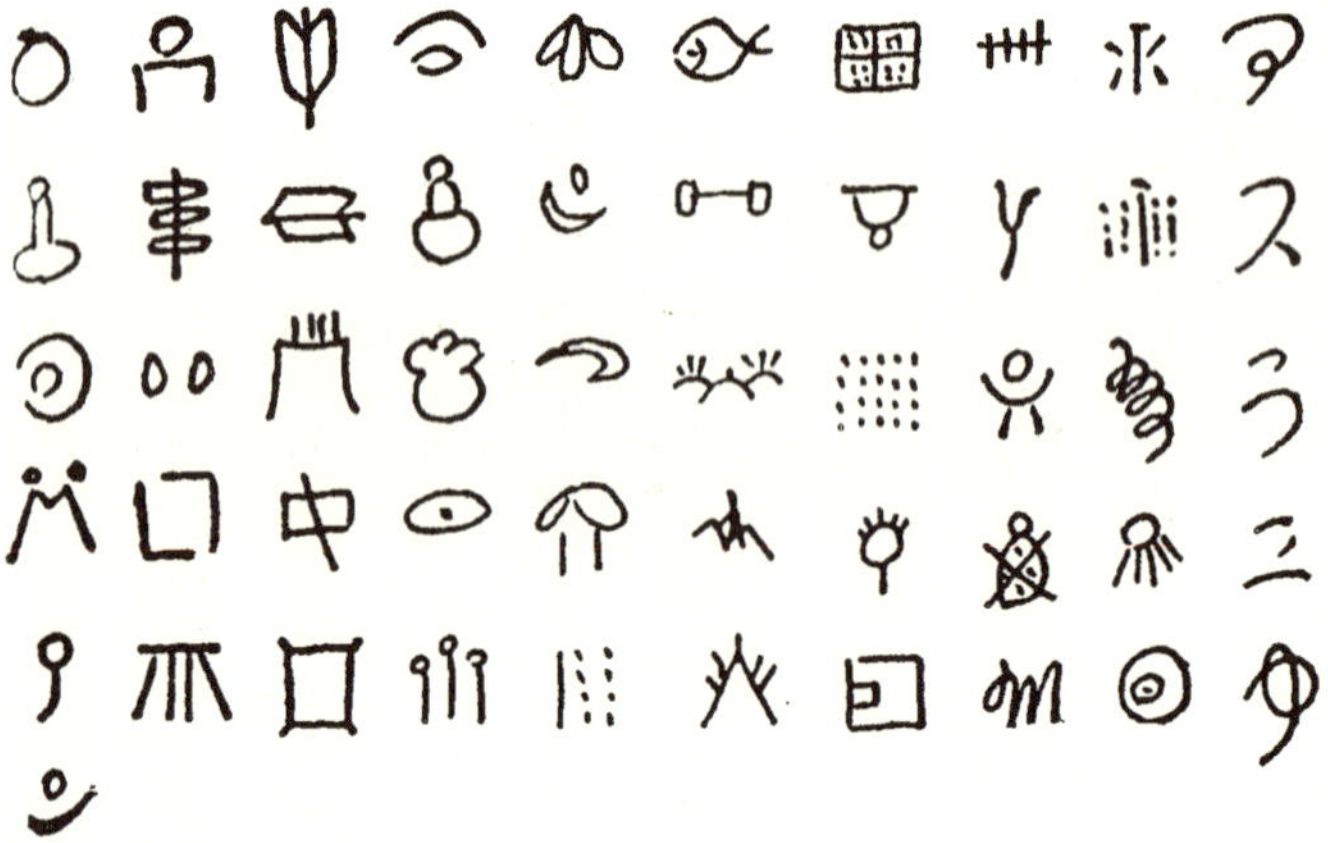

（象形假名文字）

皇」の作り定め給《たま》ひしものなり、此《こ》のうち 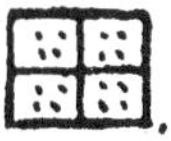 タの字の中の粒《つぶ》の數七、四、三、一なる四種あり、そのうち四粒《つぶ》のもの  は葬祭《そうさい》の場合に用ゆ、又  ツの字の粒は必ず二十五粒と定まる。

 ヒの周圍《しうい》の光條《こうぜう》は十六條《ぜう》なり。

（第四）

（アヒル學文字）

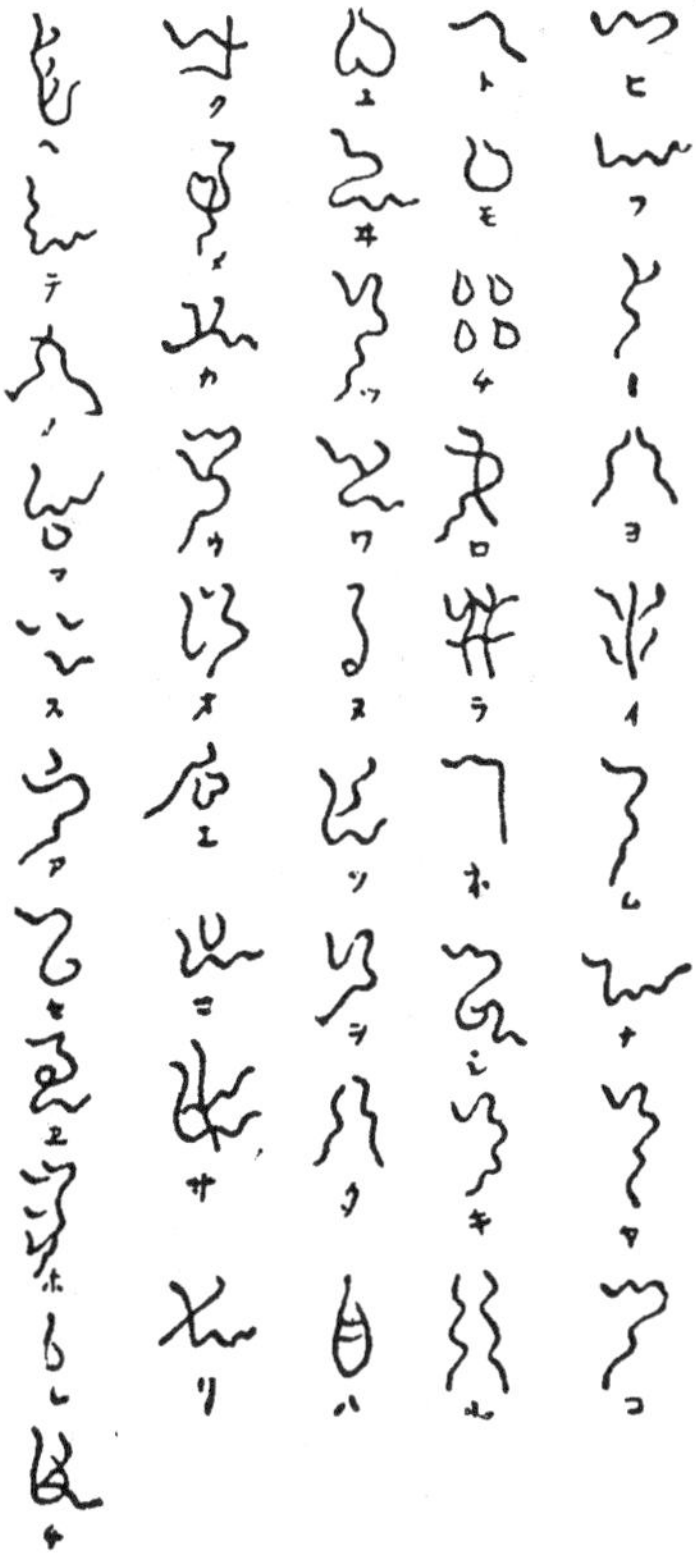

（第四）は皇祖《そ》天皇の御時「天日萬言文造主命」の作《さく》成に係《かゝ》り、之《これ》より變形《へんけい》せるもの二、三あり。

結　文

宇《う》内に冠《くわん》たる神洲《しう》に、バイブルや經文論語《ご》に比敵《てき》するものがないのは、神ながら言擧げせぬ國であつたからでもあらうが、ある可くして無《な》いものであり、慨《なげ》かはしい一つであつた。古《こ》事《じ》記、日本書紀《き》や古《こ》語《ご》拾遺などは尊《たふと》き文書《ぶんしよ》ではあるが之《これ》を徹底《てい》的に研究《けんきう》すれば一生を捧げても其《その》堂奥《どうおう》に入《い》る事《こと》はむつかしく其眞諦《てい》をつかむ事《こと》などは容易《ようい》の業《わざ》でない。然《しか》るに我《わが》國に於いて神代《かみよ》より行はれ來つた神《かみ》ながらの眞の大道《どう》は一部の學究者《しや》や國語《こくご》學者のみが獨占《どくせん》す可《べ》きものにてはなくして、上は　畏《おそれおほ》くも一天萬乘《じよう》の　天皇陛《へい》下より下一般大衆《しう》に到《いた》る迄《まで》日々實踐《じつせん》す可《べ》き宇《う》宙《ちう》の大道《どう》、天地《ち》の公道《どう》であるのだ。古《こ》來外人などよりは祖《そ》先敎《せんけう》などと輕侮《けいぶ》されて居つたが最近に到《いた》り、幾《いく》多の先覺《せんかく》者《しや》又《また》は外人《じん》の識者によりて深き研究《きう》の結果、我《わ》が皇國の神ながらの神道《どう》は上《かみ》皇室に行はせられては皇道《どう》となり、人《ひと》に施しては人道《どう》となり、我大和民族《ぞく》の行ふのみに非《あら》ずして、中《ちう》外に施して悖《もと》らず、古今《ここん》に通じて謬《あやま》らざる唯《ゆい》一の達道《どう》である事が、ハッキリ分

つて來《き》たのである。　畏《おそれおほ》くも
現人神におはして而かも殊の外御聰明《そうめい》にあらせられた
明治《ち》天皇は
我國《くに》は神《かみ》の裔《すゑ》なり神祭《まつ》る昔の手振り忘《わす》るなよゆめ
神代よりうけし寶《たから》を守《まも》りにておさめ來にけり日の本つ國
と仰せられ、畏《かしこ》くも憲法發布《けんぽうはつぷ》の時の　詔《みことのり》には
「皇祖《こうそ》
皇宗《こうそう》の神靈に誥げ」
と日《のたま》はせ給《たま》ひ猶《なほ》
「皇祖《こうそ》
皇宗及
皇考の威靈に倚籍《せき》し
し仰いで

「皇祖《そ》
皇宗及
皇考の神佑を禱《いの》り」

て神靈《れい》の照鑑《せうかん》を仰がせ給《たま》ふた。虔んで拜《はい》し奉《たてまつ》るに勅《ちよく》意昭々《せう〳〵》として明らかである。神隨《かみながら》の神道《どう》は嚴然《げんぜん》として法爾《ほうに》自然《ぜん》の公道《こうどう》であり無爲《むゐ》至善《しぜん》の達道《どう》である。而《しか》して神社が國家《こくか》の宗祀たる事は明治《ち》元年《ぐわん》三月廿八日の太政官達《たせうくわんたつし》によりて佛語《ぶつご》を以て神號《ごう》を稱へぬ事、佛像《ぞう》を以《もつ》て神體となさゞる事と改められたる一方《ほう》、明治《ち》四年七月十二日の太政官達《だぜうくわんたつし》には伊勢神宮《ぐう》の大麻を分け與ふる事を禁《きん》じられたるが如く、約《やく》千三百年來《らい》佛法《ほう》に蓋《おほ》はれたる神道《どう》を純《じゆん》眞にして清淨《せいぜう》なる象《すがた》として、顯彰《けんせう》せられ、天の岩《いは》屋戸《と》隱《かく》れにありたる如き神威《い》は實に又《また》燦然《さんぜん》として光彩《こうさい》を放つに到《いた》り、神社も國《こく》民信《しん》仰の對象《たいせう》となるに到《いた》れるものなり。

而して王政《せい》復古《こ》と共に祭政《さいせい》一致《ち》たる可《べ》かりしものが海外《かい》の物《ぶつ》質文明《ぶんめい》を輸入するに急にして深刻《こく》なる自覺《じかく》心に乏《とぼ》しかりしため期待《たい》されし神政《せい》復古《こ》は昭和《せうわ》維《い》新の今《こん》日迄《まで》實現する可き機會《きくわい》を取り殘《のこ》されたのである。

神《かん》ながらの大神道《どう》が我國丈《くにだ》けの小範圍《はんい》の國體《こく》神道《どう》であつたら

（一）　伊邪那岐《ざなき》、伊邪那美《いざなみ》尊《みこと》の

「たゞよへる國《くに》を修理《つくり》、固定《かため》なせ」

と言依《よ》さる丶筈もなく

（二）　天照大神が皇孫《そん》、天邇岐志國邇岐志《あめにぎしくにぎし》、天津日高日子番能邇々藝命《あまつひたかひこほのにゝぎのみこと》を天降《くだ》し給《たま》ふ時。（竹《たけ》内古《こ》記錄《ろく》によれば尙古《ふる》けれども）

「天壌《ぜう》と共に無窮《きう》なる可《べ》し」

と曰ふ事もなかる可《べ》く

（三）　神武天皇《じんむてんのう》（神倭伊波禮毘古尊）が御即位の時にも

「六合《くにのうち》を兼《か》ね以て都を開き八紘《あめのした》を掩《おほ》ふて宇《いへ》となす又可《またか》ならずや」

と　詔《みことのり》せらる丶譯はない。

神代《しんだい》は・天皇《てん》の御代變《かは》り、御《ご》即位式《しき》の時に御はき給《たま》ふ寳劍《ほう》には世《せ》界地圖《づ》をちりばめありて天の浮船《うきふね》に乘《の》らせ給《たま》へ世界《せかい》を御巡幸《じゅんこう》されしと傳《つた》ふ。明治《ち》天皇御在世《ざいせい》の時は地球《ちきう》儀に御足かけさせ給《たま》へ、何れの代に到《いた》れば朕《ちん》世《せ》界《かい》に君臨《りん》せんかと問はせられしと洩《も》れ承《うけたま》はる。

明《めい》治《ち》天皇《てんのう》御製

天さかる、ひなの果て迄《まで》茂《しげ》らせん
我が敷島の道《みち》敎へ草《くさ》

我が心及ばぬ國《くに》のはて迄《まで》も
よるひる神は守《まも》りますらん

四方の海皆《うみみな》はらからと思ふ世《よ》に
など波風の立ちさはぐらん

言擧《あ》げせぬ三種《しゅ》の神器《き》の敎は山《さん》上の垂訓《すいくん》よりも數萬年來、芙蓉君子《ふようくんし》國に行はれたるにより て尊《たふと》きに非《あら》ずや、言擧げせざる不言實行の神勅《ちょく》相承《せう》は釋迦《しゃか》の八萬四千の法藏《ほふざう》より雄《ゆう》大莊《そう》嚴 にはあらざるなきか？

されば畏くも明治《めいぢ》天皇は不磨《ふま》の神訓《くん》を敎育勅語《けういくちょくご》の中に

「是《こ》ノ道《みち》ハ實ニ我《わ》ガ

皇祖《そ》、皇宗《そう》ノ遺訓《いくん》ニシテ子孫臣《そんしん》民ノ倶《とも》ニ遵守《しゅ》スヘキ所之《ところこれ》ヲ古今ニ通《つう》シテ謬ラス、之《これ》ヲ中外ニ施シテ悖《もと》ラス、朕躬臣《ちんみんけしん》民ト倶《とも》ニ拳々《けん〱》服膺《よう》シテ、咸《みな》其德《とく》ヲ一ニセンコトヲ庶幾《こひねが》フ」

と仰せられた所以《ゆゑん》である。而《しか》して明治維新《ちいしん》の御詔に

「親《みづか》ラ四方ヲ經營シ、汝《なんぢ》億兆《おくてう》ヲ安托シ、遂《つひ》ニ萬里ノ波濤ヲ開拓シ國威《こくい》ヲ四方ニ宣《せん》明シ天下ヲ富《ふ》岳ノ安キニ置《お》カント欲ス」

と仰せられ、大正天皇《せうてんのう》の御即《にそく》位の勅語《ちよくご》に

「惟神《かみながら》ノ寶祚《あまつひつぎ》ヲ踐《ふ》ミ……神器ヲ奉シテ八洲ニ臨《のぞ》ミ……聖德《せいとく》四表ニ光被《こうひ》シ……祖宗《そそう》ノ神靈照鑑上ニアリ……」

と曰はせ、今上天皇陛下《のうへい》は御即《にそく》位式《しき》の時に

「惟神《いみながら》ノ大道《どう》ニ遵ヒ……神器《き》ヲ奉《ほう》シ……以テ皇《こう》風ヲ宇內ニ宣《の》フ……永《なが》ク世界ノ平和ヲ保チ普《あまね》ク人類ノ福祉《ふくし》ヲ益サンコトヲ翼《こいねが》フ……祖宗《そそう》神靈《れい》ノ降《こう》鑑ニ對《こた》フルコトヲ得《えせ》シメヨ」

と曰はせられ、天皇陛下《のうへいか》は日本人が見れば大日本皇國の親神樣なれど、少くも世《せ》界の人類《るい》が虛心淡懷《きよしんたんくわい》に拜《はい》し奉《たてまつ》れば、世界《せかい》の天皇にてましますなり。猶太人《ユダヤじん》がメシヤとし、キリス

ト信者《しんしや》がキリストの再來《さいらい》として拜む事の遠《とほ》きに非ざるを、尊き靈《れい》感に導かれて拜察《はいさつ》し奉《たてまつ》るのである。

大きなる象を盲者は足《あし》にさわりて、之《これ》が象の本體《ほんたい》と見《み》るが如く、太陽《たいよう》が十六方を照らさるゝ如く、姓《せい》を持ち給《たま》はぬ、すべらぎすべらみことの高御座《くら》は畏くも九五の位《くらゐ》におはして天照大御神の御靈《たま》代として、言語《ご》を絶《ぜつ》し、筆紙《ひつし》をなげうち、只《た》だ最高《こう》至上の神德《とく》を崇拜《はい》するより外に途《みち》なきものならん。佛法信者《ふつほうしんしや》が光顏《こうがん》巍々として、御佛を拜む以《い》上《ぜう》のものなる可《べ》し。

然れば宣《のべ》也、モーゼは

「光《ひか》りは東方より」

と釋迦《か》は

「艮《うしとら》の方より三千年の後に世界《せかい》を救《すく》ふ者出づ」

と豫言《よげん》し墺太利國《オーストリーこく》の學者《しや》スタイン博士《はくし》は

「世《せ》界の國《くに》を統《とう》御す可《べ》き使命《しめい》を有する者《もの》は日本《ほん》の天皇陛《へい》下にまします」

と論《ろん》じてゐる、佛國哲人《ふつこくてつじん》ポールシヤール氏は

「地上《ちじやう》の萬國を統一し、一大皇國を建設《けんせつ》して、人世《じんせい》を平和《わ》に導《みちび》く運命《うんめい》を有する者《もの》は

日《に》本國人なり」

と喝破《かつぱ》せりといふ。

英《えい》國の學者《しや》、エドカー博士《はくし》兄弟《けうだい》はゼー、グレート、ピラミツドの著書中《ちよしよちう》

「安樂なる地獄道《ぢごくどう》は一度陷《お》ちて上る能《あた》はず、ふりかへれば星《ほし》が煌々と照つてゐる。星《ほし》は夜《よ》の表徴《ひやう》にして米國《べいこく》は星《ほし》を旗印《はたじるし》とす、夜《よ》の待合政治《まちあひせいぢ》はデモクラシー也（之《これ》を代表するは北米《ほくべい》合衆《しう》國也）少《すこ》し上れば水平の博《はく》愛、自由《じゆう》、平等などゝいふフリー、メーソン式《しき》の安樂境《らくけう》がある。こゝに皇后宮《こうごう》あり（之《こ》れは現在《ざい》のアメリカニズムなり）次《つぎ》に四吋《インチ》上がれば天皇の宮《みや》あり、一吋《インチ》は一年に相當し、夫れは丁《てう》度西暦《れき》千九百三十六年（軍縮《ぐんしゆく》の再審議《さいしんぎ》の時）である。其時に偉大なる君《きみ》が世界《せかい》的君臨《くんりん》する時なりといふ」又《また》「ピラミツドの傍《かたはら》にあるスフインクスといふ謎《なぞ》の怪《くわい》物は東《ひがし》に向《むか》つて、光《ひかり》は東方よりと神の來るを待《ま》ちつゝありといふ。赤道線《せきどうせん》に添《そ》ふて一線《せん》を

引けば豈《あに》計《はか》らんや夫《そ》れは、日向の高千穂《ほ》の峰に來るといふ」(酒井勝軍説)

淺《せん》學なる予《よ》は、之《こ》れが如《い》何《か》なる偶《ぐう》意《い》あるやは知《し》り得ざれども、宇《う》宙《ちう》の大道《どう》たる地《ち》球《きう》が、光《ひかり》に向《むか》ひつゝあるか闇《やみ》に向《むか》ふて動きつゝあるやを見れば、自ら分明する事と思ふ。即ち地《ち》球《きう》は太陽《よう》に向《むか》つて公轉《こうてん》しつゝあれば、日の光《ひかり》に向《むか》ふは、日廻り草《そう》丈けではない。日を拜《おが》むデモクラシーは無《な》い、日の神を祭《まつ》るテオクラシーは盛《さか》んになる意味《み》であらうと思《おも》はるゝのである。

斯く觀《くわん》じ來る時は王道《おうどう》樂土の滿洲《まんしう》を助《たす》け來れる大日本皇國《こく》の民人は神の御心なる誠《まこと》と愛とを心として、平和《わ》の大皇國を地上《じやう》に建設《けんせつ》し、神《しん》皇道《どう》をふりかざして、世《せ》界の人類《じんるい》を指導《しどう》し救濟《きうさい》する尊《たつと》き大使命《しめい》のあるを自覺《じかく》せなければならぬ。之《こ》れ即ち從來の神道《どう》と誤《あやま》られざる意《い》味《み》に於いて神皇道《しんのうどう》と唱《とな》ひ、日々修《しう》行す可《べ》きよすがとして、此寶典《このほうてん》をあんだ所以《ゆえん》である。

此《この》神皇道寶典《こうどうほうてん》は讀《よ》む可《べ》きに非《あら》ず、身《み》を以て親しく行ふ可《べ》きものである。

錦洲 謹述

神《ジン》皇《ノウ》道《ドウ》《スメロギー》

惟神の大道を世界に宣揚す可く皇《スメ》神《カミ》の道をスメロギーThmerogyと唱へ、徹底的超絶道徳たる宇宙の眞理、天地の公道として發揚する所以也

神皇道《ジンノウドウ》《スメロギー》

〔眞理一なり、二あるなし、神一なり、二あるなし
道一なり、二あるなし、佛法、キリスト教、儒道
萬教は本源の神ながら神皇道に歸す可し〕

大綱

（一）、神皇道《じんのうどう》は事實《じじつ》に則せる宇宙《うちう》の眞理《しんり》也《なり》。

（二）、神皇道《じんのうどう》は宇宙《うちう》創成以來《そうせいいらい》我《わが》大日本《だいにほん》皇國《こうこく》の皇祖《こうそ》皇宗《こうそう》が宇宙根本《うちうこんぽん》の大神より神宣《しんせん》を受《う》け實行《じつこう》し來《きた》り給《たま》へる神《かみ》ながらの大道《どう》なり、天地《てんち》の公道《こうどう》なり、宇宙《うちう》の眞理《しんり》一にして二あらず、大自然《しぜん》の眞《しん》の姿之《こ》れ神皇道《じんのうどう》なり。

（三）、宇宙根本《うちうこんぽん》の大神は、カミナガラ、ノンノオヲ、ナムモオヲ、アメシヤヲ、アメン即ち元無極體主王大神にしてゴッドも如來《じよらい》も天《てん》も眞理《しんり》も凡《すべ》て萬德《とく》圓滿無碍自在《ざい》として籠《こ》もらせ給《たま》ふ。

（四）、神皇道《じんのうぞう》の神代《かみよ》より自然《しぜん》に行《おこな》はれし、我《わ》が大日本皇《こう》國の　天皇陛下《のうへいか》は生《うま》れながらにして、我が大日本の天皇陛下《のうへいか》に御在しますのみならず、宇宙根《うちうこん》本の大神の顯現《けんげん》たる天照皇大御神の顯《あらは》し御靈として天性《せい》スメラギ、スメラミコトの現人神として古《こ》代上代に於《おい》て實現《けん》なされたる如く、世界《せかい》萬國《こく》棟梁《りやう》天職《しよく》天津《つ》日嗣天皇《のう》として奉《ほう》體さる可《べ》きと

（五）、我《わ》が大日《に》本皇《こう》國の神皇《こう》の選《えら》び給《たま》へる棟梁《れう》國、秘藏國《ひぞうこく》、所謂《いはゆる》神國にして靈地《れいち》なれば世《せ》界《かい》の縮圖《しゆくづ》模《も》型闕《けいけつ》なり、嘗《かつ》ては世界《せかい》を統理《とうり》せる總本家《そうほんか》なりしが如《ごと》く、又近《またちか》く世界《せかい》に君《くん》臨《りん》す可《べ》きものなり、之《こ》れ支那《しな》、ロシヤが日本《にほん》に敵對《てきたい》して亡《ほろ》びたる所以《ゆえん》にして、滿洲《まんしう》國《こく》が日本《にほん》によりて獨立《どくりつ》したるは神皇道發現《じんのうぞうはつげん》の第《だい》一歩《ほ》にして、神政復興《しんせいふくこう》の實現《じつげん》を暗示《あんじ》するものなり。

（六）、神皇道《じんのうぞう》は宇宙世界《うちうせかい》に於《お》ける萬神《ばんしん》、萬有《ばんゆう》、萬生《ばんせい》彌榮《さか》の絶體的超特道德《ぜつたいてきちようとくどうとく》にして、人類萬衆《じんるいばんしう》の之《こ》れを遵守《じゆんしゆ》して繁榮《はんえい》となり、ひいては靈魂《れいこん》の救濟《きうさい》となり、現當《げんとう》二世《せい》の利益《りえき》嚴然《げんぜん》たり

（七）、神皇道《じんのうぞう》は順《じゆん》にして正《せい》、明《めい》にして淸《せい》、爽《そう》にして快《くわい》なり、隨《したが》つて之《これ》を行《おこな》へば心身《しんしん》無《む》病息《べうそく》災長壽《さいちやうじゆ》の秘訣《ひけつ》たり。

（八）、大日本《だいにほん》皇國《こうこく》の皇祖《こうそ》皇宗《こうそう》は、即《すなは》ち萬國人《ばんこくじん》の祖神《そしん》なり。

（九）、太陽《たいよう》は大神《たいしん》の表象也《へうせうなり》、之《これ》を徹《とほ》して眞《しん》の大神《たいしん》を心《こゝろ》にて見《み》る可《べ》し、引力《いんりよく》、遠心力《えんしんりよく》、電氣《でんき》磁氣《じき》、光線《こうせん》、熱線《ねつせん》、ラヂオ等《とう》の本源《ほんげん》は凡《すべ》て目《め》に見《み》へず、然《しか》れども人間《じんけん》は之《これ》を信《しん》ず、之《こ》れ萬物《ばんぶつ》の靈長《れいてう》たる所以《ゆゑん》なり、如何《いか》なる人《ひと》も心《こゝろ》の燈明臺《とうめうたい》を明《あか》るくし、心《こゝろ》の羅《ら》針盤《しんばん》を正確《せいかく》にして心眼《しんがん》を徹して赤子《せきし》の心《こゝろ》を以《もつ》て澄《す》み渡《わた》りたる大空《おほから》、大海原《おほはら》の如《ごと》き心《こゝろ》を以《もつ》てとぎ澄《す》ましたると鎌《かま》の如《ごと》き心を以《もつ》て直接《ちよくせつ》神の聲《こゑ》を聞《き》き、自《じ》省猛省《せいもう》すれば神理《しんり》厳然《げんぜん》として判明《はんめい》す可《べ》し。

（十）、大死《たいし》一番《ばん》、大悟《たいご》徹底《てつてい》せば生死《せいし》本來《ほんらい》一如《によ》神人《しんじん》一體《たい》たり、何《なに》を苦《くる》しまんや、悲《かな》しまんや寢《ね》るも起るも神皇御《こうご》恩德《おんとく》の懷にあるを思ひ、生《せい》のあらん限り大陽《よう》の如く、朝《あさ》から晩《ばん》まで働《はたら》き通《とほ》し、月の出《い》づるに到《いた》つて、安《やす》らけく、平《たひ》らけく休《やす》む可《べ》きなり、噫《あゝ》日月清明大和一體是《こ》れ即《すなは》ち神皇《のう》一體の大道《どう》なり。あな畏しこ。

大行

〔小善もなすべし、小善積んで大善となる、大善もなす可し
大善積んで大惡も亡びん、小惡もなす勿れ、小惡積んで大
惡となる、大惡もなす勿れ、大惡積んで大善も亡びん。〕

一、毎朝　東天《とうてん》を拝《はい》して

大神笑め給め神人一體（外にノンノウノンノと多《おほ》き程《ほど》唱《とな》ふるよし）を三唱《せう》又《また》は數《すう》十遍《ぺん》、數《すう》百遍《ぺん》、數千遍《へん》多《おほ》き程《ほど》よろし唱《とな》ふ可《べ》し。

（一）宇宙根本《うちうこんほん》の大靈《れい》を信《しん》ずる外天照皇大御神が神靈《れい》界の司宰《しさい》神として、その王座《おうざ》につかれしを以《もつ》て、毎《まい》朝東天を拜《をが》みて眞心《こゝろ》をこめ小祓《はらひ》の祝詞《のりと》を奏《そう》上して今日一日よき事を行《おこな》ひ國家《こくか》社會の安泰《たい》を祈願《きぐわん》する事。

（二）畏《かしこ》くも　我《われ》天皇陛下《のうへいか》は天照皇大御神の顯《けん》現として、すめらぎすめらみことの御天職《しよく》として現人神に御在しませば、毎朝皇居《まいあさこうきよ》を遙拜《ようはい》し、御鴻恩《こうおん》萬分《ぶん》の一を報謝《しや》し、且《か》つ上代に於いて實現されし如く萬國棟梁天職《りやうてんしよく》天皇《のう》として一日も早《はや》く世《せ》界《かい》を統《とう》理せらるゝ事を皇神に祈願《きぐわん》する事。

（三）國家《か》社會の一員として　天皇陛下《てんのうへい》の御鴻恩《こうおん》を深《ふか》く知《し》り犧牲《ぎせい》的に義勇奉公《ゆうほうこう》、純《じゆん》忠至誠《ちうしせい》以《もつ》て君《くん》國に盡《つく》すと同《どう》時に、社會人類《るい》の安寧《ねい》と幸福《ふく》を増進《ぞう》するため一日も早く神政《せい》の成就を祈願《きぐわん》する事《こと》。

明治天皇御製

我國は神の裔なり神祭《まつ》る昔《むかし》の手ぶり忘《わす》るなよ夢

有難《かた》き神の國にと生れ來てことわり知《し》らぬ愚《おろか》さもかな

錦洲謹作

大神笑みため　神人一體　ノンノウノンノ

大理

大理嚴然一歩も假借せず、大理嚴存小理影をひそむ、大理嚴在天壤無窮たり、大理嚴顯神力無限たり、神人一體、大和一體、宇宙の大理、是唯信衆神皇道大神笑給め神人一體ノンノウノンノ

(一)小欲排除　神靈確信

一、靈人《ひと》はみな亡《ほろ》ぶる慾《よく》を捨《す》てはてゝ榮ゆる神《かみ》と共に行かなん

(二)靈肉一致　至誠確認

二、二つにはあらず靈肉《れいにく》一如《ひとつ》にて誠《まこと》はなれぬ神人一體

(三)相對均等　右旋左旋

三、皆《みな》凡て陰陽《いんよう》對し左り右廻りてつきぬ巴（共榮《つ》）●なりけり

（四）公轉自轉　無限循環

四、世の中は公轉《てん》自轉《てん》右左《みぎ》りとことはつきぬ七《し》五《め》三細《なは》にして

（五）大神嚴存　天皇顯現

五、嚴《いつ》かしく神《かみ》は在しますスメラミコ神にましまし畏くぞある

（六）大和一體　萬物彌榮

六、むつびあい萬の物は樂しみて賑々しくぞいや榮にます

（七）天象地瑞　本來形相

七、何事《こと》も象《すがた》、瑞《しるし》に表はれて本地《ら》の姿《すがた》思《おも》ひ知《し》らるゝ

（八）棟梁分臣　紋章天定

八、八咫鏡神《きみ》の姿《すがた》と表はれて菊《きく》と日の外分家なりけり

（九）神恩無限　絶對奉仕

九、九重《へ》の雲《くも》は深くて知《し》らねども神《かみ》の恩みは限《かぎ》りなくして

（十）超絶道德　愼敬是神

十、尊《たつと》しといふもかしこしかけまくもまごころこめておろかみまつる

（神）心淸《きよ》くすまして見ればば大神は

眼の邊《あた》りにぞ輝きにけり

（天皇陛下）すめらぎのすめらみことは神にして天地《あめつち》てらす天てらす神

三種の神器

（劍）敎へても向《たゞ》分らずには向《むか》はゞ

破魔《はま》の劍《つるぎ》もいとはずあらなん

（玉）活ける神鏡《かみかゞみ》となしてまつろはゞ

玉《たま》の如くにいやさかにして

（鏡）我心鏡《かゞみ》にかけて朝《あさ》な夕《ゆう》な

かへり見るこそ神《かみ》の道《みち》なれ

（守り）神と君崇めて吾《われ》に智《ち》仁勇《じんゆう》
そなはる德《とく》や神寶《かんだから》かな
ノンノウノンノ

神皇讃歌

天地根本大神（一）

微笑《ゑ》めく〳〵ニコ〳〵と
笑《わら》はう〳〵ニギ〳〵と
天の御中にましまして
天地始めの時よりぞ
宇宙《うちう》を主宰《しゆさい》あらせられ
ノンノウ神とまつらるゝ

あな尊や畏しや
あはれ面白《おもしろ》
あな樂し
あな爽やけ、おけ

平和の御神（二）

微笑めく〳〵ニコ〳〵と
笑《わら》はう〳〵和々《にぎ〳〵》と
平和の御神は天照《てら》す
神代の時より朗らかに
四海《かい》を惠むその心《こゝろ》
吾等《われ》も受《う》けて安けく
仲《なか》よく歌はう、踊りませう

あはれあな面白《おもしろ》
あな樂し
あな爽け、おけ

天の岩戸開き（三）

天地、始《はじ》めの時よりぞ
神は吾等《われら》を照《てら》しけり
神在り、人あり人は皆《みな》
神の子なれど汚れあり
天運循《うくじゅん》環大神は
哀《あは》れと思ひ今爰《こゝ》に
天の岩戸《いはと》を押《お》し開き
出現し給《たま》ふあな尊と

天の八重《へ》雲《くも》押《お》し開き
いづのちわきに舞ひ給《たま》ふ
吾れ等《ら》も舞はん神々と
神を拝《をが》まん心《こゝろ》こめ
あはれ、あな面白ろ
あな樂し、あな爽け
花《はな》は笑《わら》へり、鳥《とり》歌ふ
光《ひか》りまばゆく、天照《あまてら》す
神表はれて嬉《うれ》しさや
神々と共に踊らなん

天皇禮讃の歌（四）

天地の始《はじ》めの時になりませる

天の御中の大神は
天照大神と表はれて
うつし御靈は天皇《のう》と
世《よ》々に傳《つた》へて神々し
すべらみことの尊さは
譬《たと》ふる事《こと》の畏くも
天の心をわが心
地の心をわが心
神《かみ》の心をわが心
宇《う》宙《ちう》の心をわが心
萬有の心をわが心
すべら〳〵とすべらぎて
すめら〳〵と滑《なめ》らかに

四海《かい》を照らす神《かみ》に在す
神を拜まば君《きみ》拜め
神《かみ》を知《し》らんは君《きみ》崇め
天地の神《かみ》と天照皇《てんせうこう》
すめらみことも一體ぞ
あな尊しや神《かみ》の國
爭ひやめよ四方《よも》の海《うみ》
波《なみ》も靜《しづ》かに天の下
皆同胞《みなはらから》と睦び合ふ
（以上二句二度くり返す）

朝の祈り（五）

宇宙《うちう》を照《てら》す　太陽《たいよう》は

神世《よ》の昔も　今も尚は
たゆまずうまず　照《てら》すなり
日の大神の　御姿を
おがまんものは　あかつきの
ほの〴〵昇《のぼ》る　朝日影《かげ》
拝みて後に　働《はた》かん
神と太陽《たいよう》　始《はじ》めより
働《はたら》きとほし　何物《もの》も
得やうと思ふ　心なし
神の心《こゝろ》と太陽《たいよう》の　心を受《う》けて
まつろはん
神を拝みて　日の御子の
おはす所を　拝まなん

迷《まよ》へる暗世《やみよ》は　明けにけり
日の大神は　現はれぬ
崇めまつりて　後にこそ
已がなりわい　はげまなん
　崇めまつりて　後にこそ
　已がなりわい　はげまなん

和歌

◉我が心《こゝろ》、神に通じて嬉《うれ》しさや
　人《ひと》にも傳《つた》へ悩み去らなん。
（誰人も悟れば神に通ず）
◉亡《ほろ》ぶ可《べ》き物《もの》をつかみてあがき居る
　哀《あは》れの人《ひと》よ早《はや》く目《め》覺めよ。

◉磯《いそ》原《はら》の濱《はま》に宿《やど》りて波《なみ》の音《おと》
心すまして寶たづねん。
◉神寶《たから》三度拝みて有り難や
皇神《すめかみ》の憲令《のりいせ》ぞ知《し》らるゝ。
(之《こ》れは神代《かみよ》文字《じ》に書《か》いて神《かみ》に奉納《ほうのう》す)
◉そそり立《た》つ太《たい》平洋《よう》の波《なみ》のよするところ
鳥《とり》も遊《あそ》びて神祭《かみまつ》らるゝ。
◉白波《なみ》のよする濱《はま》邊に白雪《ゆき》の
降《ふ》りてぞ神《かみ》もいやらこにして。
◉濱《はま》千鳥《とり》喜《よろこ》び歌《うた》ふ朝《あさ》ぼらけ
神《かみ》ながらなる大祭《まつ》りせよ。
◉我《わが》國は天照る神《かみ》の獨《ひと》り子の
天津日嗣の日の本つ國。

◉天照すら神《かみ》を知《し》らんは天皇《すめらみこ》
崇めて道《みち》を勵《はげ》むなりけり。
◉天照らす神《かみ》は一也大八洲
しろしめす君《きみ》すめらみこなり。
(マルクス主義は駄目、ギリシヤロ
ーマ等の物質文明皆亡びぬ之にて知
れ)
◉行く先の魂《たましひ》知《し》らすアチコチと
むぐらの如くあがき居るなり。
(人間生るゝや先づ神の分靈宿るな
り、それを知《し》れとの事なり)
◉天地の神を知らずに世《よ》の人は
蝸牛《ぎう》角上の爭《あらそ》ひをする。
(日本天皇は天地宇宙をしらす現人

神にて在す、其他は統治權者なり）

◉正邪《せうじや》をば裁く神こそ表はれぬ
　悔ひ改めて神の國にと。
（正しき皇大神は盛んに活動し給ふ
事を述ぶ邪靈を戒しむるなり）

◉人《ひと》は皆《みな》濁《にご》りをとれよそのまゝに
　人《じん》はなくなり神となるぞよ。

◉はい／＼と拜みまつればよきものを
　はの字《じ》ににごりばかとなるなり。

◉神佛《ぶつ》耶一つにこねて呑《の》み下し
　我ものとする有り難さかな。

◉神佛耶互《たがひ》に嫌《きら》ふ事勿《なか》れ
　その大本は一つなりけり。

◉ナンマンダ、法蓮華《はつれんけ》經もアーメンも
　ナームアーミンにこもり居るなり
（元無極體主王大神）

◉煩惱をサラリとほどけそのまゝに
　人には非《あら》ず佛なりけり。

◉年々に時は變《かは》れど日に新た
　望と光《ひか》り惠む日の神《かみ》。

◉諸《もろ》々のもの安《やす》らけく平《たひら》けく
　正しく照らす日の神《かみ》の國。

◉光熱《ひかりねつ》電氣《き》磁《じ》氣《き》も靈《みたま》さへ
　惠む日の神《かみ》崇めざる可《べ》き。

神示《じ》あり南無妙法蓮華《めうほうれんけ》經《けう》よりノンノウノ
ンノの尊き事左に書《か》き連《つら》ぬ

ポン語《ご》はアヒル語《ご》の轉《てん》ぜるなり更改せ
るなり、その本源《げん》は
ナムフンダリカスタラン
之《これ》を阿《あ》字《じ》源《げん》にかへせば
アムアムアイアイアアアム
となる、もつと早くつゞむれば
ナンナンアーナン
となるもつとすぺらかに、大きく唱《とな》ふれ
ば
ノンノウノンノ
となる、南無阿《あ》彌《み》陀《だ》佛は
ナムアミダブツ
アムアムアイイ

アンアンアイー｜
最後《さいご》の音《おん》調下りて天地《てんち》人の内人下がる之《これ》
陰《いん》に偏《へん》す、國亡《ほろ》ぶる所以《ゆゑん》なり
◉天《あめ》御《み》中《なか》天照《あまてら》神《かみ》も豐受《とようけ》も
凡《すべ》て宇《う》宙《ちう》の大本の神《かみ》。
◉天御中本態《たい》なれば高《たか》皇《み》産靈「相《さう》」
神《かみむ》皇《す》産《び》靈は「用《よう》」とこそ知《し》れ。
◉空《そら》といふ高天原《はら》に有無あるは
アムアムア神《かみ》と知《し》るぞうれしき
◉天 皇御璽《すめらみこみしるし》なりと崇めたる
三種《くさ》の寶《たから》、天地の道《みち》。

右施左旋

◉イザナギは右に廻りてイザナミは

左り廻りて日の神ませり。

日の光

◉日の光《ひか》りそのまゝ受《う》けて日の本の
道《みち》行ふぞ神の國《くに》なり。

日の靈

◉日の靈《ひ》をば天降《くだ》りまし日の御子が
天地しらす理《まこと》りにこそ。

靈人

◉日の靈《ひ》をば吾等《われら》も受《う》けて皆《みな》共に
靈人《ひと》とはならん神とならなん。

無始無終

◉世の中は始め終りもあらばこそ
右と左りの廻りつゞきぞ。

生死一如

◉右《みぎ》は生、左は死《し》なり出る息《いき》と
入る息《いき》そこに神宿《かみやど》るなり。

草薙劔

◉おごる可き心を切《き》らん天が下
草《くさ》もなぐ可し雲拂《くもはら》ふ可し。
（苦《く》、臭《くさ》、醜草《しこくさ》）（苦《く》も、曇《くも》り）

神威可畏

◉何事といふも畏しかけまくも
天てらします伊勢の大神。

宇宙大法

◉大神の歩《あゆ》み潮路《ち》に打《う》ちのりて
自由《じゆう》自在《ざい》の命《いのち》得るなり。

言靈

◉よき事をなさんとすればよき言葉《ことは》
天地《あめつち》の憲《かり》に通ふなる可し。

三十二相

◉四方八方十六方照《てら》す御方を人稱《たゝ》へ
三十二相と申《まう》すなりけり。

心の寶

◉鐘《かね》太鼓《たいこ》叩《たゝ》いて探《さが》すその寶
己《おの》が心《こゝろ》に宿《やど》り居《を》りけり。

心の鐘

◉打《う》てばひゞく心《こゝろ》の鐘《かね》を知《し》らずして
外《ほか》に求《もと》むる愚《おろか》さもかな。

神樂

◉朝早《はや》く夜遲く迄《まで》ドトンコ〳〵と
働く業《わざ》ぞ神樂《かぐら》なりけり。

神眞中

◉神眞《かみま》中《なか》人萬有は十六方
基《もと》は一つにありけるものを。

一波萬波

◉石《いし》落《お》ちて一波起れば萬波《は》なり
一波《は》は神《かみ》ぞ萬波《は》物《もの》なり。

眞柱

◉樹を見れば眞の柱ぞ神《かみ》に在す
木目《もくめ》は人と萬物にこそ。

神人一體

◉神《かみ》と人分けて見るから分らない
元より親子《おやこ》一つ心ぞ。

神佛一也

◉神様は佛キリスト仲《なか》よくと
敎へ給《たま》ハしものなりけるを。

敎ゆる難義

◉有り難き神《かみ》の道《みち》をば如何《か》にして
敎へんとてぞ苦勞《くろう》するなり。

偉大なる靈力

◉地震《しん》火《くわ》事サア大變《へん》と思ふ時
鬼《き》神驚かす力《ちから》出《で》るなり。

神通の力

◉眞《ま》心をこめて大きくヱーといふ
その聲《こゑ》諸《もろ》共に神《かみ》に通《つう》ずる。

禊即清淨

◉心をこめわきめもふらずみそぎせば
自づと心清《こゝろきよ》まるぞかし。

心清淨即病即癒

◉色《いろ》々くの濁《にご》り汚《けが》れをふき拂い
病魔《べうま》退散《たいさん》長《なが》生きとなる。

悟りの極意

◉神《かみ》を呼《よ》び手《て》をば合《あは》せて神《かみ》となる
心《こゝろ》ぞ神《かみ》に通ふなりけり。

既成政黨

◉我が黨《とう》立《た》てゝ利益《えき》を計るのみ
民《みん》は搾られ國《くに》は亡《ほろ》びん。

同

◉選擧《せんきよ》前賣藥《ばいやく》の如《ごと》ならべ立《た》て
羊頭《ようとう》かゝげ狗《く》肉《にく》賣るなり。

既成政黨國賊

◉神ながら神の道《みち》にと逆《さか》らうは
馬賊《ぞく》の如き政黨《せいとう》にして。

財閥

◉憎《にく》む可し政黨《せいとう》と結ぶ財閥《ざいばつ》は
すべらぎの道《みち》を打《う》ちこわしつゝ

高利貸

◉神代《よ》には無かりしものを貪《むさぼ》りて
此《この》世ながらの修羅《しゆら》道《どう》にして。

實業家

◉黄金《かね》をば來世《らいせい》に迄《まで》も寶ぞと
命取《と》らるゝ哀《あはれ》なる人。

紳士

◉自動車《じどうしや》と妾《めかけ》を持てば紳士《しんし》顔《かほ》
別莊《べつそう》行きは豪《ごう》勢なもの。

櫻をよそに

◉櫻《さくら》がり人に任せて神の子《こ》は
神につかへてうれしかりけり。

伊勢詣

◉五十鈴川《かは》こそのけがれをみそぎして
神《かみ》かけいのるうれしさもがな。

◉高倉《たかくら》の山《やま》に昇《のほ》りて豐受《とようけ》の
御《み》魂かしこみおろがみまつる。

◉神路《ろ》山神《やまかみ》のいはれを聞《き》きながら
神詣《かむまう》でするありがたさかな。

◉曲玉の池《いけ》に遊《あそ》べるおしどりは
神代ながらの姿《すがた》なりけり。

◉高倉《たかくら》の森《もり》の梢《こずゑ》に嬉々として
もずの群さへ春歌《はるうた》ふなり。

◉君《きみ》が御代稱へる如く庭鳥《にはとり》は
明かき心をこけこうとなく。

八田知紀

◉幾十《いくそ》度《たび》かきにごしても澄《す》みかへる
水《みづ》や皇國《くに》の姿《すがた》なりける。

高崎正風

◉我が道《みち》は廣《ひろ》くや神の開《ひら》きけん
萬《よろづ》の國《くに》の人《ひと》も行《ゆ》く可《べ》く。

黑川眞頼

◉我國《わがくに》の道《みち》の大道《どう》攔けれは
踏《ふ》むとも知《し》らで人《ひと》の行《ゆ》くなる。

藤田東湖

天地正大氣、粹然鍾神州。
死爲忠義鬼、極天護皇基。

梅田雲濱

◉君《きみ》が代《よ》を思ふ心の一すじた

我が身ありとも思はざりけり。

伴林光平

本是神州清潔民、誤佛奴説從塵

如今棄佛佛休怒、本是神州清潔民。

順徳《とく》天皇《のう》の「禁秘御抄」に

凡《およ》そ禁《きん》中の作法《ほう》、神事を先にし、他事を後にす

と仰せられ

光格《こうかく》天皇《てんのう》は

敷《しき》島の大和錦《にしき》においてこそ

唐紅の色《いろ》もはゆあれ。

と詠《よ》まれ、明治《めいち》天皇《てんのう》は

善《よ》きを取《と》り悪しきを捨《す》てゝ外《と》つ國《くに》に

劣《おと》らぬ國《くに》となすよしもがな。

我が知れる野にも山《やま》にも茂《しげ》らせよ

神ながらなる道《みち》敎へ草《くさ》。

千年ふる神の開きし道《みち》も又《また》

開くは人の力なりけり。

と謳《うた》はせられり。拜讀《はいとく》三思實行す可き事こそ。佛人ポールシャール歌《うた》ふて曰《いは》く「……一切の神事《じ》を統一して更に神聖なる眞理を發揮《き》するは貴《き》國なる可し云《うん》々」

本尊の明かし

本尊《ぞん》とは眞《しん》の本源《げん》にして而かも生き活きとした萬神萬靈《れい》こもらせ給《たま》ふものに非《あら》ずんば之《これ》を拜《おか》みても何等《ら》の効果無《な》かる可《べ》し。眞に利益《りやく》あらんとせば次《つぎ》の如く祭《まつ》る可《べ》きものなり。

別祖大神《けいらねまかみ》（相殿）

（九十八柱）

皇祖皇太神《すめみおやすめらおほかみ》

元無極體主王大神
天御中主大神
歷代皇靈八百萬神天神地祇萬靈
　｝
天神四十七柱
天照日大神
月讀尊

國常立大神《くにとこたちおほかみ》（相殿）

月讀神

曼荼羅御題目の明かし

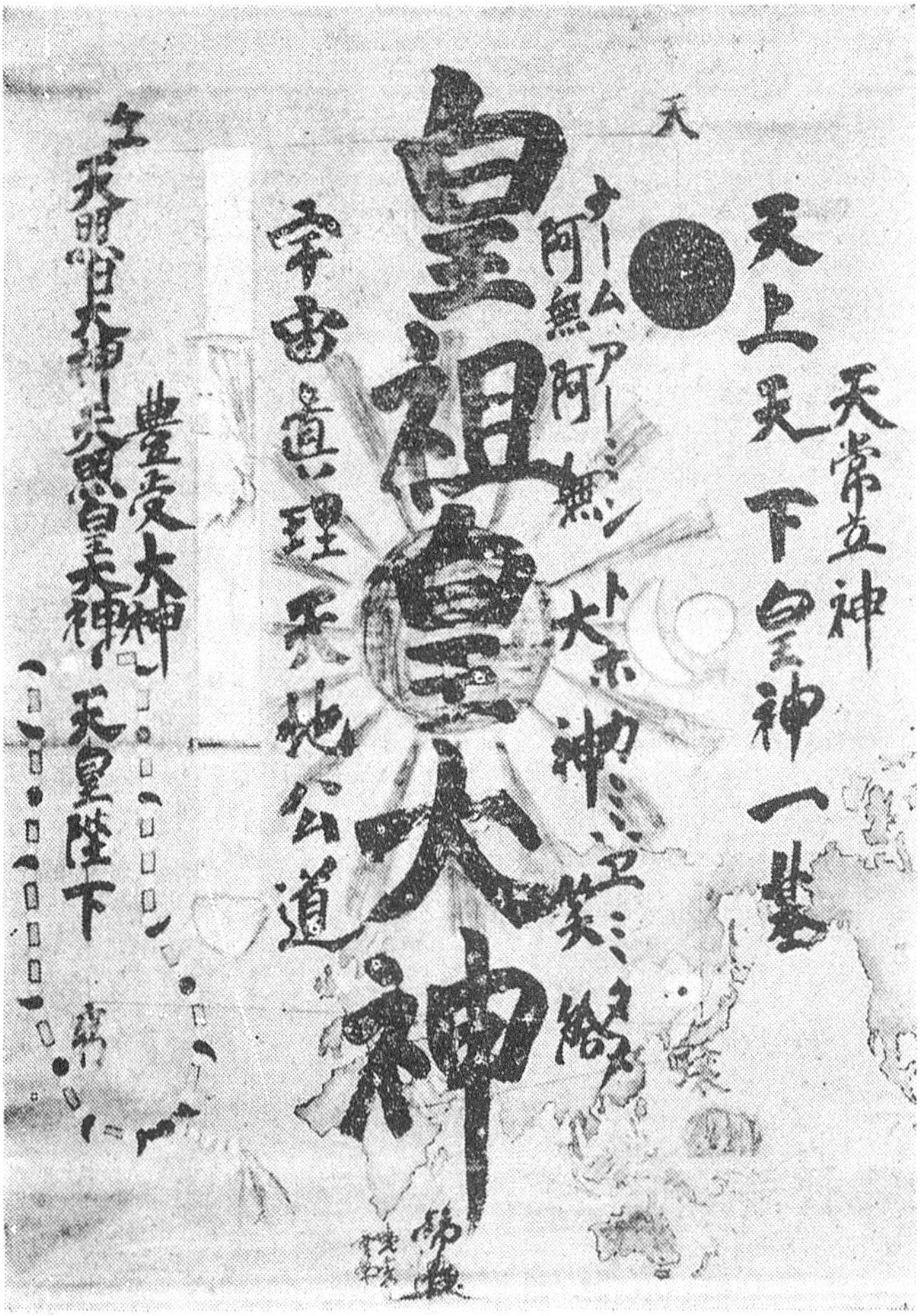

著者が竹内家古文書によりて謹製せる曼陀羅

著者が謹製せる曼陀羅

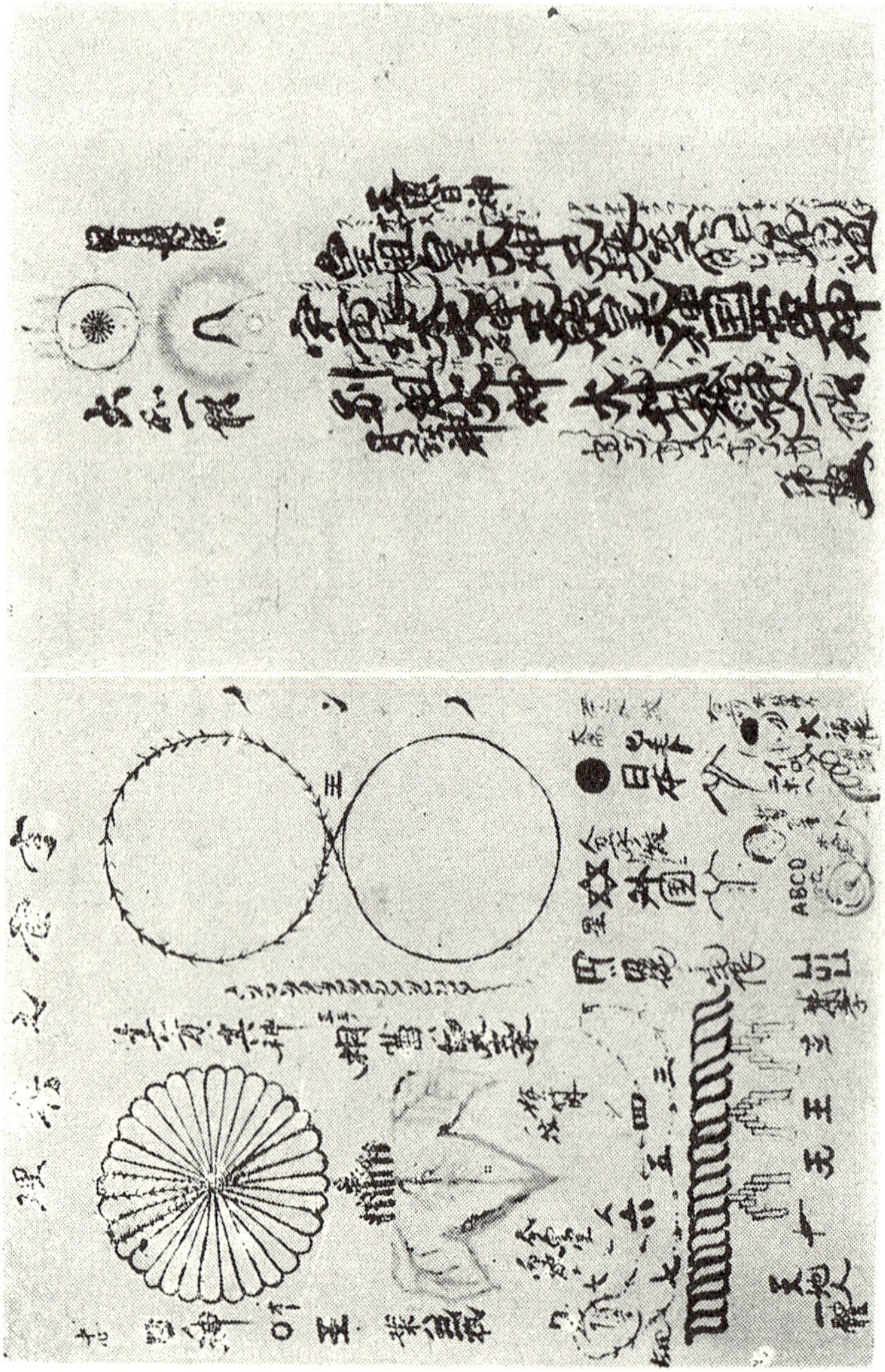

右旋左旋り圖、日本日の印、外國は星、月の印
菊御紋は十六方を照す表徴、桐は七五三縄、シ
メナワの理圖示す

次《つぎ》の如きもの最《もつと》も優越なるものならん。

皇祖皇太神
- 別祖大神 （日月清明） 天上天下皆神皇道
- 天照皇大御神 萬國棟梁天職天皇
- 國常立大神 （大和一體） 大神笑給神人一體
- 月讀神

以上を略《りやく》していへば

元無極大神 天照皇太神 萬國棟梁天職天皇（三位一體）
- 天上天卜皆者神皇食道
- 大神笑給神人一體

モット略《りやく》していへば

皇祖皇太神大神笑給神人一體又は
皇祖皇太神守り給へ幸はへ給へ又は
神ながら（元無極大神）靈幸いませ

と唱《とな》ふ可《べ》し。

日々唱ふる御歌

吾《われ》等の大本の祖《そ》神と現《あら》人神に在します天皇陛下《てんのうへいか》をも崇めて、その業務《なりわい》に勵《はげ》めば人間として最上なるものなり。即ち

劔太刀《つるぎたち》ぬかず治まる大御世《みよ》や
　鏡《かがみ》にかけて玉《たま》うるわしく
神と君《きみ》崇めて吾《われ》に智仁男
　備はる德や神寶かな

大和《やまと》節《ぶし》 （隙あれば歌ふ可し）

天上天下《てんぜうてんか》、三千世《せ》界等しく拝《おが》む菊《きく》の花《はな》

天照《てら》すすめらみことの世《よ》になりたぞや

天の岩戸《いはと》は今開《あ》いた、けがれをみそげみなはらへ

助《たす》け給《たま》ふぞ天照皇《てんせうこう》の尊《みこと》

菊《きく》の薫りにかぐわしく、天照る神に抱かれて

その身そのまゝ救《すく》はるゝ

目出度《めでた》や、有《あ》り難や萬歳〳〵

大神笑み給め神人一體　ノンノウノンノ

心《こゝろ》の濁《にご》りを去《さ》り病氣《べうき》を直さんとせば次《つぎ》の神言を度々唱《たびたびとな》ふべし

我が吾れと思ふ心は天の吾、我が物とては一物もなし、

皆ふき祓へ、大空に、無きこそ人の住家なり。

フー〳〵

神社參拜歌

（一）この靜宮《しづみや》に鎭《しづ》まりて、
すめらみかどのみ榮《さか》えを、
常磐《ときは》堅磐《かたは》に守《まも》ります、
神《かみ》の稜威《みいづ》の尊しや。

（二）おほみたからと名《な》におへる、
大和《やまと》島根《ね》の國民《くにたみ》を、
千代萬代に惠みます、
みたまのふゆの尊しや。

（三）この大前に額《ぬか》づきて、
君《きみ》と民《たみ》とに幸《さち》あれと、

只《たゞ》一筋《すぢ》に祈《いの》るなる、
我が眞《ま》心《こゝろ》をきこしめせ。

（文部省檢定濟東京音樂學校作曲）

全國神職會制定

唱へ言葉

我國の神國たる事は自他《じた》共に許《ゆる》せる所也。神《かみ》の創造《そうぞう》し給《たま》へる皇國《すめらくに》也。神世《よ》古代《だい》は神と人と親《した》しみ話《はな》し、融《ゆう》合し、無爲《ゐ》にして治《おさ》まりたり。神と人《ひと》と離《はな》るゝ事によりて思想の混亂《らん》起《おこ》り、人《ひと》は惱《なや》み人は病《や》み、樂しき人《じん》生は修羅《しゆら》場と化《くわ》す。人《ひと》は修道《しうどう》して神に近《ちか》づき、神と一體となるの信念《しんねん》、之《これ》より尊きものなし、左の唱《とな》へ言《こと》葉を念《ねん》々刻《こく》々に唱《とな》ふ可《べ》し。

大《おほ》神《かみ》笑《えみ》給《ため》神《しん》人《じん》一《いつ》體《たい》《ノンノウノンノ》　ノンノウノンノ

（註《ちう》）大神は天地始めの時成《な》りませるナーム、アーミン大御神にして、宇宙《うちう》の大靈《れい》也、

又《また》大靈《れい》の顯現《けん》として教の祖《おや》たる天照皇太御神を稱へ奉《まつ》る事となる。大神の稜威と御德《とく》とによりて、肉《にく》體のけがれ、名利色慾《しきよく》等の雜《ざつ》念サラリと洗《あら》ひ淸《きよ》められ、人間《けん》本來《らい》の靈性《れいせい》に立ち歸《かへ》り、大神の靈光《れいこう》に照されて、生きながら神となり、死《し》しては永《えい》生不滅《めつ》の殊《こと》高天原《はら》に生るゝ事を得るなり。嗚呼《ああ》！有り難や。大神笑《おほかみえ》み給《た》め！大神の中に八百萬の神もこもらせ給《たま》へ、諸佛《しよ》諸菩薩《しよぼさつ》もこもらせ給《たま》ふ。仍《よ》つて以《い》上《ぜう》の八字《じ》の唱《とな》へ言《こと》葉は從來神道家《ぞうか》の唱《とな》へ來れる「遠神笑《とほかみえ》み給《た》め」よりも遠《とう》からず近《ちか》くて力強く生々《いき／＼》として「南無阿彌陀佛《むあみだぶつ》」は陰《いん》に偏《へん》し「南無妙法蓮華經《むめうほうれんけけう》」は法《ほう》に捕《とら》はるゝ嫌《きら》ひあるに反《はん》し、神ながらにして而も皇國獨《どく》自の明るき淸《きよ》きすがくしき心こもりて何とも云《い》はれざる深き味あり。天上天下《てんぜうてんが》此《こ》の八字《じ》の唱《とな》へ言《こと》葉に合流し、一天四海《かい》惟神の大道《ぞう》に歸《き》す可《べ》きものなり。あなかしこ、あなかしこ。

大神笑給《かみえみため》神人一體。

朝夕神拜式

坐　揖

向神坐　一拜

深呼吸　數回　數十回

三種祓詞

大神依身多女神人一體

ノンノウノンノ

天照皇太神守り給へ幸はい給へ、國常主大神守り給へ幸はい給へ、皇祖皇大神守り給へ幸はい給へ

神《かん》ながら靈幸《たまち》はいませ

天津《あまつ》祝詞《のりと》

高天原《たかゝあまはら》に、神留《かみづま》り座《ま》す、神魯岐《かむろぎ》、神魯美《かむろみ》の命《みこと》を以《も》つて、皇《すめ》御《み》祖《おや》、神《かむ》伊《い》邪《ざ》那《な》岐尊《ぎのみこと》、筑紫の日《ひ》向《むか》の橘《たちばな》の小戸《をど》乃阿波岐原《あはぎがはら》に御禊祓へ給《たま》ふ時《とき》に生れ座《ま》せる、祓戸《はらひど》乃《の》大神《おほがみ》等《たち》諸々《もろ〳〵》乃《の》禍事《まがごと》罪《つみ》穢《けがれ》を祓《はら》ひ賜《たま》へ清《きよ》め給《たま》へと申《まを》す事《こと》の由《よし》を、天津神《あまつかみ》、國津神《くにつかみ》八《や》百《ほ》萬《よろづ》乃神等《かみたち》共《とも》に天《あめ》の斑駒《ぶちこま》乃耳《みゝ》ふり立《た》てゝ聴《き》こしめせと恐《かし》こみ惶《かしこ》み白《まを》す。

大神笑み給め神人一體（三遍唱《へんとな》ふ可し）冥《めい》目して氣吹《いぶき》につく。

端座《たんざ》數分又《また》は二、三十分次《つぎ》に拍《はく》手八つ。

毎朝早《あさはや》く先づ洗手して口《くち》そゝぎ、清水《せいすい》一口《くち》又《また》は一杯《はい》飮《の》む可《べ》し、又《また》は齋戒沐浴《さいかいもくよく》（冷水浴《れいすいよく》殊によし、又冷水摩擦《またれいすいまさつ》にてもよし）して神前《ぜん》に向《むか》ひ……我皇國の民人否《いな》世《せ》界の人《ひと》々も伊勢外宮《げくう》は豐《とよ》受皇大神又は竹内古文書《たけうちこぶん》によれば五色酉運大神にして天地宇宙《うちう》の根本神にましませば凡て神壇《たん》に祀る可《べ》し。天照皇大御神は我が皇國の祖《そ》神に在しますのみならず、生れながらにして神にましませば世界《せかい》の人《ひと》々も致の祖《おや》として崇め祀る可《べ》きものなり、即ち大神の御靈代《みたましろ》は畏くも分靈として莊《さう》嚴に祀り奉《たてまつ》る可《べ》し。

戰《せん》場又《また》は旅《りょ》行等にて神壇《たん》なき場合は、太陽《たいよう》は大神の表徴《へうちょう》なるを以《もつ》て朝《あさ》早く起き出でゝ遲《おそ》くも日の出前、食《そ》前に於いて誰人にも物《もの》いはざる以《い》前に於《お》いて東天紅《こう》を拜《はい》し、淸《きよ》き心にて一心に、端座《たんざ》又《また》は不動の姿《し》勢にて直立《りつ》し、下腹《はら》に力を入《い》れて、うや〳〵しく一揖して柏《かしわ》手四つしてより天地《てんち》も朗《ほがら》かになるやうな聲《こゑ》にて、下腹《はら》に力強く入《い》れて音吐朗《おんとろう》々と眞劍《しんけん》に眞面目に一心不亂《ふらん》に恰《あたか》も生きませる神の御前に物いふ如く唱《とな》へ言葉《は》又《また》は天津《つ》祝詞を奏《そう》上す可《べ》し。

註 高天原とは全大宇宙《うちう》なり、全大宇宙《うちう》の大元靈《れい》也、神留りますとは遍漫《へんまん》し充滿《じうまん》し給《たま》ふ事也。神魯岐、神魯美の命を以ちては造化《ざうくわ》の大元靈を指して葦芳氣《あしかび》の御心をもちての意《い》なり、即《すなは》ち神意《い》によりて神《かみ》の思召《おぼし》しによりてといふ意なり、伊邪那岐《いざなき》尊、伊邪那美《いざなみ》尊のかくり給《たま》ふ屍《なきがら》を追《お》ひ給《たま》ひけがれを生ず。即《すなは》ち肉《にく》あればそこに汚《けが》れあり、死《し》せる肉《にく》益けがれあり、俗世《ぞくせ》界塵世界《せかい》の汚《けが》れを代表せるものなり。之《これ》を淸《きよ》めんとして、水中に入りて先《ま》づ肉《にく》體のけがれを洗《あら》ひ淸《きよ》め次《つぎ》に心《こゝろ》を淸《きよ》められたり。之れ昔も今も同樣なり。而かも自ら斯《か》かる荒《あら》行をなして而《しか》も天津神國津神即ち天地《ち》の神々種々《くさぐ》の神に御賴《おたの》みなるところに、眞劍味《けんみ》があり眞誠《せい》がこもれる故《ゆゑ》、神に通《つう》じなすとして成就《しう》せざるといふ事なし。又《また》祈《いの》る禱《いの》りは聽《き》き屆《とゞ》けらるなり。拍手《はくしゆ》は天人融《ゆう》合なり、神を呼《よ》ぶなり、稱《とな》へるなり。演《えん》說・講演《こうえん》等を聞《き》きても共鳴《めい》感銘すれば思はず識らず手を打《う》つなり、成程と思《おも》ふ時も思《おも》はず手を合す事あり。神に對する敬《けい》を失はず、成る可《べ》く穩《おだ》やかにして大きくポーンと打《う》つ可《べ》し。天一天柱主大神伊邪那岐尊は全世界大八洲創造神なり。橘の小戸とは立初《はな》の音《おと》といふ意《い》なり。御禊祓とは産み産靈《むすび》なり。祓戸の大神達とは金龍姫、言上姫、地上丸、途上姫なり、凡ての汚れを拂《はら》ふ力あり。

右は高津玉大神、盤十臺大神合作、天照日大神の許可を得て、葺不合朝三十八代天津太祝詞子天皇之を御發布あらせられしものなり。

眞の意義を表示す可き祝詞

高天原《たかあめはら》に神留《かみづま》ります、神漏岐《かむろぎ》(靈時)、神漏美《かむろみ》(體時)の葦芽氣《あしかびき》(アシカビチ源トシテ)を以《もち》て皇御祖神《すめみおやかみ》天一天柱主大神、五十連(イヅラ)の言《ことば》の立初の音《おと》の産靈《うみむすび》によりて生み座ませる祓戸《はらど》の四柱の大神達、諸々《もろ〳〵》の枉《まが》事罪穢《つみけがれ》を祓《はら》ひ賜《たま》へ淸《きよ》め賜《たま》へと申す事の由《よし》を天津神國津神八百萬の神達共に聞食《きこしめ》せと畏《かしこ》み〳〵も申《まを》す。

六聲の御神事

人言《い》はんとせば先《ま》づ意志《し》の發《はつ》動あり、此《この》發作ありて神經系統《けいけいとう》の動作《どうさ》により、肺臟《はいぞう》のフイゴの風を聲帶《たい》に送り、他方《たほう》の神經系統《けいけいとう》の働《はたら》きによつて舌《した》、咽喉《のど》、齒《は》、唇《くちびる》の發《はつ》聲機《き》關を以て口《こう》外に言語《ご》を發し、而かも其言語《ご》が靈《れい》を有《ゆう》して意志《いし》の疏通《そつう》を可能《かのう》ならしめ、神人交通《つう》より人事百般《はん》の事象迄《ぞうまで》顯現《けん》する等《とう》、其《その》根源《げん》の發《はつ》作より結果の具像化迄《ぐぞうくわまで》考察《こうさつ》すれば、手近に宇宙《うちう》の至大原則《そく》を覗《うかゞ》ふ可《べ》く、此《こ》の軌《き》道《どう》の法則《ほうそく》の探《たん》究が唯《ゆい》一無二の捷徑《ちかみち》なり。茫《ぼう》然の狀態破《やぶ》れて意志《いし》發動する之《こ》れ宇宙剖判《うちうほうはん》なり、諸《しよ》器臟《ぞう》の働《はたら》き、之《こ》れ神の世界《せかい》の顯《けん》現にして、言語《ご》を發《はつ》し或《ある》成果を具象《ぐぞう》する所《ところ》は物質世界の顯現《けんげん》なり。

(六聲の御神事)

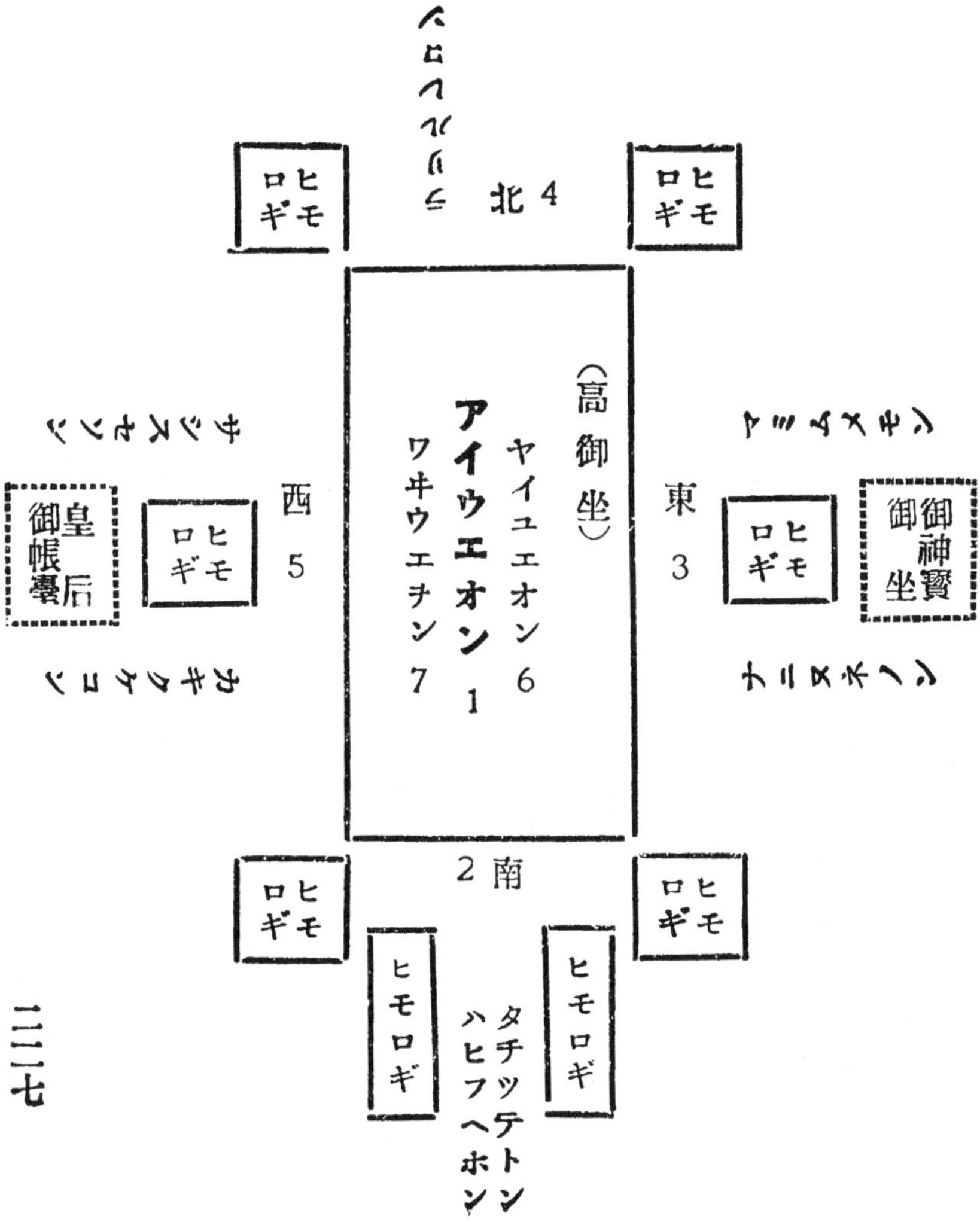

北 4
ラリルレロン
東 3
マミムメモン
ナニヌネノン
西 5
サシスセソン
カキクケコン
南 2
タチツテトン
ハヒフヘホン
(高御坐)
アイウエオン 1
ヤイユエオン 6
ワヰウヱヲン 7
ヒモロギ
ヒモロギ
ヒモロギ
ヒモロギ
ヒモロギ
ヒモロギ
ヒモロギ
ヒモロギ
皇后御帳臺
御神寶
御坐

六聲の神事とは、人類《るい》の統率者《しゃ》として世《せ》界の指導者《そうしゃ》として君臨《りん》まします　天皇が天津日嗣《つぎ》を繼《つ》がせらるゝ高御座《くら》に昇《のぼ》らせらるゝ御儀に於いて、先づ大神より授《さづ》け給《たま》へる五十一音《おん》を中央《おう》及び四方位に對し御發聲《はつせい》遊《あそ》ばして、人類《るい》生活《くわつ》を順便《べん》ならしめし言語神授の神恩を感謝《しゃ》し給《たま》ふ本義《ぎ》とし、向宇《う》宙《ちう》進展修《しう》理固成の大原則《げんそく》に則《のつと》り、人類《るい》の福祉《ふくし》增《ぞう》進を計らんと思召《おぼしめ》さるゝ大御心より、斯くは中央竝《おうならび》に各方位に於《おい》て御發聲《はつせい》ある次第《しだい》なり。抑《そも》々五十一連の音《おん》は宇《う》宙《ちう》大原則《げんそく》より天日萬言文造主大神が、編《あ》み出し給《たま》ひて之《これ》を人類《るい》發生の當初《しょ》に御神授《じゅ》ありしものにして、人祖《そ》なる我が皇祖《そ》之を太陽《たいよう》の形に則《のつと》りて天日文字として作製《さくせい》し給《たま》ひ、今日迄《まで》、所謂《いはゆる》五十一連の文字《じ》として神授《じゅ》の五十一音《おん》を宇《う》宙《ちう》の至《し》大原則《げんそく》のまゝに配列《れつ》して吾人後昆《こう》に殘し給《たま》ひしものなり。

六聲御神事の眞義解

ンは凡ての音《おん》聲を運行《かう》する音《おん》。

◉第一のアイウエオン。は五大母音《おん》と其《その》運行なり、宇《う》宙《ちう》根《こ》源《げん》の絕《ぜつ》對の眞の柱なり、大御《み》代は宇宙《うちう》進展の大法則《はうそく》のまに〳〵彌《いや》サ榮《か》へ宇宙《うちう》大元靈《れい》の大御《み》心に反《そ》むく事なきを誓《ちか》はせらるゝなり。

◉西に向はれてカキクケコン、サシスセソンの二連は遠心《えんしん》力的、流溢性《りういつせい》を以《もつ》て大稜威を發《はつ》射進展《しやしんてん》し、大御《み》代を生氣《き》潑溂《はつらつ》、人類《じんるい》福祉《し》の增進をなさしめんと誓《ちか》はせらるゝなり。

◉南《みなみ》に向《むか》はれてタチツテトン、ハヒフヘホンの二連は創造性《さうせい》、現《げん》實性《せい》を以て圓融《ゆう》帰《しん》和生成《せいせい》化育《くわいく》の大慈《じ》德《とく》を顯《けん》現す可《べ》く誓《ちか》はせらるゝなり。

◉東《ひがし》に向《むか》はれてマミムメモン、ナニヌネノンの二連は求心《きうしん》力的誘致性《せい》を以て凡てを凝集《ぎようしう》結合大恩德《おんとく》により、人類《るい》全般を統《とう》理統轄《とうかつ》ぜんと誓《ちか》はせらるゝなり。

◉北《きた》に向《むか》はれてラリルレロンの一連は浸透性、螺動性《せい》を以《もつ》て修理《しうり》固《こ》成の神業《げふ》を奉《ぶ》行し全一の神意《い》に近《ちか》づかんと誓《ちか》はせらるゝなり。

◉中央《ちうおう》に還《かへ》られて、ヤイユエヨン、ワヰウヱヲンの二連は第一の轉化《てんくわ》分身にして、眞の柱の堅固《けんこ》、嚴格《げんかく》を軟げ、補佐《ほさ》せしめ、物《ぶつ》質界なる人類《るい》萬般の現象《げんせう》を潤澤《じゆんたく》ならしめんと誓《ちか》はせらるゝなり。要するにアイウエオンは絕對《ぜつ》性《せい》を表はし、大御代か神意に副《そ》ふ彌《い》や榮《さか》へを實現せんとするには西《さい》方の發射《はつしゃ》伸展《てん》、南《なん》方の圓融《ゆう》蒐和、東《とう》方の凝集《ぎようしう》結合之を全《ぜん》一に近《ちか》づけんとする、北《ほく》方の浸透螺動、此《こ》の四個《こ》の相異《こと》れる動きを圓滿潤澤《えんまんじゆんたく》に宇宙《うちう》自然の律のまゝに働《はたら》かすに於て初《はじ》めて到《とう》達し得茲《こゝ》に天津日嗣天皇の嚴《いか》し御代の足《た》らし御代となり得《う》るものにして之《これ》を實現ましますべ可《べ》く、天地神明に御誓《ちか》ひ遊《あそ》ばす御義《ぎ》にして實に世《せ》界人類《るい》の統《とう》率者たる天津日嗣天皇御《ご》即位《そくい》とし、斯くある可《べ》き大神事たり。

音の律動と宇宙の律動

六聲の頭字《かしら》、カサタハマナラを執《と》りて各音《かくおん》を長く發音《おん》する時、何《いづ》れも（ア）に收《をさ》まる、逆《ぎやく》に考ふれば（ア）一音《おん》にカサタハマナラを含蓄《ちく》しをるものにして換言《くわんげん》すればカサタハマナラは（ア）が或《ある》動機によりて變《へん》形して發生せるものにして、何れも（ア）の本性を失はずして存在《たんさい》するものなり。之《こ》れと同じく各連音《かくれんおん》の第《だい》二字《じ》のキシチヒミニリを執《と》れば何れも（イ）に收《をさ》まり、前と同理《り》により（イ）が或《ある》動機によりてキシチヒミニリを變形《へんけい》して發《はつ》生し而かも何れも（イ）の本性を失《うしな》はずして存在するものなり。斯くの如くして各《かく》連音《おん》の第三

四、五は何れも夫々《それ》（ウ）（エ）（オ）より變形《へんけい》發生し何れも動機《どう》ある事前と同じきを見る

大《おほ》祓《はらひ》祝《のり》詞《と》

高天原《たかあまはら》に神留《かみづま》ります。皇親神漏岐《すめらがむつかむろぎ》、皇漏美乃命《かむろみのみこと》を以《ち》て八百萬《やほよろづ》の神等《かみたち》を、神集《かんつど》へに集《つど》へ賜《たま》ひ、神議《かんはか》りに議《はか》り賜《たま》ひて、我皇御孫之命《わがすめみまのみこと》は、豐葦原乃水穗國《とよあしはらのみづほのくに》を安國《やすくに》と平《たひら》けく知《し》ろしめせと事依《ことよ》さし奉《まつ》りき。斯《か》く依《よ》さし奉《まつ》りし國中《くになか》に荒振神等《あらぶるかみだち》をば神問《かんと》はしに問《と》はし給《たま》ひて語問《こととひ》し磐根《いはね》、樹立《きねたち》、草《くさ》の垣葉《かきは》をも語止《ことや》めて、天《あめ》の磐座《いはくら》放《はな》ち、天《あめ》の八重雲《やへぐも》を伊頭乃千別《いつのちわき》に、千別《ちわき》て、天降《あまくだ》し依《よさ》し奉《まつ》りき。斯《か》く依《よ》さし奉《まつ》りし四方《よも》の國中《くになか》と、大倭日高見《おほやまとひだかみ》の國《くに》を、安國《やすくに》と定《さだ》め奉《まつ》りて、下津磐根《したついはね》に宮柱太敷《みやばしらふとしき》立《た》て、高天原《たかあまはら》に千木《ちぎ》高知《たかし》りて、皇御孫命乃美頭《すめみまのみことのみづ》の御舍仕《みあらかつか》へ奉《まつ》りて、天之日蔭《あめのひかげ》、日之御蔭《ひのみかげ》と、隱《かく》りまして、安國《くに》と平《たひら》けく、知《し》ろしめせと國中《くにち》に成《な》り出《い》でん天《あめ》の益人等《ますひとら》の過《あやま》ち犯《をか》しけん雜々《くさぐさ》の罪事《つみごと》は、天津罪《あまつつみ》とは、畔放《あはな》ち、溝埋《みぞうめ》、頻蒔《しきまき》、串刺《くしざし》、生《いき》剝《はぎ》、逆剝《さかはぎ》、屎戸《くそへ》、許々太久《こゝたく》の罪《つみ》を、天津罪《あつつみ》と法別《のりわけ》て、國津罪《くにつつみ》とは、生膚斷《いきはだたち》、死膚斷《しにはだたち》、

白人《しらひと》、故久美《こくみ》、己《おの》が母《はヽ》犯《をか》せる罪《つみ》、己《おの》が子《こ》犯《をか》せる罪《つみ》、母《はヽ》と子《こ》犯《をか》せる罪《つみ》、子《こ》と母《はヽ》と犯《をか》せる罪《つみ》、畜《けもの》犯《をか》せる罪《つみ》、昆蟲乃《はふむしの》災《わざわい》、高津神《たかつかみ》の災《わざわい》、高津鳥《たかつとり》の災《わざはひ》、畜《けもの》仆《たか》し蠱物爲罪《まじものせるつみ》、許々太久乃《こヽたくの》罪出《つみい》でん。斯《か》く出《い》でば天津宮事《あまつみやこと》以ちて（大中臣—誰某）天津金木《あまつかなき》を、本打《もとう》ち切《き》り末打《すゑう》ち斷《た》ちて、千座乃置座《ちくらのおきくら》に、足《た》らはして、天津菅曾《あまつすがそ》を本刈《もとか》り斷《た》ち末刈《すゑか》り切《き》りて、八針《やはり》に取辟《とりさ》きて、天津祝詞乃太祝詞事《あまつのりとのふとのりごと》を宣《の》れ。

（註《ちう》白人、白斑《しらまだら》にうちこらす行《おこな》い。）

いいいたくみは疣《いぼ》、瘤《こぶ》などにて人《ひと》を打《う》ちでこぼこを起《おこ》さす事《こと》。

まじ物《もの》、妖《あや》しき術《じゆつ》にて人《ひと》を呪《のろ》ひて害《がい》を加《くは》ふるもの。

天《あま》つ金木《かなき》、四分角《ぶかく》二寸《すん》の金木檜《かなきひのき》にて青《あを》、赤《あか》、黄《き》、白《しろ》（又《また》は緑）に四方をいろどる。

斯《か》く宣《の》らば、天津神《あまつかみ》は天《あま》の磐門《いはと》を押《お》し開《ひら》きて、天《あめ》の八重雲《やへぐも》を、伊頭乃千別《いづのちわき》に千別《ちわき》て聞《き》こし食《め》さむ國津神《くにつかみ》は高山《たかやま》の末《すゑ》、短山《ひきやま》の末《すゑ》に上《のぼ》りまして高山《たかやま》の伊穗理《いほり》、短山之伊穗理《ひきやまのいほり》を撥別《かきわ》けて聞《き》こし食《め》さむ。

註《ちう》　文底秘義《もんていひぎ》を知《し》り眼光紙背《がんこうしはい》に徹《てつ》するとなり、大要《たいよう》は伊勢《いせ》大神《しん》部眞《しん》の御柱《みはしら》より出《い》でたるもの……

（神宮鎮座記《しんぐうちんざき》によれば）天御柱・亦の名は忌柱……天御量柱・徑《けい》四寸《すん》長五尺《しやく》の御柱《はしら》白《しろ》色《いろ》の絁《きぬ》を以《もつ》て之《これ》を纒《まと》ひ奉《たてまつ》り、八重榊《いさかき》を以《もつ》て之《これ》を飾《かざ》り奉《たてまつ》る。之即《これすなはち》イザナギ、イザナミの尊《みこと》の鎮座《ちんざ》に則《のつと》る。陰陽變通《いんようへんつう》の本基《ほんき》諸神化生《しよしんけせう》の心臺也《しんたいなり》。

斯《か》く聞《き》こし食《め》しては皇《すめみ》御孫命《まのみこと》の朝廷《みかど》を始《はじ》めて、天《あめ》の下《した》、四方《よも》の國《くに》には、罪《つみ》といふ罪《つみ》はあらじと、科戸《しなど》の風《かぜ》の、天《あめ》の八《や》重《へ》雲《くも》を吹《ふ》き放《はな》つ事《こと》の如《ごと》く、朝《あした》の御《み》霧《きり》、夕《ゆふ》べの御《み》霧《きり》を朝風《あさかぜ》、夕風《ゆふかぜ》の吹《ふ》き掃《は》ふ事《こと》之《の》如《ごと》く、大津邊《おほつべ》に居《を》る大船《おほふね》を舳《へ》解《と》き放《はな》ち艫《とも》解《と》き放《はな》ちて、大海原《おほうなはら》に押《お》し放《はな》つ事《こと》の如《ごと》く、彼方《おちかた》の繁木《しげき》が本《もと》を焼鎌《やきかま》以《もち》て、打《う》ち掃《はら》ふ事《こと》之《の》如《ごと》く、遺《のこ》る罪《つみ》あらじと、祓へ給《たま》へ清《きよ》め給《たま》ふ事《こと》を高山《たかやま》の末《すゑ》、短山《ひきやま》之《の》末《すゑ》より、佐久奈太理《さくなだり》に落《お》ちたぎつ、速川《はやかは》の瀬《せ》に坐《ま》す、瀬《せ》織津《おりつ》比《ひ》賣《め》と云《い》ふ神《かみ》、大海原《おほうなはら》に持《も》ち出《い》でなん、斯《か》く持《も》ち出《い》で往《い》なば、荒鹽《あらしほ》之《の》、鹽《しほ》の八百道《やをち》乃《の》八《や》鹽道《しほぢ》之《の》鹽《しほ》乃《の》八《や》百《ほ》會《あい》に座《ま》す、速開都《はやあきつ》比《ひ》賣《め》と云《い》ふ神《かみ》持《も》ち可々《かゝ》呑《の》みてん斯《か》く可々《かゝ》呑《の》みては、意《い》吹《ぶき》戸《ど》に座《ま》す、意《い》吹《ぶき》戸《ど》主《ぬし》といふ神《かみ》、根《ね》國底《のくにそこ》之《の》國《くに》に意《い》吹《ぶき》放《はな》ちてん。斯《か》く意《い》吹《ぶき》放《はな》ちては、根《ね》の國底《くにそこ》にます速佐須良比賣《はやさすらひめ》といふ神《かみ》、持《も》ち佐須良比《さすらひ》失《うしな》ひてん。斯《か》く失《うしな》ひては天皇《すめらみこと》が朝廷《みかど》に仕《つか》へ奉《まつ》る宮官《つかさく》の人等《ひとども》を始《はじ》めて天《あめ》の下四方《したよも》には今日《けふ》より始《はじ》めて罪《つみ》といふ罪《つみ》はあらじと高天原《たかあまはら》に耳振《みゝふ》り立《た》てゝ聞くものと馬牽《うまひき》立《た》てゝ大祓《おほはらひ》に祓ひ給《たま》ひ清《きよ》め給《たま》ふ事《こと》を天津《あまつ》神《かみ》、國津神《くにつかみ》、八百萬《やをよろづ》の神等《たちども》共に、高天原《たかあまはら》に聞《き》こし食《め》せと恐《かしこ》み惶《かしこ》み白《まを》す。

註曰《ちういはく》、科戸《しなど》の神は風《かぜ》の神《かみ》。

註曰《ちういさく》　さくなだりに云々《うんぬん》は谷川《たにがは》の水《みづ》の落《お》ち來《く》る狀《ぜう》『山々《やまやま》の口《くち》よりさくなだり水《みづ》を下《くだ》し云々《うんぬん》』

註曰《ちういはく》　可々《かゝ》呑《の》みとは（かゝは呑《の》む音《おと》）聲《こゑ》を立《た》てゝ急《いそ》ぎ呑《の》む事《こと》、のむ（水《みづ》などを）

神明奉頌祝詞

嗚呼《ああ》大なる哉《かな》、神の威《い》德や、嗚呼《ああ》至《いた》れる哉、神ながら大道《どう》や。言説筆舌《ひつぜつ》の到《とう》底及《およ》ぶところに非ず。嗚呼《ああ》盛なる哉創造《そう》進化《くわ》の力、大神發顯《けん》して萬物《ぶつ》生成し、吾《ご》人に靈智《れいち》靈妙《れいめう》の生《せい》命を與《あた》へ、無《む》限の慈《じ》愛と恩寵《おんてう》とを賜ふ。嗚呼《ああ》眞善《ぜん》美と自《じ》由《ゆう》と平等と生々育《いく》々として向《こう》上發《はつ》展增大する御德《とく》を垂れ給《たま》へ、進んではくめどもつきせぬ無限《むげん》の歡樂《くわいらく》を與《あた》へ給《たま》ふ。爰に心眼《しん》を開《ひら》きて其實相を拜《はい》し奉《たてまつ》り其恩賴《みたまのふゆ》を奉謝《ほうしや》し、恭《うや〱》しく謹《つゝし》みて此頌詞《このようし》をのり奉《たてまつ》る。神明諸靈庶幾くば幸に慈愍の眦《まなじり》を垂れ給《たま》へと恐《かしこみ》み惶《かしこみ》み白《まを》す。

祖靈奉齋詞

生みの両親に挨拶する如く親しく敬ひの心を以て唱ふ可きなり

此《こ》の靈床《たま》に齊き奉《たてまつ》る〇〇家《け》の遠御祖《そ》〇〇〇命を始め、代《だい》々の祖達《おやたち》、御室《みめ》、御子、親族《うから》、家族《やから》、君達の御靈の前《まへ》に、御裔〇〇謹みもて白《もう》さく。

皇《すめ》大御國は天地は皇《すめら》大御祖《おや》の建《た》て給《たま》ひ、定め給《たま》へる大神勅《ちよく》の隨々《まに〱》に、皇《すめら》が御世御世、彌繼《いやつ》ぎ繼《つ》ぎに受け繼《つ》がひ傳《つた》ひ來《き》坐《ま》して、唯《たゞ》一系《すぢ》に御隆《さか》に坐《ま》す、皇朝廷《すめらみかど》を戴き奉《たてまつ》り、同族《うから》と在る、幾《いく》千萬の國民《みく》等各自《おのもおのも》、遠御祖《とほつみおや》の創め給《たま》ひ掟きて給《たま》へる家《いへ》の業《なり》を、道々《みち〱》に守《まも》り傳へて緩《ゆる》ぶ事なく懈る事なく、百千歳の長き年月、心を協《あ》はせ力を結《むす》びて、君《くん》と臣《しん》と一心《ひとつ》に修理固成《をさめつくりかため》しつゝ、今斯く天皇尊《すめらみこと》の大御稜威は海《うみ》の外の百八十國《もゝやそくに》の遠《とほ》き境に仰がぬ方なく皇御國《すめらみくに》の火御光は天日《あまつひ》の照らさん極みに、至らぬ隈《くま》なく、彌益々《いやます〱》に饒《こぞ》び足《た》らひ行《ゆ》く、大御代の大御陰《みたか》を仰ぎ奉《たてまつ》りて誰かは日の本の民と生れし幸を喜《よろこ》び思はざらん、誰《たれ》かは遠御祖世々の御祖の尊き給《たま》ひ建て給《たま》へる御勳《みいさをし》を尊び偲《しの》ばざらん、然れこそ、皇朝廷《すめらみかど》にも御世御世《せ》の御靈《たま》を殊《こと》に齋き奉《たてまつ》りしめ給《たま》ふ春《はる》（秋《あき》）の眞中もけふの生日の過《くわ》日に我が御祖達の御靈の御前をも修《をさ》め奉《たてまつ》り敬《ゐや》ひ奉《たてまつ》らんと、家族同胞《やからはらから》在《あ》りの悉《ことゝく》く、御前の右《みぎ》に左に參列《まゐつら》並《な》み献奉《たてまつ》る御饗《みあへ》の物と海川《うみかは》小埜の種々《くさぐ》の味物《ためつもの》を新しきを選り鮮《あざら》けきをこめて心《こゝろ》の限り捧《さゝ》げ高成《たかな》し序《つぎて》の隨《まにま》に、拜み奉《たてまつ》り、仕《し》奉《たてまつ》る事狀《ことのさま》を平《たひら》けく安けく、聞食諾《うづな》ひ坐して、在《あ》りし世《よ》につくし給《たま》ひ、圖《はか》り給《たま》へる御心ながら此如仕へ奉《まつ》る御裔の上に靈幸《たまち》はひまして、創め給《たま》へ傳《つた》へ給《たま》へる家の業失《うしな》ふ事なく、撓む事《こと》なく、家族《うから》同胞相睦《はらからあひむつま》じく相親《あひした》しみ、身健《すこや》かに身樂しく朝な夕《ゆふ》なに勤《いそ》しみ勞《いたつ》き仕《し》奉《まつ》らしめ給《たま》ひ、家門《かもん》は廣く、家《か》名は高く、子孫《うみのこ》の八十連綿《つゞき》殖《うま》はり榮《さか》ゐしめ給《たま》ひて、國のために、世《よ》のために、皇朝廷の大御爲《ため》に忠實《まめ》に勤《いそ》しみ仕《つかへ》奉《まつ》らしめ給《たま》へと、謹《つゝ》しみ拜《を》かみて乞祈奉《こひのみまつ》らくと白《まう》す。

大神笑給神人一體 唱題解說

神皇道《じんのうどう》即宇《う》宙《ちう》創《さう》成よりある神《かん》ながらの大道《どう》は我皇國民の遵奉《ほう》すべき道《みち》にてあるのみならず眞に宇《う》宙《ちう》の眞《ま》理《り》天地の大道《どう》にして、世《せ》界人類《るい》の凡てが實踐《せん》す可《べ》き尊《たつと》き神憲《しんけん》なり。

然らば如何《いか》にせば此《こ》の濁れる世《せ》界に於いて皇國人として眞に正しき神《かみ》となり得可きやと云ふに、第《だい》一心身《しん》に至《し》誠《せい》をこめて神《かん》の御名を唱《とな》へて神靈《みこと》をまつり神言を唱《とな》へて微《び》妙《めう》なる言靈の力により一唱《せう》より二唱《せう》三唱《せう》進《すゝ》んでは數十百千唱《せう》に到《いた》る程よろし。一心不亂《らん》に聲《せい》調朗らかに胸《むね》の底より至《し》純《じゆん》に莊《そう》重に聲《こゑ》はり上げて唱《とな》ふる時は五體次第に靈《れい》動し、心身《しんしん》爽《そう》快となり無病息災《べうそくさい》神人合一の妙《めう》境に達する事を得るなり。

左の如く唱《せう》題す可《べ》きなり。

大神《かみ》笑み給め神人一體《しんじんいつたい》

又鈴《またすゞ》を振りつゝ

ノンノウノンノ

數千遍《べん》毎日約《やく》十分間以《い》上《じやう》唱《とな》ふ可《べ》し

我國の古來《こらい》は「遠神《ゑんしん》笑《ゑ》み給《たま》へ」と唱《とな》へ來《きた》れり。こはれどうも遠祖《えくそ》、祖先《そせん》と云《い》ふ觀《くわん》念に捉《とら》はれて現《げん》在活き〳〵として顯《けん》現し給《たま》ふ宇《う》宙《ちう》の大靈《れい》たる大神《かみ》を拜《はい》し之を稱へるには適當《てきとう》なる言靈に非ずと確信《かくしん》し「大神《おほかみ》笑《ゑ》み給《たま》へ」と唱《とな》ふるに到《いた》れるは全く神《かみ》の導き給ふ所と深く感謝《しや》する次《し》第なり、而して最近物《ぶつ》質文明の發《はつ》達せる今《こん》日人間は次《し》第に下落《らく》して動物以下《いか》に降りつゝあるもの多し。仍《よ》つて念《ねん》々刻《こく》々神《かみ》に近《ちか》づき神の行を行ひ、生きながら神となるべき堅《かた》き不拔《ばつ》の一大信念《しんねん》を湧《ゆう》發せしむ可《べ》く「神人一體」と唱《とな》ふるなり。動やもすれば現《げん》代人は神とはなり得《え》ない。完全《くわんぜん》なる人となればよいと云ふて一時を糊塗《こと》し局面を誤魔化《ごまくわ》して居《を》るのがそも〳〵根本《こん》に於いて間違ひなり。目《もく》的は大なる可《べ》し、理《り》想は遂《つひ》に實現《げん》する可《べ》きものである。之《こ》れによりて宇《う》宙《ちう》の大靈《れい》と感《かん》應し、何物にも負けぬ如何《いか》なるものにも衝害《せうがい》を受けぬ一大勇猛《ゆうもう》心を奮《ふん》起し本《ほん》來の清淨心《せいじやうしん》に立歸《かへ》り神より受《う》けし本來の魂《たましひ》に戻《もど》り病氣《びやうき》はなくなり、迷《めい》はさらりとなくなり、活《くわつ》然大悟《ご》し煩悶《もん》は解消《かいせう》して歡喜《くわんき》となり感激《かんげき》となるものなり。要するに「南無阿彌陀佛《なむあみだぶつ》、アーメン」は餘りに低音低調《ていおんていてう》であり女性《じよせい》的であり悲觀《ひくわん》的である

「南無妙法蓮華經《なむめうほうれんげけう》」は少しく力強きも以上《いせう》の言靈《れい》に比《ひ》しては尚猶《なほ》力弱《よわ》し又更正《またこう》の大日本《に》に於《お》いて國《こく》產愛用や自力更生《こうせい》を唱《とな》ふる時に於いて何時迄《いつまで》も支那《しな》の文字《じ》や印《いん》度の佛語《ご》を唱《とな》ふるも如何かと思《おも》はる又猶太《またユダヤ》も印《いん》度も國は亡《ほっ》びてキリスト釋迦《しやか》は大聖《せい》にてありしも其國《くに》さへ救濟《きうさい》し得ざるは或《ある》意味《み》に於いて空理《くうり》空論《くうろん》を殘《のこ》した事になる。又《また》今回《くわい》竹《たけ》内家の神寶《しんほう》研鑽《さん》により
て我《わ》が國《くに》が世《せ》界の敎の大本なりし事がハッキリ分り來りたれば事實に則《そく》せる眞《しん》の道《みち》に還元《くわん》す可《べ》きなり、然るに我國《わがくに》に行はれ來《きた》れる皇國の神皇道《じんのうどう》は何萬年何百萬《まん》年何億《おく》年と神代《かみよ》時代《だい》より行ひ來り、言擧げせざる、不《ぶ》言實《げん》行《こう》の眞理である、達道《どう》である、信《しん》仰其ものである。其《そ》の神の行はれし道《みち》に歸《き》し、言《げん》行一致して至誠《しせい》其のものとなれば神となり、絕《ぜつ》對となり即身《じん》即時神となり得るものなり、昔より生命は生きと云ふ息《いき》に通す。世《よ》の中は凡て陰陽《いんよう》の二つなり、入る息《いき》、出る息之《いきこ》れぞ生命の根《こん》元なり、之を調整する事最《さい》も重要事《じ》なり日月の消《せう》息《そく》、汐時の干滿《かんまん》、人畜《ちく》の生《せい》死《し》等《とう》此《この》入る息《いき》出る息《いき》の外に出でざるのである。以上《いせう》の神言を唱《とな》へて呼《こ》吸《きう》を調整するのである。嗚《あ》呼《あ》有《あ》り難《かた》き妙祕《めうひ》の神言なるかな。

大神笑《ゑ》み給《た》め、神人一體。

鈴《すゞ》を振りつゝ

ノンノウノンノ

と多く〳〵聲はり上げて唱《とな》へらる可《べ》し。

根本神憲

一、正しき大神の生々として活動《くわつどう》せらるゝを自ら識る事。

一、神と皇上《きみ》とを第一とする事。

一、神ながらの大道《だう》は宇《う》宙《ちう》眞理天《てん》地の公道《どう》とあきらむ可《べ》き事。

一、國家《こくか》社會《くわい》の恩《おん》を知りて感謝《かんしや》報恩《おん》の生活《せいくわつ》をする事。

一、親《おや》は親《おや》、兄《あに》は兄《あに》なるが故に尊《たつと》む可《べ》き事。

一、正しき強《つよ》き信念《しんねん》は無上の寶。

一、健かの時、病を思い、悟《さと》りて迷《まよ》ふ人《ひと》を思い、治《ち》に居て亂《らん》を思ふ事。

一、貧き慈悲、苦も法悦、老も樂み死《し》も神《かみ》の慰《なぐさ》みと思ふ可《べ》し。

一、神《かみ》とは誠《まこと》の事、誠《まこと》とは口《くち》で云い直ちに行ふ事なり。

一、人須《ひとすべか》らく神《かみ》たらんと眞劍《けん》に努力せよ。

一、眞の道《みち》は近きにあり。

一、足元《あしもと》を踏《ふ》みしめ一歩《ぽ》より進《すゝ》め。

一、小惡も避《さ》けよ、小善《せうぜん》も勵《はげ》め。

一、正宗の名刀《とう》も鍛《きた》へて始《はじ》めて出來上る、人《ひと》も心身《しん》の鍛錬《たんれん》が第《だい》一（正宗は善《よ》く切れよ切《き》れよと唱《とな》へつゝ刀劍《けん》を鍛《きた》いたと云ふ）

一、常に緊張《きん》し恒に眞劍《しんけん》に常《つね》に命懸《いのちが》けに恒に創造《ぞう》的に行《こう》動せよ。

一、無欲《むよく》の殺《せつ》生斷じてなす勿《なか》れ。

一、太陽《たいよう》と共に起き共に働《はたら》け。

一、人をたよるな、神《かみ》にすがれ。

一、今日只今《たゞ》が臨終《りん》と思《おも》つて眞劍《けん》に命懸《いのちが》けに努《と》力せよ。

一、疑《うたがひ》と迷《まよ》ひとの雲霧《くもきり》を直ちに取《と》り去《さ》れ。然れば汝《なんぢ》は神《かみ》の子たる事を知らん。

一、神《かみ》の心は清浄《せいじやう》にして健全《けんぜん》なり、病氣《びやうき》にかち迷《まよ》ひを突破《とつぱ》す可《べ》し、神は大愛、純浄《じゆんじやう》、天照《せう》の德《とく》を有《ゆう》す。

一、死《し》するも生くるも神の御思召《めし》にして吾等《ら》は神と同根《こん》にして本來同體《たい》なり。

一、自然《しぜん》と親《した》しめ、吾等《われ》の母《はゝ》なればなり。

一、大神《かみ》の報酬《しう》を要求《きう》せざる無限絶《げんぜつ》大の慈愛《じあい》を知《し》れ、大地の限《かぎ》りなき抱擁《よう》と鴻《こう》大の恵《めぐ》みとを知《し》れ。

一、神は時間と空《くう》間を超越し常《つね》に三世《せ》十方《はう》を照鑑《せうかん》し給《たま》ふ。

一、神は悪魔《ま》をも造《つく》りて而も愛し給《たま》ふ。吾等は人の罪《つみ》を許《ゆる》し、己《おのれ》の誠《まこと》の足《た》らざるを責む可《べ》し。

一、須《すべか》らく大眼、大耳《じ》、太《ふと》ッ腹《はら》を持《も》つ可《べ》し。

一、方位《はう》、日忌《い》みなどの迷信《めいしん》に捕《とら》はるゝ勿《なか》れ、本來東《ほんらいとう》西なく時の流《なが》れに際限《げん》なし。

一、食物は淡白《たん》にして少量《せうれう》に。

一、早く寝《ね》て早く起《お》きる事《こと》

一、心身《しんしん》を捧《さゝ》げて大神に任すれば靈驗《おかげ》は當然《ぜん》。

一、名利《り》、色《いろ》等の慾《よく》は凡て相對的にして云ふものぞ。只《た》だ永遠《えいえん》不滅《めつ》にして彌榮《いやさか》の德《とく》は神を信《しん》じ陰德《いんとく》を施《ほどこ》すにあり。

神誡

一、日月星霜《そう》の運行《こう》順なる事を見《み》て吾《われ》等も逆《さか》につかず、素直《すなお》に順につく可《べ》き事。

一、正しき大神の靈界《れい》に君臨《りん》せらるゝを知《し》りて人間《にん》界《かい》の改造《かいぞう》を知る可《べ》き事。

一、神は磁《じ》石の如く人《ひと》は鐵粉《てつぷん》の如《ごと》し、鐵粉《てつぷん》は磁《じ》石の動くまゝに動くなり。

一、神と人間《にんげん》は芝《しば》居の如し主役《しゆやく》動けば、シテ、ワキ端役《やく》も之《こ》れにつれて動くが如し。

一、迷信《めいしん》と疑信《しん》は絕對《ぜつ》に排拒《はいきよ》せよ。

一、相對的の小我《せうが》を滅却《めつきやく》して絕《ぜつ》對無限の大靈《れい》に歸依《きえ》す可し。

一、人の宿《やど》るや先づ魂が神の分靈《れい》として入るなり。父母《ふぼ》の神種はその次《つぎ》に來るものなり。

一、本來《らい》の魂《たましい》に從ふを宿命《しゅくめい》とし、肉體《にくたい》につくを運《うん》命とす。

一、人間《にんげん》は宿命《しゅくめい》に從い、運命《めい》を突破《とうは》す可し。

一、神《かみ》は靜《しづ》かなり。人《ひと》は猥《みだ》りに舌《しゃべ》る勿《なか》れ。善《よ》き事を濁らぬ言葉《こと》にてボツリ〳〵述《の》べよ。

一、默《もく》するがよし。默雷《もくらい》は力あり。

一、人《ひと》の惡事《じ》は見る勿《なか》れ。人《ひと》の善事《ぜんじ》を看《み》よ。

一、人《ひと》の惡事《じ》を云《い》ふな。又《また》御ついしようを云ふな。

一、惡事《じ》を暴《あば》く勿《なか》れ。善《ぜん》事を推奬《すいせう》せよ。

一、他人《たにん》の缺點《けってん》は人なきところに靜《しづ》かにいへ。「貴方《あなた》とした事が、貴方《あなた》に似合《に》はないではないか」と慈母《じぼ》がさとす如〻いふ可《べ》きである。

一、神《かみ》は絕對愛《ぜったいあい》なり、人《ひと》を攻《せ》むるも、四方八方より攻《せ》めて、恨《うら》まるゝが如きをなす勿《なか》れタトイ戰《たたか》つても一の逃《に》げ途《みち》を與《あた》ふ可《べ》し。孫《そん》子にもありといふ。

（木村錦洲先生が昭和九年四月八日午後七時より、大阪市天王寺區高津北の町東高津宮に於いて初法轉輪された講演概要の速記である（小山八洲））

初法轉輪　宇宙神秘の扉

木村錦洲

今晩《ばん》は四月八日で釋尊《そん》の御降《ごこう》誕遊《あそ》ばされました花祭《はなまつ》りで、非常《ひじやう》に御目出度い、よき日にお出下さいまして、誠《まこと》に有難《かた》うございます。

此地（東《ひがし》高津神社境《けい》内）は種々調べますと、非常《ひじやう》に尊《たふと》い所であります。仁德《とく》天皇《のう》が皇居遊《こうきよあそ》ばした所であると同時に、王仁《わに》の六代《だい》の孫《まご》、行基菩薩《げうきぼさつ》が此處《ここ》に來られまして、靈《れい》感を受《う》けた尊《たふと》い處《ところ》であります。あれだけの名僧知《そうや》識であるけれ共、自《じ》分の靈感《れいかん》の何であるかを疑《うたが》つたのであります。

さうして此處に籠りまして、仁德《にんとく》天皇《のう》は民の苦《くる》しみを自《じ》分の苦《くる》しみとせられ、民の富《とみ》を自《じ》分の富とせられた。不世出《せいしゆつ》の立派《りつぱ》な御天子樣であらせらるゝから其《そ》の御遺德《ごいとく》を慕ひ奉《たてまつ》つて、小さな庵《いほ》を結び、それに籠り、更《さら》に勇猛《やう》精進《しん》したのであります。時は大聖釋尊《せいしやくそん》の生れられた日、處は行基《げうき》菩《ぼ》薩《さつ》の靈《れい》感を受《う》けられた尊《たつと》い處であります、此の集《あつ》まりは、實に有難《ありかた》い集《あつ》まりであると思ひます。又私か一昨《さく》年の一月十五日に靈《れい》感を受《う》けましてから、慘苦《さんく》をなめて、やつと、夢《ゆめ》にみて居《ゐ》た所の竹内家《たけうちけ》に寶藏《ほうざう》されて居つた茨城縣《きけん》磯原《いそはら》に於ける神寶《しんぽう》を五度拜觀《はいくわん》致《いた》しまして、やつと日本の尊《たつと》い事がわかりましたので、打《うち》捨てて置《お》けず、お話申《まをし》し上げる次第《したい》であります。

神寶《しんぽう》を、第《だい》一回《くわい》に拜觀《はいくわん》致《いた》しました時には、私《わたし》は實は落第したのであります。何故か、先づ現代に於ける歴史《れきし》學者《しや》として最《もつと》も偉いと云ふ德富蘇峰《とくとみそほう》先生《せい》の如きでも今大阪毎《まい》日東京《とうきやう》日日新聞紙《しんぶんし》上に連載《れんさい》して居《を》られまする、夫《そ》れには近世日本史に於ても、織田《た》信長以《い》來を近世史《せいし》として居《ゐ》るのであります。處が、私共《とも》は小學《せう》校時代から、神《じん》武天皇が人皇《こう》初代と教へられて居るのであります。之《これ》に反《はん》對する者がありとしたら、誰人も疑問《ぎもん》とするでせう。神《かみ》と云ふものは、口《くち》では云《い》ふが形を以て示《しめ》す事《じ》が出來ないのであります。神體《しん》も知らずして神《かみ》の造《つく》り給《たま》ふた御神寶《しんぽう》を拜觀《はいくわん》して又《また》は拜觀《はいくわん》せずして臆測《おくそく》して解る道《どう》理がないのであります。畏《おそ》れ多いのは官學《くわんがく》の方々が、人は申《まを》されませんが立派《は》な學者とか云《い》ふ方が、拜觀《はいくわん》もせずに、要するに古《こ》代に人《ひと》が勝手《かつて》に造《つ》つたものであらうと云《い》つて居《ゐ》る。夫《それ》はどう云ふ譯であるかと云ふと神《かみ》代に於ては文字《じ》がないと云《い》ふ。然《しか》るに御神寶《しんぽう》を拜觀《はいくわん》致《いた》しますと、皆《みな》神代文字を以て綴つてあるのであります、三輪《みわ》大社《たいしや》その他古《ふる》い御宮には凡て神代《かんよ》文字《じ》で御守《まも》り文字《じ》などは書《か》かれてあります。問《もん》題ではありません。又《また》七《し》五《め》三縄《なは》は何故神《しん》前に於いてはるかと申《まを》しますと、之《これ》から神《か》樣《さま》が出て頂いては穢《むい》れがあり、畏《おそ》れ多いから、其の内に神《かみ》を祀つたのでありますす神《かみ》は目《め》に見へませんが、電氣《き》の如く、ラヂオがアンテナにかゝるが如く、活々として居《ゐ》るのが神《かみ》なのであります。現代の穢《けが》れた心《こゝろ》を以て神代《かんよ》の清《きよ》らかな事を見るから、解らないのであります

天地の公道《だう》は天照皇大御神の司《し》宰《さい》さるゝところであります、釋尊《そん》の如きは要《えう》するに悟《さと》つて宗教《しうけう》を定めた覺者ではありませう。又《また》日本書記、古事記《じき》にある處《ところ》の天照大神は、伊《い》諾杵《ざなぎ》、伊《い》諾美《さなみ》の尊《みこと》が高天原《はら》を知らせといはれた。高天原《はら》は靈界の事である。靈《れい》界とは何であるかと云《い》ふと目《め》に見《み》へぬ世《せ》界《かい》の事である。目《め》に見へる世《よ》界を物象界《せうかい》と云《い》ふ。故《ゆゑ》に我國《くに》は偉大

なる國《くに》である。神《かみ》の祕藏國《ひぞうこく》である。神《かみ》の選び給《たま》ふた神《かみ》の國《くに》である。

とにかく竹《たけ》内家《け》に藏《ぞう》されて居りました古《こ》文書によつて見ますと、當時儒敎《じゆけう》なり佛敎《ぶつけう》が渡《わた》つて來て神世《かみよ》時代《じだい》からの皇統譜《ふ》なり寶物《はう》を破壞《はくわい》する憂《うれい》があるから、と云《い》ふので勅命《ちよくめい》によつて

竹内家に祕藏せよ、

と云ふので竹《たけ》内家に預《あづか》つた。夫から代々《だい〳〵》の人《ひと》が生命《せいめい》を賭《と》して守《まも》りまして、丁度《ちやう》今より一千百八十六餘《よ》年前《ぜん》竹《たけ》内家の十六代《だい》の人《ひと》が瓶《かめ》に入《い》れて地《ち》中に埋《うづ》めたのであります。佛敎《ぶつけう》や儒敎《じゆ》の人《ひと》にとり破《やぶ》られては上皇室《しつ》に對し奉《たてまつ》り相《あい》すまぬ、と云ふので埋《うづ》めたのが、やつと世《よ》に出たのであります。之は天命によつて、神《かみ》がお出し下さつたのであります。神《かみ》は生きて居《を》られるのでありますから、或人《あるひと》が文書を拜觀《はいくわん》して、そんなものを祀る馬鹿《ばか》があるかと、不敬《けい》の事をいふて死《し》んで居る人《ひと》が多くあります。實に我國《わがくに》の神《かみ》は生きて居られるのであります。

要するに竹《たけ》内家の寶物《はう》は、澤山《たくさん》あるがその主《しゆ》要なものは三種の神器を造《つく》られた天眞浦尊《みこと》と御《ご》同作《どうさく》のものがあります。之《これ》はヒヒイロ金《かね》と云《い》ふもので作つてあり、天孫降臨《そんこうりん》の時に持つて降《お》りられたものであります。然らばヒヒイロ金《かね》とは如何《か》なるものであるか、と云《い》ふ

と太陽《たいよう》から飛んで來た天降《くだ》り石である。或《ある》大學の敎授《けうじゆ》が之を研究《けんきう》して、こんな金はない。恐《おそ》らく隕《ゐん》石であらうと想像《さうぞう》してゐるのであります。ヒヒイロ金とは言靈《ことたま》により考へますと日靈より流轉《るてん》し來る事《こと》が分《わか》ります。夫《それ》はつまり劍、と八咫《た》の鏡と、其の殘《のこ》りを以つて菊《きく》花《はな》の御《ご》紋章《もんせう》を作られた夫《それ》はどういふ譯であるかといふと、宇宙《うちう》の眞理を夫《それ》に止《と》めて、無言の中に敎《をし》へられたのが三種《しゆ》の神器《き》であります。菊《きく》花の御《ご》紋章《もんせう》は十六方《はう》に分《わか》れて居り、何《なに》か尊《たつと》い意味《いみ》があるに違《ちが》ひないと思つて居りましたら、果せるかな、實に尊い大なる意味《み》があつたのであります。之《これ》は十六方を照《てら》す太陽《たいよう》をかたどつたものであります。又桐《またきり》の御紋章《もんせう》はしめ繩をかたどつたものであります、桐《きり》は蕾《つぼみ》が七、五、ありて葉《は》が三枚《まい》あります。我《われ》々は太陽《たいよう》も作れないのでありますが、神は太陽《たいよう》をお作りになるのであります。天地《ち》根《こん》本の眞理《しんり》をお作りになるのであります。故《ゆゑ》にこの神《かみ》のしらしめす日本の事を、朝《あさ》日唯《たゞ》さす國夕《ゆう》日たゞさす國と云《い》ふのであります。

世《せ》界《かい》地圖《づ》を展げて御覽《らん》なさい。私《わたし》は之を見て吃驚《びつくり》したのであります。世界は日本の模型です。縮《しゆく》圖《づ》です、神《かみ》はこの國《くに》を選《えら》んで、眞理《しんり》と御神寶《しんぽう》を授《さづ》け、夫《それ》を保護《ほご》して居るの

がわかるのであります。九州はアフリカ、四國は濠洲、本土は歐、亞、北海道は北米、樺太は南米に相當す

故に外國の人種が亡ぶ事があつても我が日本民族丈けは無限に惠まれてゐるのであります

國旗を御覽なさい、(其時世界の國旗闘面を示す)太陽をかたどつたものは、日本唯一であります。アメリカもイギリスも、皆星の國であります。日本を少し眞似てゐるのが中華民國でありますが、中華民國は國士梅屋庄吉、頭山滿先生等の援助指導によつて出來たのである結局は矢張り日本に頭を下げねばなりません。又暹羅皇帝の旗の圖は獅子が七匹ついてゐるのであります。又シヤムでは元國旗に白象をつけたのであり、日本以外はすべて星か月か又は光線、雲等であります。(圖解說明)

アメリカは盛に軍縮會議を開けとか、平和會議を開けとかいつてゐるが、陰に廻つては何をして居るか分らない。然し、アメリカは日本の敵ではありません。尾の國が太陽の國に反抗しても、結果は明白なのであります。(拍手)

日本民族は天孫民族であります。天皇陛下は今や世界に君臨遊ばさるべきお方であります

吾々《われ〳〵》は此の事を此處《こ》にはつきりと確認《かく》せねばなりません。私《わたくし》は皆様《みなさま》より一歩《ほ》前に此《こ》の事を悟《さと》る事が出來ましたから、皆様《みなさま》に御傳《つた》へするのであります。其《その》他釋尊《そん》は二千五百年後には法滅盡經《ほうめつじん》すると豫言《よげん》し、弘法《こうほう》大師《し》の皇祖皇《こうそこう》大神宮《じん》に捧《さゝ》げた曼荼羅《まんだら》は南無皇祖《こうそ》皇大神宮とあり、日蓮上人《れんせう》は當初《とうしよ》二十一日の斷食をして妙法蓮華經《めうほうれんげけう》と中心《しん》にありて左右には天照日大神を妙法《めうほう》天日天王《おう》大明神とし、月讀尊を妙《めう》法天月天王《おう》大明神とし、其外側《そのそとがは》に「大根元皇祖《そ》皇《こう》大神宮《ぐう》」とあれば竹内《たけ》家《け》の神寶《ほう》が世《よ》に出た以上は弘法《こうほう》も日蓮《れん》も敎界《けう》から隱退《いんたい》すべきである而して宇《う》宙《ちう》根《こん》本《ほん》の大神なり、皇祖《そ》皇大神宮別宮大神を奉齋《ほうさい》し我が國《くに》が世《せ》界の棟梁國《とうれうこく》たる事を發揮すべきである。

又《また》別宮大神は外國人の祖《そ》神九十八柱が祭《まつ》つてあるから、外國の人《ひと》々も日本に來りて參拜《さんはい》すべきである。

永《なが》らく御靜聽《せいてう》を下され有難《ありがた》く感謝《しや》致します。(拍手)

皇神教壇規則

第一條　本會は皇神教壇と稱し假事務所を大阪市北區曾根崎上三丁目廿七番地に置く

第二條　本會は宇宙創成の原理を闡明し我が建國の本源を宣明し天壤無窮の神勅に基き天照皇大御神を奉齊主神と仰ぎ惟神の大道を基調として惟神大道の普及、人心の歸一を計り以て國礎を確立し國運の隆昌に貢献すると共に正しき神靈の加護を享け國家社會人類の安寧幸福を增進せしめんことを期す

第三條　本會は前條の目的を達するため左の方法を實行す

一、皇國日報又は有益なる出版物を發行し又は講演講話會を爲し以て會員の修養と會の趣旨宣傳献身的努力をなす

一、奉齊主神の祭典を行ひ神靈を慰め又會員の信仰心の向上を計り國家社會の安泰を祈願す　新年祭每年一月一日より三日間　月例祭每月十三日　春季大祭（伊勢神宮參拜及磯原神寶拜觀）秋季大祭（出雲大社、大神神社參拜）

一、會員の希望により主元の靈示を傳へ又鎭魂祈禱の依賴に應ず

第四條　本會員は常に奉齊主神を崇敬禮拜し又主元の靈示を遵守して信仰と報國の信念を努むること

第五條　本會員は會員相互の精神により共存共榮の實を圖ること

第六條　本會の目的を贊助し規定の會費を納入し本會に於いて入會申込を承認したるものを會員とす

本會々員を左の四種に分つ

一、名譽會員　本會を指導誘掖せらるゝ知名の有力者を推擧す又一時に維持費として金五百圓以上を贊助せらるゝ人

二、特別會員　一時に多額の金員を以て本會を協贊せらるゝ人又は維持費として金百圓以上を一時に贊助せらるゝ人及本會に特に功勞ある人但し此の一時金を納入したるものは爾後會費を納むるを要せざるものとす

三、正會員　本會の趣旨を贊し一年拾圓以上を維持費として本會のため醵出せらるゝ人

以上は何れも大日本神皇記を贈呈す

四、普通會員　本會の主旨目的を贊成し一ヶ月金五十錢一ヶ年金六圓也を醵出し猶本會の刊行する書籍等を購讀せらるゝ人（以上の會員には「皇國日報及皇國神典等」を贈呈すること）凡て前金法によりて徴收す

第七條　會員にして脱會せんとするものは其旨本會に屆け出づ可し

第八條　會員にして會員たる義務を怠りたるものは除名することある可し

第九條　本會に左の役員を置く

一、總裁　一名　　一、副總裁　一名

一、會長　一名　　一、副會長　二名

一、評議員　若干名　　一、理事長　一名

一、幹　事　若干名　　一、監　事　若干名

第十條　總裁は會務を總覽す、副總裁は總裁に代りて事務を總覽す、會長は會務を總理す副會長は會長に代りて會務を總理す

第十一條　評議員は重要なる會務の評議に與る

第十二條　理事長は本會の庶務會計を處理す

第十三條　幹事は理事長の指揮に從ひ會務に從事す監事は事務を處理す

第十四條　本會の經費は會費、寄附金、其他雜收入によりて支辨するものとす一度納めたる會費及寄附金は何等の事情あるも返付せざるものとす

【附　錄】

御嶽教神典釋義

第一　神德宣揚

天地剖判して既に神あり、國土を經始し、人類を棲息し、萬物を蕃殖したまへり、生々化々の道、此に於て始て成る、古事記の序に、乾坤既に分れて、參神造化の首を成し、陰陽斯に開けて二靈群品の祖なりとあるもの卽ち是れなり。生を世に受るもの、誰か其恩賚を享けざるべき、況や之に次ぐに生々の道を分ちて、化育の源に參する所の諸神あり、靈德幽妙、國家の大本を成したまふに於てをや、乃ち神の尊貴にして德の廣大なる、苟も能く古に若稽する者は、之を明らむることを得べし、爰に知る、我國の謂ゆる神とは、他國に於て無形の靈化を崇めて、以て神とする者とは、固其選を異にして、實に吾人萬姓の原始國家の根本は此に在りて存することを、若し人にして其父より父と、世を逐ひて遠く太古に溯ば、吾人、恐らくは統を諸神に承けざる者なかるべし。

果して然りとせば我謂ゆる神とは、一國原始の神にして、一には又吾人が祖先たる者なり而して此大德ある祖神の血は、相承して吾人に傳はるのみならず、心象一點、神の分靈として、吾人は亦此に生々するや論を俟たざるに於ては、宜しく其德を宣揚するに務むべきことは、人の人たる所の本分ならずんばあらず、報本反始の事は、即ち道の則にして、又人の敎たり、是故に此等の天啓を發して、而して人事に應ず、此に於てか、全く敎なるもの立つに至るべし、神德宣揚の義、豈忽にすべけむや。

無レ始又無レ終、聲形不レ可レ窮、於戯何聖物、擧レ首問ニ蒼穹一

(訓讀) 始めなく又終りなし、聲形窮むべからず、於戯何の聖物ぞ、首を擧げて蒼穹に問はん。

(畧解) 造化の神は、始めもなく、終りもなし、故に固より聲も聞くべからず、形も見るべからずと雖も、又其存在したまふことは勿論なり、乃ち道を開らき國を立て人を

生みて今日に至れる所の、神徳思はざるべからず、於戯《あゝ》何の聖物ぞとは此處の意のみ、蒼穹とは天と謂ふに同じ、神徳の廣大なる、天に向って問はゞ、せめて一端を知るべからん乎となり。

大御祖神のをしへをいなだきて踏進み行く道は斯道。

（略解）大御祖とは、即ち造化の神なり、其立てたまふ所の敎を過らず恰も捧持するが如くに守りて苟も感藏の意を怠らざる、是れ吾神道の本意なりとなり、いなたきとはいただきの古言。

第二　開國之理

乾象既に顯れて、坤儀隨て成り、而して人は其中に生じぬ、然れども最初の時、何人か能く知る所あらんや、唯嗤々として處り、茫々として化するのみ、多く禽獸草木と異なる所なかりしなり、此に於て神は國を立てゝ、之に區劃を措き、人を四維に居らしめて以て風化を同うするの徒は、相倚り相持して、他と對抗すべきの道を開らき萬古の天則としたま

へり、之を開國の元理とす、元來、人知は物に對するに於て始めて發達する者なり、故に對象物なき所には、決して知識の發達なきことは、譬へば猶止水の汚濁にして流水の清新なるが如し、是れ卽ち天地の至理たり、唯其れ對象物あり、人をして惰氣あらしむるを許さず皆自覺の念は、油然として生じ與に倶に進んで一意向上の途に出でんことを希はざるはなし神の意のある處深く思はざるべからず。凡そ國を開らきて、各自風を異にすることは事甚だ紛錯たるに似たりと雖も、進步の功は斯くの如くにして著はる、殊に神は開國の初に方り、大日本皇國を東方に配して、宇宙に重きを爲さしめたまへることは、我國人の宜しく記憶すべき所とす、乃ち東方は地球の首位にして、本德を具ふ、生々を以て分とせり、陽氣の發する所たるや論なし、故に神は始て此に出で人は始めて此に生じ、物は始めて此に成りて、然も神は此國を以て常住の地としたまへり、名山大嶽、每に神靈の化ありて、時に不思議の威德に接することを思ふべきなり、神國の稱、萬國に尙きも、亦宜なるかな。

有レ人茲有レ衆、豈不レ作二邦家一、

劃レ水分二山嶽一、乾坤五大洲。

（訓讀）人ある玆に衆あり、豈邦家を作さゞらん、水を劃し山嶽を分つ、乾坤の五大洲

（略解）既に人あれば、衆を爲すに至るべく、衆を爲すに至れば、隨って邦家なる者の成立すべきは、固自然の順序とす、因て神は其發達の爲めに、土地を分けて、山川を以て區分せしめたまへとなり、乾坤の五大洲とは、天地間の五大洲と云ふの意、唯其大を標榜して言へるまでなり、小國無數、此間に含容せられたること勿論とす。

あなたふと神の開きし國の道來し方行く末かぎり知らずも。

（略解）來し方行く末とは、既往將來の謂ひなり、神德涯りなし、混々として盡きず、國を分ちて人を棲息せしめ以て自彊の道とし、萬世又當に此の如くなるべきことを謳歌せるなり。

第三　建國本體

伊弉諾尊《いざなぎのみこと》伊弉冊尊《いざなみのみこと》の二神あり、始めて陰陽の化を成し、以て神を生み物を生み、而し

て天下萬世の基を立てたまへり、之を建國の本體とす、世の謂ゆる造化の三神の靈德は、幽妙にして、見るべからざるも、是時に方り、萬象漸く顯現せんとするの運に會す。因て二神は此の漂へる國を修り理め固め成せとの、天つ神の詔を奉じて、具さに國土の經始に勞したまへり、乃ち先づ國を生みて、其數八洲に至る、古事記に、淡路穗之狹別島《あはじのほのさわけのしま》、大倭《おほやまと》豐秋津島《とよあきつしま》、伊豫之二名島、筑紫島、壹岐島《いきのしま》、津島隱岐之三子島《おきのみつごしま》、佐渡島と記すもの是れなり、我國の古代大八洲は此れに本づく、然るに國土既に成るも、漠々として徒爾存立することは、天つ神の本旨にあらず、故に二神は又神を生みて、人類、世に立つの基とし、水火金木土穀雷風等の神とりして、幾多の諸神に及べり、至德廣大なるかな、而して二神は最後に至りて、天照大御神を生みて、人類の恩賴に奉ずべき所の君主として、統屬する所を得せしめたまへり、此に於てか、君臣の大義立ち人倫の要道定まりて、而して建國の體全く成りぬ。凡そ國あるや人なかるべからず、人あるや無物かる可からず人あり物あるや之を統御して物敎を立て則を敷くの道なかるべからず、若し之なくんば則ち亂是より生ぜん生を養ひ死に喪して怨なきは、王道の始なりとの義、夫れ此に在らん。

瑞穗國春風、吹來自㆓碧嵩㆒、
鳥歌花笑處、寶祚隆無㆑窮。
（訓讀）瑞穗の國の春風、吹き來る碧嵩よりす、鳥歌ひ花笑ふ處、寶祚の隆なること窮りなし。
（略解）我瑞穗國は、地東方に位して、氣候和暖、常に春風駘蕩たるの趣あり、碧嵩とは此處には蒼天と云ふに同じ、其の神意に出ることを喩へて、蒼天よりすると謂へり鳥歌ひ花笑ふとは、春風の語を受けて、之を優雅にせしに外ならず、斯て土地佳良にして、然も寶祚の無窮なる、我國民の幸福。又いかばかりぞやと稱せるなり。

みおや神代を安河のかはりなき流れの末も定めましけむ。
（略解）安河とは、天の安河を指す、世を安んずる義に言掛けたり、二神の國を生みたまへる德を欲するが爲め地理上安河の名を擧げて千萬世と雖も易らざる國基を立てたまふと爲せるなり。

第四　國土經營

太古の時、國既に成り道既に定まると雖も猶運鴻蒙に屬して、草木榛々として靡《び》鹿《ろく》狉《ひ》々たり、殖產興業の道未だ其緒に着かず、是以て伊弉諾伊弉册の二神、經始の大業も、克く之を襲ぐ者を待ちて、始て人類をして途に安んじ生を樂しましむべきのみ會《たまた》ま是日に於て起ちて力を此に盡せしは、我大國主神少彥名神の二神とす、大國主神は雄大剛毅の資を以て少彥名神は勤恪周密の才を以てして約して兄弟となり、相扶持して、國土人類の爲めにせんことを誓ひまたへり、而して與に俱に天下を周巡して、且らくも息はず、具さに經營に勞して足跡東西に普ねかりしことは、今日遐《か》陬《すう》僻《へき》壤《ぜう》にも、猶其靈蹤を傳ふるにても之を知るに足るべし、殊に其偉功の顯著なることは、殖產興業の道を開きて、利用厚生の本とせしのみならず、彼の醫藥の術を創めて、人類をして夭折長病の患なからしむべくし、又禁厭の致を垂れて、鳥獸昆蟲の災異を攘ふの方とし、渡世をして永く其慶に賴らしめたるなど恩賴、誰か記念せざるべけんや、日本書記に、大巳貴少彥名神は力を戮せ心を一にして國土を經營したまふと記せり眞に國土經營の業は、此の二神に賴りて始て全きを得るに至れりと謂ふべきなり。

醫藥救二蒼生一、經二營國土一成、
二神能戮レ力、共作萬年名

（訓讀）醫藥蒼生を救ひ、國土を經營して成る、二神能く力を戮せて、共に作す萬年の名。

（畧解）大巳貴少彦名の二神は、天下を周巡して、國土經營の業に勞し其德遂に蒼生の爲め、醫藥の道をさへ創めて、萬世の惠となしたまへり、戮力の功も亦大なるかな、共に作す萬年の名とは、其天下後世に遺せる所の恩賴を謂へり、名とは卽ち功のみ、世に功なきの名は虛名なり、豈夫れ取るべけんや。

大なむち少なみ神の高きいさをくすしのしるし見てもこそ知れ。

（畧解）二神の恩德、醫藥の事にまで及べることを言つて、而して長く遺るべからざるの義を説けり、乃ち其の一端を擧げて、全般を思はしむるの意匠。

第五　國體尊嚴

天祖天照大御神は皇孫瓊々杵尊を天降したまふに當りて、天璽として之に三種の神器を授け、且つ詔するに豐葦原の千五百秋瑞穗の國は、我子孫の王たるべき所なり、爾皇孫宜しく就て治むべし、寶祚の隆ならむこと、當に天壤のむた窮りなかるべしとの語を以てしたまへり、是を我國體の本づく所とす、恭しく惟ふに我國たる、乃ち天つ神の勅に依て、伊弉諾伊弉册二神の經始する所にして然も吾皇室は、天照大御神の極を立て統を垂れたまへる所の正系を承るものなれば、乃ち世を經ること久遠なるも、君臣の分、嚴として自から定まり、萬世一系にして國基益固く以て億兆生を安んじ、傾なき所以とす、吾人大いに此に思ふ所なかるべからず、凡そ地球の上に國を建つるもの無數なるも何れの處にか、天祖天神創業垂統の後を承けて、一系聯綿の君主ありとかする。況や我國民は、何れも其の神皇の後より出でて、世に立ち今日あるものなれば、則ち天皇は、一國の元首にましますと共に、又一家の尊長にして億兆は猶愛子慈孫のごとく恰も一の雄大なる家を構成せるに同じきことは、最も宇內に誇揚すべき所とす、世に謂ふ國家なる語は、特り我國に於て、其實現を見るのみと稱するも敢て不可なからん乎、是故に億兆の臣民、常に國家的觀念に充されて、專ら至誠と敬愛とを以て、天皇に奉ずる二なく、忠芬義芳の名、炳焉として光を萬國に放つ者あるなり。

明治天皇の勅して爾臣民、克く忠に克く孝に、億兆心を一にして、世々其美を濟すと宣まへるものも、洵に此の尊嚴なる國體に本づくこと、決して遺るべからず。

上下幾萬年、皇孫獨統レ權、

地靈山水秀、自作萬邦先、

（訓讀）上下幾萬年、皇孫獨り權を統ぶ地靈にして山水秀づ、自から作す、萬邦の先。

（略解）寶祚の天壤と共に無窮なることは、天祖の聖勅、嚴として在り、豈啻に幾萬年のみならんや、此處に唯現在に就て、乃ち史の記す所の年度の大概を言へる者なり、皇孫とは列世諸天皇を稱し奉る、是れ天照大御神の皇孫なればなり地靈にして山水秀づとは、我國の山川秀靈なることを擧げて、語句の光彩とし、且つ其の神聖を思はしめたる者、萬邦の先とは萬國の範たりとの義。

天地に侚く秀でたるたぐひなき我國がらは雪の富士の嶺。

（略解）富士の嶺の高潔にして、然も天地の間に卓立ずる處、人をして聳目せしむ、之を我國體の宇內に冠絕する所に譬へたり、國がらとは國體の謂ひ。

第六　皇恩無窮

崇神天皇の勅に、惟れ我皇祖諸天皇等の、宸極に光臨する者、豈一身の爲ならんや、蓋し神人を司牧して天下を經綸する所以なり。

故に能く世玄功を闡き、時至德を流く今朕大運を奉承し黎元を愛育す何としてか當に皇祖の跡に聿遵して永く無窮の祚を保つべきとあるものを能く拜讀なさば、皇恩無窮の在る所を知るに足らん、昔在天照大御神は穀物の種子を見そなはしてすら、此物どもは、顯しき蒼生の食ひて生くべきものなりと詔給へり、乃ち此の蒼生愛撫の神意は、列聖に傳へて渝らず、常に無涯の洪恩を垂れたまへるを以て、猶此の勅語ありしなり、畏くも一身の爲めならんやと宣せられたり、其億兆を治むることを以て、偏に天職としたまへる所以の義欽しみて伺ふべからずや、世には君主たるを以て榮華の爲めとして、庶民に誇らんとする者少からずと爲す、然るに我國に於けるや、太古に於て、國體先づ成りて、君は君たり臣は臣たり、分自から定まりて、萬世變ずべからず、此に於てか、上の下に臨みたまふや、慈父の其子に於けるが如く、亦親愛を加へて、苟も一民と雖ども其處を得ざれば推て之を溝壑に塡するが如きの軫念まし〳〵、之を稱するに大御寶の語をさへ以てしたまへるを思ふも、皇恩の甚大なることを得て知るべし、吾人億兆は、太古以來、斯くの如きの德澤に浴し斯くの如きの煦育に長じて子々孫々又無窮に此の如くなるべし、思ひて此に至れば、皇恩に對し奉るの責も、又焉んぞ重しとせざらんや。

皇祖與㆓皇宗㆒、悠々肇㆓國雍㆒、

若論㆓仁德大㆒、豈啻古義農、

（訓讀）皇祖と皇宗と、悠々國雍を肇む若し仁德の大を論ぜば、豈啻に古義農のみならん。

（畧解）皇祖は天日豐本葦氣天主天皇及天照大御神にして、皇宗は神武天皇なり、悠々とは、久しき昔の意にて國[illegible]を肇むとは、國基を創めたまへるを謂ふ。[illegible]は幸の義、凡そ皇祖皇宗は、斯くの如くにして、萬世の丕業を立て、億兆の幸福としたまへりと稱して、其の皇恩の無窮なる、歴世諸天皇、之を繼承して今日に至れることを彷彿せり、若し仁德のかなしげなきを言はゞ、漢土の古の伏羲、神農よりも勝りたらんとなり。

人くさのかき葉の末も大君のめぐみの露に濡れぬかしこさ。

（畧解）かきはとは、搔葉にて、摘取り易き葉の義、即ち靑人草の末輩に喩《たと》ふ、其の何等賤民と雖ども、猶讓々たる恩露に浴せざる者なきを稱せるなり。

第七　國家禮典

國家の禮典とは祭祀なり、世の名教の本づく所は此にありとす、謂ゆる本立ちて道生ず、こは自然の則たり乃ち國家に神明を祭祀するの禮典あり下つて以て億兆に及ぶ、此に禮始めて成り、消隨つて生ずるなり、既に道德仁義禮にあらざれば成らず、敎訓正俗、禮あらざれば備はらずと謂へり、然り而して其本を爲すものは正に祭祀の典に存することは、吾人の宜しく考察すべき所とす、畏くも神武天皇の四方を定めて、天位に登らせたまふや、詔して、我皇祖の靈は、天より降りて朕が躬を光助せり、今諸虜既に平らぎて、海内無事なり、以て天神を郊祀し、用《もつ》て大孝を申ぶべしと宣したまへり、厚く天つ神を郊祀せられしことを思ふべし、蓋し祭祀の禮、諦嘗の儀を盡して、孝敬の誠、神明を感ずるに至りて能く國家を綱紀すべきなり、是れ祭祀は國家の禮典たること、以て知るべき所とす、列皇列聖の登極したまふや、必らず先づ大典を擧げて、誠敬の儀を致し、上下の神祇に告る所以のもの又正に此に在らん、惟ふに我國家、神祇を以て國を建つ、神意幽妙なる、亦到らざるなし、能く神意に本づいて、化を政治に及ぼす、風を獎め厚ふすべくして、治道輙ち成るべし、禮典の要は、唯此に存す、國初以來祭政一致の實、不言の間に行はれて、國體人情風俗と離るべからざる關係を有することを思ふも、國家の禮典として祭享の儀を欽《つゝ》しむ所以ありと謂ふべし。

鼠猶有二四體一、人豈可レ無レ禮、
至尊盡二國儀一、諦嘗祀二玉陛一、

（訓讀）鼠すら猶四體あり、人豈禮なかるべけんや、至尊國儀を盡して、諦嘗玉陛に祀す。

（略解）詩經に、鼠を相るに體あり、人にして何ぞ禮なきとあるを取りて、前半と爲せり、畏けれども、至尊すら重き儀式を盡して玉陛に立ちて、恭しく諦嘗の祭りを爲させたまふものは乃ち神を祭るは孝敬の誠を致すの本たればなり、而して是れ國家の禮典たると共に庶民と雖ども、又斯の意を尊重せざる可らざることを謂へるなり、諦嘗

さは大嘗祭まこともて神につかふるゐわざは萬の道の本にぞありける。

（畧解）ゐやわざは即ち禮典なり、至誠神に事ふるの本立ちて、萬般の道、隨つて生ずべし因て禮典の其忽にすべからざることを言へり。

第八　天佑保全

天佑は常に我國家の上に在す、神武天皇の大和を平定したまふに當り、神變靈祥、不思議の光助ありしを初として、神功皇后の征韓の役に於ける海潮舳艫を推して、新羅王の門に及ぼせる如き、又弘安の時、元軍襲來、頗る猖獗なりしも、颶風突起、一夜にして敵を殲したる類、事は枚擧に遑あらず、畏けれども我天皇は天ッ神の正系にして、然も、天孫神授の三器を奉じて、萬世一系の帝祚を踐ませたまふを以て、自から皇室と國民とは、天壌と共に離るべからざるの誼あり、隨つて天皇の國民に臨ませたまふや、深仁洪澤、常に到らざるなく、而して國民も亦神皇の遺胤たるが爲めにして、皇室は吾人が本系の出る所、本宗の在る所たるを知るを以て、億兆專ら皇室を中心として、諸事を奉承して怠らず、會《たま〱》にして事あれば海行かば水漬く屍、山行かば草生ず屍、大君の邊にこそ死なめとの心を盡して、敢て身命を惜まず、忠勇義烈其誠を効すを以て、此に於てか天佑は殊に我國家の上に加《くは》はることを知らざる可らず、況や國家に於てをや、苟も天ッ神國を建つるの本志に反き、上下一致の志にして、若し缺くる所あらんか、天佑決して望むべからざるを如何せん而して天佑は必ずしも坎困《かんこん》の日の事のみと爲すべからず、常々の事にしても亦之あるものとす故に吾人は宜しく皇運を扶翼することを志として皇基益以て鞏く、皇威の萬國に暢びんことを期すべきなり、之を天佑保全の道とす。

金甌無欠國、獨有ニ我扶桑一、

好賴ニ斯天佑一、長休四海爭、

（訓讀）金甌無欠の國、獨り我が扶桑のみあり、好し斯の天佑に賴りて長《とこしへ》に休めん四海の爭ひ。

（畧解）金甌は寶祚を譬へたる語にて、金甌無欠とは、その悠久にして、然も他の覬覦《ゆこ》を許さざるを謂へり、扶桑とは我國の別稱なること、人の知る所の如し、凡そ事の斯くなるものは、乃ち天ツ神の保佑に賴ること勿論なるを以て、之を天佑と稱せり、今や四海抗爭事端甚だ繁し、願はくは卓爾たる我が國家、即ち君民一致の道を範として世の混亂を止めしめんとの意。

天地の神のまもらす天皇《すめらぎ》の向きみいつを仰ぐたふとさ。

（畧解）彼の天佑を保有したまふ所の天皇を戴きて、終古之を君長とし奉る、吾人億兆實に餘慶ありと謂ふべきなり、仰ぐたふとさとは、其歡びの情を稱せり。

第九　治亂興廢

治亂は人に出で、興廢は國に繫る、治亂興廢の事忽に視るべからず、乃ち人々偏に神意の在る所を體して、至誠を以て能く道に盡す所あらんか、而して後に國家郅隆《しつりう》の治、得て期すべきなり、若し之に反するあらんか國其れ焉《いづく》んぞ危ぶからざらんや、語に曰く、人心惟れ危く道心惟れ微なりと、凡そ斯くの如にして國の廢亡せざる者、天下甚だ少し明敎に志ざす者、大いに此に戒處する所なかるべからず、人の性たるや、國善に興し不善を惡むを以て本能とす、實に神意の契合は此に在り、太初、神は人を造りて、之を億萬斯年に傳へて、生々化々せしむべくし、且つ敎を立てゝ以て人をして濫ならざらしむべくせり、之を天地の大綱と爲す、故に若《かくのごと》きの神の意は、乃ち人の靈性にも肉體にも存在するものなるを以て、是故に、人は至善に與するを以て樂しみとすれども、唯其れ明鏡と雖も、意を拂拭に用ひざれば、時に鈍色をなすが如く常に意を用ゐざれば、何時か神意を忘れて人欲の私に蔽はれ放僻邪恣、爲さるゝ所なきに至り、害之より生ずべし、彼の小なれば則ち一家大なれば則ち一國を蠹賊《とぞく》して、而して其惡天に滔《はびこ》るに至りては、終に濟ふべからざるの運をも釀成するが如きは、皆此に在りとす、世の謂ゆる亂なるものは即ち是れなり、古今國の興廢存亡する所以を見るに、事は此の神意を守ると守らざるとの如何にありて存す、換言すれば、人々行ひ正に就くと邪に向ふとの差にありとす、治亂の機其本づく所を察せざるべからず。

天道本無レ親、常々與二善人一、
欲レ防二亡國恨一、勿レ傚宋襄仁、

（訓讀）天道本親なし、常々にして善人に與みす、亡國の恨を防んと欲せば、傚ふ勿れ宋襄の仁。

（畧解）天ッ神の立てたまふ所の道には、決して親疎の別なし、唯善者に與して不善者を惡むにあるのみ、故に人若し不善の心を長じて悛めず、其惡天に滔るに至りては、恐らく國家の滅亡せざるものなし、古今の萬國、鑑戒昭々たり、宋襄の仁とは、昔時宋の襄公姑息の仁を以て亡びたることを例として、人々宜しく戒勗《しよく》すべきを説きたるなり。

かりそめ事と思ふより亂れ易かる世の中の道。

（畧解）螻蟻の一穴も猶堤を壞つと云へり、事は小なりとする所より、積り〳〵て大害を生ずる事を戒めたる者なり、かりそめ事とは些細のことゝ謂ふが如し。

第十　神靈異驗

神は旣に國を生みて、又人を生みたまへり、其德幽妙にして知るべからざるが如しと雖ども何ぞ時に神威を現して化育を賛《たす》けざらんや、乃ち冥々の裏に靈驗を下して餘りあり世の科學に偏する輩、何等の靈驗ありと雖ども、之を偶然の事に歸して强て抹殺し去らんとするは、思はざるも亦甚しと謂ふべし、天下固《も》神威靈驗の多き、何人か之を否定し得べしとする、古人も、神に無聲に之を聞き無形に之を見ると云へり、乃ち至誠の存する所は、神來り格りて之を擁護し、儻も道に背くの致す所は、雷霆の威を下して罰を加ふ、之を神威靈驗の實とす、明鑒昭々として上に在り其惣らざること知るべきなり、國を生み人を生みたまひし所の誼、此に於て全きを得たりと稱すべし、豈尊からずや畏くも神武天皇の、神籬を丹生《にふの》川上に立てゝ天ッ神を祭享して、威靈皇軍に加はり、和氣清麻呂の、事を宇佐神宮に奏するや、神光赫灼として、君臣分定まることを宣したまへるが如き、史を讀む者は神威靈驗の多々なることを知るを得ん、惟ふに人心の疎隔する所には、自から神威の降鑒なきも、至誠にして僞らず、其の崇信を盡す所にはいつか靈犀一點、神明に通ずる者ありて、時に神威の新なるを加へ、靈驗を享受することを得べし、此理決して俗人と言ひ易からず。

視レ之終不レ見、無レ臭又無レ聲、
畢竟何神異、君王得二正成一、

（訓讀）之を視るも終に見えず、臭もなく、又聲もなし、畢竟何の神異ぞ、君王正成の得たり。

（略解）聲もなく臭もなしとは、中語に出でたる語、之を假りて、神は見えざる、みならず、臭もなく聲もなしと爲して、恰も其の存在を疑ふが如き意を以て、之を九地の下に落し、斯くて畢竟何の神意ぞと、猶人をして半信半疑の間に彷徨せしめ、最後に君王正成を得たり一句を以て、之を九天の上に揚ぐ、神異靈驗、赫々として疑ふ可らざることを證し得て餘りありと謂ふべし。

誠もて祈るしるしは荒かねの土うつよりも違はざりけり。

〈略解〉俗に事の過りなきことを喩へて大地を打つが如しと云へり、此語を假りて、自已に誠意だにあらば祈る所、必らず應驗ちるべき義を斷言せるなり。

第十一　彝倫大元

古人、道の本源、天より出でゝ易ふべからざることを言へり、彝倫《いりん》の大元とは、畢竟するに此に在り、洵に知る天なるものは神にして乃ち我天ッ神は建國の初に於て其の本然の善を充たしむべく、彝倫の大元を啓きて、以て人の卒由すべき所の道としたまへり、是れ千萬世に亘りて、易ふべからざるの則たり故に人は唯僞りなく、唯飾りなく之を誠ならしむべく爲すに於て人倫の道は始て立つべし、彝倫とは人の踐むべき所の道にして、其類に依りて則あるを謂ふ、彼の君臣義あり、父子親あり、夫婦別あり、長幼序あり、朋友信ありと云ふが如きは、其大別にして斯道や種々なりと雖ども稍綱領を知るに足るべし、夫れ人神の啓く所の道に率由して基準を過まることなく、以て能く至誠を盡さば、何人か忠ならざらん、何人か孝ならざらん、而して自已の忠孝は、又子々孫々の忠孝となるに至るべし然後、國全く富み家全く榮ゆべくして、外に對して國家の强、誇るに難からずとせんや試に見よ、世誰か父母なく夫婦なく兄弟なからざらん、但其の倫をして倫たらしむるに於て彝倫の實、始て成ることを、然るに若し之に背かんか、內に顧みて自から疾しとせざる者は、未だ嘗て之あらざるべし、斯心即ち神明に本づけばなり、是を以て、人は神意を離れて彝倫なく、彝倫を蔑して神意なしと謂ふも、亦不可なからんか、庶幾くば、人々至誠を以て彝倫の大元の在る所を考へ、須らく德性を養ひて神意に順ふことを務とすべし。

得意說二彝倫一、未レ知レ出レ自レ神、
請看吾造化、人上不レ人レ爲、

（訓讀）得意に彝倫を説くも、未だ神より出るを知らず、請ふ看よ、吾造化、人上に人を爲らず。

（畧解）世上、漢籍の敎に依りて得々として彝倫を説く者あるも元來、彝倫とは、神の人を造りて、各踐むべきの道を立て、以て萬古の則としたまへるに始まるものにて非ざる所以を論じたるなり、人上に人を爲らずとは、人は皆一人一身にして、然も五倫を爲す所に於て、大なる融合はありて名敎の餘地、綽々たるを説き、造化の妙德決して人を窮屈にせざることを謂へり。

いつくべき神を齊きて其の神の敎にならへ世の人の道。

（略解）齊くべき神とは、此處には人世德敎の基を開きたまへる所の神を始め、宏範懿儀由るべき則を遺せる所の神を指す、凡そ之を奉じて、其敎を過らざる、即ち人道なりとなり。

第十二　神人感應

人は神の分體なり、分體たるの身を以て、本體たるの神に奉ず、卽ち遺體を以て遺教を奉ずるものなり、至誠の趨く所、感應あらざるの理なし、譬へば燧を鑽りて火を發するが如し、固當然の事のみ、能はざる者ありとせば、能はざるにあらず、能はざらしむる者あるが爲めなり、若し燧にして火を發せざることあるを見て、燧夫れ火なしとせば、天下誰か其の愚を笑はざらん、感應の事、此れに類せり、凡そ誠なきが致す所、神の之に感應し得ざるものあつて然ることを知らず、世には淺薄なる思慮を標準として眼界一貫の外に物なしとなし、自から感應神交の誼に隔たり、而して之を疑ひ之を怪しむに至るは愚も亦甚しと謂ふべし、彼の之を思ひ之を惟ひて得ざれば、神將に之を通ぜんとすと謂へる如きは、豈是れならざらんや、夫れ神の靈德の、天地に彌綸して到らざる所なきことは、會まにして事あれば、教を卜占に徵し、託を神明に乞ひ、又は擁護を冥助に賴みて、業乍ち定まるもの、天下常々にして之あるにても知るべし、昔在、熊野の高倉下、靈夢に感じて韴靈《ふつのみたま》の劔を奉り、武內宿禰、甘檮岡《あまかしのをか》に探湯して全く傷つかざりし如き、亦神人感應の見るべき所とす、然るに神を蔑し威靈を無視し、終には神託歸神等の類をも疑ふが如きは、道の何たるを知らざる俗輩の妄のみ、何ぞ取るべけんや、禁厭と云ひ祈禱と云ふも、卽ち神人が一致を得たる感應の致す所たる論なし、思はざる可からず。

唯異二其名一耳、神人氣息通、

幽明雖二萬里一、擧レ目一堂中、

（訓讀）唯其名を異にするのみ、神人息通ず幽明萬里なりと雖ども、目を擧ぐれば一堂の中。

（畧解）神と人とは、其名を異にすれど、元來一氣の連續なり、故に其の氣息相通することは、耳の聲に於ける鼻の臭に於けるが如くなるべきは勿論とす、若し人は在るも神は無しと爲す者あらば、感應の實在を如何とかする、乃ち神の居る處は幽、人の居る處は明、其の間の隔たる啻に萬里ならざるも、目を擧げて感應の歷々たることを見なば、恰も一堂の中に合するが如くならんとなり。

靈《たまちは》幸ふ神と人との中道《なかみち》はたゞ一筋のまことなりけり。

（畧解）神人感應の實現は神と人との間に於て之を信じ之を奉ずる所の一つの誠意に在

りとなり、靈幸ふとは、神の冠辭にて、神靈不可思議の幸ある義。

第十三　人魂不滅

人は生れて而して死す、子々孫々、萬世に至る迄亦當に此くの如くなるべし、舊物既に銷して新物輙ち來る、生々化々の道、此に於てか成るなり、然れども是れ啻に肉體の事のみ人には固より魂あり魄ありて存す、魂とは靈にして魄とは體たるや論なし、然るに神代紀に謂ゆる、清輕の物は上りて天となり、重濁の物は下りて地となるとの原理は豈化を天地の間に受る所の人類にも及ぼさゞらんや、乃ち人の肉體たる魄は、死して地に歸すべきも人の精神たる魂は、死して天に上るべきは、寔に自然の理とす、靈魂不滅の義、夫れ此に在らんかな、既に見る、伊《い》弉《さ》諾尊《なぎのみこと》は、大事竟へて上りて日の少宮に鎭まりましてより、杳として聞ゆることなしと雖ども、之を以て伊弉諾尊の威靈は、全く世に絶滅したりと謂ふことを得べきか、永く其德を傳へて、人の崇敬信奉せざるなきは靈魂不滅の義證し得て餘りありと謂ふべし、之を要するに、神は無始無終に存在して、移らず、變らず、冥々中に、化を敷き德を施したまへり人其の分靈として世に出づ、其靈魂、又焉んぞ無始無終に存在せざらんや、凡そ人の生あれば必らず死あるが如きは、現代的の科學に於て然るのみ換言すれば社會進化の理法として血性ある者の新陳代謝を爲すに過ぎずして則ち血性なきの靈魂は決して之に伴はざるなり、世時に變故のあるや、幽魂種々の奇異を爲すを見ざるにあらず、人去りて既に久しきに拘はらず、猶此事あるもの靈魂不滅の證たらずして何ぞ。

漫改二其觀一矣、一榮又一枯、

人魂何獨死、草木過レ春蘇、

（訓讀）漫りに其の觀を改む、一榮又一枯、人魂何ぞ獨り死せん、草木春に遇ひて蘇る

（畧解）人は生れて而して死す、此處、漫りに其外觀を改むるものなるも、要すれば則ち草木の春は榮えて秋は枯るゝ如し、是れ肉眼に映ずる所の、一榮一枯に過ぎずして事實は全く人魂不死たるなり、此理を是れ知らず單に外觀を以てのみ論ずるは過れりと說きて一榮一枯の語を承けて、草木の春に遇して蘇するが如き者ありと稱せるなり形なく目にこそ見えぬ魂の消えて跡なきためしあらめや。

（略解）形影の見るべからざるを以て、人死して魂の共に消滅するものと爲すの過りを破したり、消えて跡なき例あらぬやとは、客を以て主を顯はす論法。

第十四　顯幽分界

顯幽分界の語は、大國主神の天つ神の詔を奉じて、國避りませるの時のことに始まる、高皇產靈神の詔に曰く、汝が治れる顯露《あらはに》事は、吾皇の治らずべし、汝は則ち幽事を治らせと大國主神は曰く、吾治れる顯露事は皇孫治らすべし。吾は退きて幽事を治らさむと、是時顯幽明らかに分界し神人別全く立ちて、天下の道は豁然として面目を新にするに至りたりき、乃ち吾人耳目の見聞すべかざる所を幽界とし、其の日常に逢着する所を顯界とするは勿論なりと雖ども、然も此の顯幽が分界しながら猶同然一實を以て來り、二にして一、一にして二なるの理を存し、表裏相應じて、道の即ち來ることは凡そ世の敎に從ふ者、最も明らめざる可らざる所とす、暗昧を謂ふ勿れ、神は無聲に之を聞き無色に之を見る、謂ゆる君子は其覩ざる所を戒愼し、其聞かざる所を恐懼すとの本義は、正に此に在るなり、惟ふに天つ神の靈妙不可思議なる德は、分れて顯はれ事相となり、幽には敎相となりて、則を人に施したまへり、是以て人の身體たるや顯明に屬するも、精神は幽冥に屬するに依り人惡を顯明の地に爲せば、則ち帝王之を誅し、人惡を幽明の中に爲せば、則ち鬼神之を罰すと云ふの言あるにも至るなり、人須らく此義を理會して、顯に皇上に奉じ、幽に神明に歸して身神合一、思爲二なく、能く道の爲め盡すべきなり、彼の積善の家には餘慶あり、積不善の家には餘殃ありと謂ふが如きも、畢竟、顯幽兩政の相待ちて行はるゝものたるなり

幽冥屬㆓鬼神㆒、明顯係㆓斯人㆒、

笑立㆓乾坤外㆒、風情一段新、

（訓讀）幽冥は鬼神に屬し明顯は斯人に係る笑つて乾坤の外に立つて風情一段新なり。

（客解）幽冥の事は、鬼神の領域にして、顯明の事は、現在の人に係るや、素より論なしと雖ども、然も此間に顯幽相關の理ありて、世道は立ち、人事は成るなり、彼の福善禍淫の義以て見るべし、笑つて乾坤の外に立つとは、紛々世事に拘せず、天地の圈外に超脫し身神一枚の至誠に達して、然る後人は風情淸高一段の妙味あるべしとなり

うつし世とかくりたる世と行斯通ふ道は誠の一筋にして。

（略解）うつし世とは即ち現世、かくりたる世は即ち幽界、凡そ此間に交通して世道益以て清新を得べきの方は、唯至誠の一貫にあることを説けり。

第十五　攘災招福

人誰か福を欲して災を惡まざらん、之を本態の性とす、然れども、其福は來り難くして、災は來り易きは何ぞや禍福門なし、人の意に依りて生ず、用意不用意の分るゝ所、考えざるべからず、夫れ人の世に立つ、思ひなき能はず、行ひ爲さゞるべからず、而して其の思ふ所爲す所は、自己に於て善なりと信じ理なりと觀ずるも、公明にして天地を包容する所の神よりして之を見なば、果して如何ん、或は時に何等の過なきを保すべからず、知らず知らず過ち犯しけむ罪科と云ひて祓除を神に乞ふの本意は此に在り、是れ豈災禍が來り易き所以ならざらんや、畏けれども崇神天皇の鋭意治を圖りたまひて、聖德到らさる所なきに於てさへ、時屢災害あり、因て天皇は亀に問ひて後、神を祭り祀を厚くして、疫疾始て息み、五穀豐登するに至れることありき、大いに此に鑑みる所ありて、人々苟も自己の私を去りて專ら神明に歸嚮することを念とし、行ひを正しくし道に盡す所あらんか、神明焉んぞ享けざらんや、然而して後に始て攘災招福の事語るべきなり、彼の禁厭祈禱の如きも要は此處にあらん、事は儀式にあらず方法にあらずして、乃ち至誠の一貫なるに在り、是故誠心誠意を以て神明に奉じ、身神共に高潔にし僞らず、神明と自己と靈性の一致する所正に天關を叩いて、神意を受るに至るべきなり、攘災招福の業、苟且にすべからず。

無レ門禍福來、誰與竟攘ン災、
賴有ニ神明在一、開レ窓看ニ柳梅一、

（訓讀）門なし、禍福の來る、誰と與にか竟に災を攘はん、賴むに神明の在すあり、窓を開きて柳梅を着る。

（略解）禍福の來る一定の門なし、故に之を迎ふるも攘ふも、甚だ至難事とす、誰と與にか竟に災を攘はんとは此意、然れども神明に依賴して攘災招福、始て言ふべしとなり、賴字さいはひと訓む、自己の私を棄てゝ專ら依賴する義にて此字を用ひたり、末句、春晝和暢にして窓を開きて柳梅の色を見るが如き怡《よろこび》あらんとなり。

禍事《わさこと》をはらふかへしの風にこそさそはれて立て幸の雲。

（略解）かへしの風とは、神風災禍を吹き返して、以て幸福となすを謂ふ、乃ち神明に依頼するの外なき意。

神明會奉齋主神

宗像三柱大神に就て

東京市麴町區三年町一番地に本部を有する神明會は、中林滿子女史の靈感によりて多數の人を救濟してゐるが、その主神を左に概要說明す。

皇祖天照皇大神が建國の肇め
其の大精神を永遠に發現發揚すべく難有い二大御神勅があつた。
其の御神勅なる一は天壤無窮なる三種の神器の御神勅である。

二は宗像三柱大神（沖津宮中津宮邊津宮）に對し奉り、「汝《いまし》三女神は筑紫の道中《みちなか》に天降まして皇御孫《すめみま》命《のみこと》を守護し助け奉りて皇御孫《すめみま》命《のみこと》に齋祀《いちきまつれ》よ」。と云ふ難有い御神勅である。

右は肂國の二大御神勅である。我皇國國民は老若男女共に、此の二大御神勅を永久に記憶して置かねばならん。

宗像三柱大神は御神勅のまにまに天津日嗣の御守護として神代の昔より筑紫の道中《みちなか》に御鎮座あらせられるのである、只今の官幣大社宗像神社は、即ち此の三女神三柱の神様をお祭りしてあるのである。

官幣大社宗像神社は、福岡縣宗像郡田島村に祭祀して有る。

我が皇國國土に安住する國民は、伊勢天照皇大神と同様に崇敬尊信せねばならぬ、宗像三柱大神である、又日本國民として記憶しておかねばならぬのは、官幣大社宗像神社の御存在と御稜威である。

官幣大社宗像神社に就て

宗像三柱大神は、皇祖天照皇大神の御神勅のまにまに、筑紫の道中《みちなか》に天降られました事は幽《かく》りの神様で、皇御孫《すみみま》の大謨を補翼し給ふ事を掟《おき》て給ひ、皇祖天照皇大神の建國精神の表現として、永遠に皇御孫《すめみま》を守護し助け奉《まつ》りて、寳祚の隆盛を天壤と共に窮《きはま》りなく擁護し給ふと、同時に永遠に皇御孫《すめみま》に齋《いち》き奉《まつ》らせ給ふべき大神にまします。然ば宗像三柱大神は皇御孫《すめみま》を如何にして御加護をなさいましたか其の一班を申述べる。

完像三柱大神を道主貴《みちぬしむち》の神と稱へ奉る（道主貴《みちぬしむち》の神とは交通主宰の神と申して、道開きの神様なり）

先づ第一に西日本より朝鮮、支那大陸の動搖を平定し、玆に天孫瓊々岐尊の御降臨を誘導援助せられたり。次に皇宗神武天皇、御東征の際は八ヶ年間非常に艱難辛苦を嘗めさせられたのであるが、其間各地に宗像三女神を祭られて陸路航海の安全と、戰勝とを祈願せられました、安藝の宮島に天皇親しく、宗像の大神を嚴島神社として祭紀せられました、故に嚴島神社主齋神は宗像の大神樣で御座ゐます、神武天皇御東征の際、大和國で皇軍に利あらざる時、空が一天俄かに曇り、金鵄飛來り、天皇の弓弭に止り、其の鵄光瞳目煜其狀流電の如く、是に由て長髓彦の大軍が、皆迷眩卒して戰はずして大敗しました、此の金鵄こそ、宗像大神が化神なさゐまして、皇軍の行手を先導御守護あらせられました、事は有名なる日本書紀傳に著述してあります、即ち宗像大神の御神德のあらはれであります。

神功皇后三韓御親征の際には、宗像三柱姬大神の御靈示に依り、御親征あそばされ、其の時には宗像三女神は、八流の神幡を以て御先導致され、皇后の守護神として御神德を發揚せられて調貢國となされました、其の際皇后の御尊崇は非常に篤く、各地に於て神占の神事も皆宗像三女神に誓ひ奉られたものであります。神功皇后都に御歸還の際、宮地嶽山上に於て宗像三女神御三社を御遙拜せられ、其の御德を奉賽せられました。只今九州で運の神樣として有名なる宮地嶽神社で、御本社は宗像三柱姬大神であります。近くは日清、日露の大戰役もすべて宗像三柱大神の御鎭座まします。玄海灘を中心として日本の國威を海外に耀やかせるもので、特に明治三十八年の日本大海戰の如きは、實に皇國興廢を決せる大事であつた、そこで東郷元帥は深く、大神の御稜威を尊み御神德を追懷の餘り「神光照海」と御揮毫の上神社に奉納せられ、當時の旗艦三笠の乾羅針儀は海軍省より同樣奉納せられました。其後海軍諸將軍は續々御參拜があるのです。

皇室守護神として、京都御所内にも、遠き昔より宗像三柱大神を奉齋せられて有ます。奈良春日神社にも宗像三柱大神を御祭してあります、京都岩淸水八幡宮にも同樣御祀してあります。

今日迄日本國土内に宗像三柱大神を齋祀してある所、凡そ七千八百ヶ所以上ありますが其の神名が所、土地に於て變名して齋祀して有ります。一例を申上ますれば、安藝の嚴島神社、京都の酒の神樣なる松尾神社、鎌倉の江島辨天等にて、今回滿洲國神社にも、宗像三柱姫大神を齋祀せられる計劃であります。

昨今宗像三柱姫大神の、御神格を知られ、御稜威の尊きを感ぜられて、其の御神德を追懷なされる人々により、其土地に神社を設けられるやうになりました事は、日本國民として、皇祖天照皇大神の、建國御精神に對しまして非常によろこばしき事で御座ゐます。且又子孫に對し敬神・並に信仰心を普及ずる事になりました事は、誠に國家の爲、慶賀の至りで御座ゐます。

敬神と宗教と信仰と神明に就て

惟神の大道を宣布され、敬神尊崇の念を厚くし、各自の幸福、安寧を、神明の加護に仰ぐ。純眞の念願を以て、尊き國體に生を享くるにおては。

「大日本は神國なり。天祖にじめて基をひらき日神長く統を傳へ給ふ。我國のみこの事あり。異國にはその類なし」

と神皇正統記卷頭に説述してある事は、我國體が世界各國に冠絶せる所以を高唱せるは、眞に千古深遠の詞であります。斯く敬神、尊皇然して我國體を、内外に發揚せられるこそ國民の義務であり、責任である。大昔より輝きある、我國體の精華は、其根源實に茲に存するのであります。又子孫に對しまして敬神。宗教。信仰。神明。の意義につき誤解なさらぬ樣に、御注意してゐただきたいので御座ゐます。

敬神とは申述る迄もありません。神様を敬ふと云ふ事で、神様と云ふ事を平たく申せば目上の方とも云ひ。むつかしく申せば天上を主宰すとも云ひ。眞とも云ふ事になり。つまり愛國心となります。

宗教とは御承知の通り、卓越せる崇高偉大なる、人格の保持者を崇拜し、又其の敎を守る事に依り安心、慰藉を得て居る事であります。

信仰とは御存知の通り、神様や佛様を崇め、尊び、身も、心も託して自由に信じて敬ふ事であります。

神明とは御承知の通り、神は明るいと申す事で、人其の人が正直であるならば、神、佛は自然に其の人を加護下さるのです、之が即ち神明であります。神は鏡であり、鏡は神であります。鏡の前に笑顔で對すれば鏡は笑顔で迎へてくれます。反對に鏡の前に怒つて對すれば、鏡は怒顔で應對して迎へます。昔の言葉に「鏡は一物をたくはへず、私の心なくして萬象を照すに是非善惡の姿あらはれずと云ふことなし」と云ふ事のあります如く、疑心を去り邪念を去られますれば、即ち神明と云ふ事になり、神明が生れるので御座ゐます敬神と宗教、信仰と神明を申述ましたが、今日此の活社會に生を亨る者は第一に敬神、第二が神明、第三は信仰であります。

宗像三柱大神（官幣大社宗像神社）は前に述べました如く、神通道開きの神樣で御座ゐまして、軍人には戰爭の御先導に道をお開き下され加護下さゐます。商賣人には商戰の道をお開き下され加護下さゐます。工業家、農業家に至る萬人上下のへだてなく、何事でも道をお開き下され加護下さるのであります。道を開き加護下さる事は、宗像三柱大神の天降られました御精神であり、掟てゞあります、宗像三柱大神を主齋神として齋祀してある嚴島神社を御覽下さらば、道開きの加護下さる神樣と云ふ事が、一目瞭然おわかりになります。

皇祖天照皇大神の建國の御神勅の御精神に對し奉り、宗像三柱大神の天降られました御精神の掟てに對し奉り、國家の繁榮を祈り奉り、子孫の爲に敬神と信仰を致され、神明の實在を確信して神明の加護を享受する信念を、御涵養なさることを謹で申上ます。

編。輯。後。記。

自分は茨城縣の産なるが大日本神皇記に記入されたる竹内古文書の如き尊きものあることを夢にも知らざりし、斯かる尊き古記編纂につき幾分の御手傳をなしたることを深く爰に喜ぶ。而して此の編輯に關與し、著者木村錦洲先生に直接二六時中接近し、その靈力の偉大にして稀有の精力家にして觸るゝもの凡てを靈化せずんば止まざる如き灼熱的信仰に到りては、唯だ只だ驚ろくの外なし。何れ詳細「神人の感化」と題して世に問ふ積りなるが、最近の事例一、二を擧げ北海道に於いて瀕死の病人を治癒せしめ、誤れる舊社員を教化して之に眼目を入れ、京都に於ける某大會社の合併不能となるや之に起死回生の方策を授け、出入りの洋服屋若主人が神經衰弱にて惱めるを一喝の鎭魂によりて治癒せしめ、又は從來知られざりし宇宙の眞理を繼ぎ〳〵說き出さるゝが如き到底人爲とは思はれざる如し。斯かる無我の境に達せる神人の編述されし尊き大日本神皇記は實に又と得難き世界最古の無上靈寶稀有の聖典にして確かに後昆に殘さる可きものにして、恐らく大日本史、神皇正統記、日本外史に比敵す可き尊きものとして珍重さるゝに到らん。下卷は引續き近く刊行する豫定なり。誤植の點あらば深謝す（小山八洲）

昭和九年五月十四日印刷
昭和九年五月十八日發行

大日本神皇記

【定價金拾圓】

著者兼發行者　木村錦洲
大阪西區阿波堀一丁目

印刷所　松田印刷所

大阪市北區曾根崎上三丁目二十七番地

發行所　皇國日報社

電話北二四六七番
振替大阪七六〇六二番

大日本神皇記

定価　七、八〇〇円＋税

昭和九年五月十八日　初版発行
平成二十一年四月三十日　復刻版発行

著　者　木村錦洲

発行所　八幡書店
東京都品川区上大崎二―十三―三十五
ニューフジビル二階
電話　〇三（三四四二）八一二九
振替　〇〇一八〇―一―九五一七四